일제강점기 민족지도자들의
역사관과 국가건설론 연구   04

이병도·신석호는 해방 후
어떻게 한국사학계를 장악했는가

- 조선사편수회 출신들의 해방 후 동향과 영향

김병기 지음

한가람역사문화연구소

이병도·신석호는 해방 후
어떻게 한국사학계를 장악했는가
- 조선사편수회 출신들의 해방 후 동향과 영향

초판 1쇄 인쇄 2020년 9월 15일
초판 1쇄 발행 2020년 9월 25일

지은이 김병기
펴낸곳 한가람역사문화연구소

등록번호 제2019-000147호
주소 서울특별시 마포구 마포대로라길 8 2층
전화 02) 711-1379
팩스 02) 704-1390
이메일 hgr4012@naver.com

ISBN 979-11-90777-13-1

이 도서의 국립중앙도서관 출판예정도서목록(CIP)은
서지정보유통지원시스템 홈페이지(http://seoji.nl.go.kr)와
국가자료종합목록 구축시스템(http://kolis-net.nl.go.kr)에서 이용하실 수 있습니다.
(CIP제어번호 : CIP2020038740)

이병도·신석호는 해방 후
어떻게 한국사학계를 장악했는가

- 조선사편수회 출신들의 해방 후 동향과 영향 -

출간 서문

한국학중앙연구원은 조선총독부 소속 국가기관인가?

1

보통의 대한민국 국민들은 1945년 8월 15일 이 나라, 이 민족이 광복을 되찾았다고 생각한다. 그러나 그때의 상황을 조금 더 공부해보면 그 때 과연 광복을 되찾았는지 의문을 갖게 된다. 그날 광복이 되고 일본인들이 물러갔으면 일제 식민지배와 목숨 걸고 싸웠던 독립운동가들이 정권을 잡으면서 프랑스가 그랬던 것처럼 친일 매국노들에 대한 처단이 이루어졌어야 하는데, 상황은 거꾸로 갔기 때문이다.

일본인들은 물러갔지만 미 군정과 뒤이은 이승만 정권에서 친일세력들이 다시 정권을 잡으면서 일제강점기와 크게 다를 바 없는 상황이 전개되었다. 사회 전 분야에 걸쳐 친일세력들과 그 후예들이 득세했고 독립운동가들과 그 후예들은 일제강점기 때와 같은 삶을 살아야 했다.

정치계, 법조계를 비롯한 다른 분야들은 우리 사회가 민주화되고, 다양화되면서 친일구조가 해체되어 갔지만 역사학 분야만은 아직도 독야탁탁(獨也濁濁) 조선총독부 역사관이 교리 수준으로 기세등등하다.

2

'한국학중앙연구원(한중연)'이라는 국가기관이 있다. 박정희 유신체제가 종말로 치닫던 1978년 6월 "한국 전통문화와 한국학 연구 및 계승, 창조"라는 명분으로 만든 한국학 연구 국가기관이다. 첫 이름은 한국정신문화연구원이었는데, 초대 원장이 만주국 협화회 위원을 지낸 친일파 이선근이다. 이선근의 이력은 화려하다. 진단학회 발기인, 서울대학교 정치학과 교수, 육군본부 정훈감, 성균관대학교·동국대학교 총장, 문교부장관 등을 역임했다.

2005년 한국정신문화연구원은 한국학중앙연구원으로 이름을 바꾸었다. 한중연 내에 한국학진흥사업단이 있다. 연간 300억원 정도의 국가예산을 쓰는 조직이다. 지난 정권 때 한국학진흥사업단장이자 이른바 뉴라이트였던 역사학자가 공개 학술회의 석상에서 "단재 신채호는 세 자로 말하면 또라이, 네 자로 말하면 정신병자다"라고 망언했다. 다른 석상에서 그랬으면 큰 문제가 되지만 역사학계에서는 문제가 되지 않는다. 아무도 항의하지 않았다. 그나마 이 학회에 참석했던 어느 학자가 사석에서 분노하면서 전해준 풍경이다.

3

한중연 한국학진흥사업단에서 진행했던 사업 중의 하나가 '일제강점기 민족지도자들의 역사관과 국가건설론 연구'라는 것이다. 2013년 5월부터 2016년 5월까지 수행했던 연구과제였다. 한 독립운동가 후손이었던 국회의원이 자신의 지역구 사업 하나를 포기하면서 추진했던 사업이었다. 3년 동안 총 15권의 학술교양도서를 발간하는 사업이었는데, 성과가 좋으면 2년 동안 연장하기로 한 사업이었다. 그런데 이 사업에는 '한가람역사문화연구소' 외에는 신청자가 없었다. 사업 목표 중에 '조선사편수회 식민사관 비판'이 들어갔기 때문이다. 즉 연구내용 중에 '조선사편수회 식민사관'을 비판하는 내용이 들어가야 했다. 그러니 남한 강단사학계에서 이 프로젝트를 수행할 곳이 '한가람역사문화연구소' 밖에 없게 되었다. 물론 사업 목표 중에 '조선사편수회 식민사관 비판'이 들어간 것 역시 독립운동가 후손 국회의원 때문이었다. 한국 강단사학은 '식민사학'이란 이름표를 '실증사학'이란 이름표로 바꿔단 채 조선총독부 조선사편수회에서 만든 식민사관을 추종한다. 그러니 이 사업을 수행하겠다고 나선 대학 사학과나 학회, 연구소는 '한가람역사문화연구소' 외에 존재하지 않았다.

4

국가사업은 매년 심사를 받아야 했는데, 그 심사라는 것이 식민사학자들이 하는 것이었다. 이들은 아직도 '1945년 8월 14일 이전'의 세상에 사는 사람들이었다. 다른 분야는 그나마 무늬라도 친일색채가 옅어졌는데, 이 분야는 노골적인 친일파 세상이었다. 수많은 우여곡절 끝에 15권의 저서 중에 4권에 최종 불합격처리가 결정되었다. 출간금지와 연구비 환수조치가 내려졌다. 아래는 그 4권의 명단이다.

1. 《조선사편수회식민사관 비판-한사군은 요동에 있었다》 (이덕일)
2. 《조선사편수회출신들의 해방 후 동향과 영향》 (김병기)
3. 《한국 실증주의 사학과 식민사관》 (임종권)
4. 《독립운동가가 바라본 한국고대사》 (임찬경)

연구자들은 이런 조치에 반발해 이의신청을 했다. 한중연은 이의신청을 기각해서 교육부로 넘겼다. 연구자들은 여러 방식으로 교육부에 항의했지만 교육부 역시 연구비 환수와 출간불가라는 제재조치를 내렸다. 한중연이 처분하고 교육부가 최종확정한 이른바 〈처분확정통지서〉는 조선총독부 학무국과 조선사편수회에서 내렸다면 명실이 상부할 내용이었다. 한중연과 교육부가 자신들을 아베 내각 소속으로 아는지 대한민국 정부 소속으로 아는지는 일단 별개로 두자. 이 사업의 과제는 '일제강점기 민족지도자들의 역사관과 국가건설론연구'이다. 사업 목표 중의 하나가 '조선사편수회 식민사관 비판'이다. 한중연과 교육부가 제재를 가한 네 권의 저작은 모두 이 과제를 정확하게 수행한 것이었다. 이를 부적격하다고 판단한 근거는 단 하나 조선총독부 식민사관을 비판했다는 것뿐이었다.

5

　　이른바 한중연과 교육부에서 내린 〈확정통지〉에는 4권의 처분에 대한 연구자들의 이의신청 내용과 한중연 및 교육부의 심의결과가 담겨 있다. 한중연에서 내린 판정에 대해서 저자는 이렇게 이의제기했고, 한중연과 교육부는 이렇게 답했다. 하나씩 살펴보자.

① 조선사편수회식민사관 이론비판(이덕일)

이의신청 내용	• 제출한 두 과제는 본 사업의 전체 공모 주제와 핵심공모 주제와 완전히 부합 • 제출한 과제는 과거 조선총독부 조선사편수회의 식민사관을 비판하면서 현재 중국의 동북공정에 대한 반박 논리까지 갖춘 것으로 국민들에게 꼭 필요한 내용임
이의신청 심의결과 (한중연 및 교육부)	• 한국학총서 사업의 기준(주제 관련 학계 연구성과의 편향되지 않은 충실한 반영, 개인의 견해 반영 시 전문성과 합리적 근거 제시, 일반인도 이해하기 쉬운 문체 등)에 입각해 볼 때, 결과물 심사 결과는 타당하다고 판단되므로 이의신청을 기각함

　이 저서는 조선사편수회의 핵심논리 중 하나이자 현재 중국에서 북한 강역은 자신들의 것이라고 주장하는 근거인 '한사군은 북한 지역에 있었다'는 것을 비판하고 '한사군은 요동에 있었다'고 논증한 저서이다. 한중연과 교육부는 "주제 관련 학계 연구성과의 편향되지 않은 충실한 반영"을 요구하고 있다. 이말은 "주제 관련 조선총독부 조선사편수회의 논리를 따르라"는 것이다. 즉 한사군은 조선총독부와 중국 동북공정의 주장대로 북한에 있었고, 낙랑군은 평양에 있었다는 것이다.

　이 문제에 대해서 북한 역사학계는 어떤 견해일까?《임꺽정》의 저자 홍명희의 아들인 홍기문은 1949년 〈조선의 고고학에 대한 일제 어용학설의 검토〉라는 논문을 썼다. 그는 "일제가 조선을 완전한 식민지로 만들기에 성공하자 그들의 소위 역사학자들은 조선역사에 대해서 이상한 관심을 보였다…(그들의 논리는) 첫째 서기 전 1세기부터 4세기까지 약 5백년 동안 오늘의 평양을 중심으로 한(漢)나라 식민지인 낙랑군이 설치되었다는 것이요…"라고 말했다. 70여 년 전인 1949년에 북한 학계는 '낙랑군=평양설'이 일제 어용학설의 첫 번째라고 비판했다. 그후 북한의 리지린은 1958년부터 북경대 대학원에 유학하며 고사변학파의 고힐강을 지도교수로 1961년 《고조선연구》란 논문을 써서 박사학위를 취득했다. 낙랑군은 평양이 아니라 요동에 있다는 내용이다. 리지린이 1961년 평양에서 열린 '고조선에 관한 과학토론회'에 참석해 자신의 학술논문의 요지를 발표하면서 북한 학계는 공식적으로 '낙랑군=평양설'을 폐기시키고 '낙랑군=요동설'로 정리했다. 지금으로부터 60여 년 전에 북한 학계에서 폐기시킨 '낙랑군=평양설', 즉 조선총독부 조선사편수회 학설이 남한의 한중연과 교육부에는 신성불가침의 교리이다. 조선총독부가 만든 이 교리에 도전해서 '낙랑군=요동설'을 주장했으니 출판을 금지하는 것은 물론 연구비를 환수해야겠다는 것이 21세기 백주대낮에 한중연과 교육부가 휘두르는 칼춤이다. 일본학중앙연구원, 일본문부성으로 이름을 고치면 명실이 상부하다.

② 조선사편수회 출신들의 해방 후 동향과 영향(김병기)

이의신청 내용	• 재심에서 지적한 실증사학에 대한 관련된 부분은 최소한으로 하여, 본고에서 지나치게 실증사학을 강조했다는 부분은 수용하기 어려우며, 다른 세부적인 지적 사항은 출판 과정에서 수정 보완하여 해결할 수 있는 문제임
이의신청 심의결과 (한중연 및 교육부)	• "향후 연구를 위한 심화방안"은 앞으로 고민할 주제라는 의견은 합리성이 있으며, 1-2장의 비중을 20%로 줄인 것은 고무적이나 "연구자의 관점이나 해석이 거의 없다"는 점은 거의 개선되지 않았음.(참고문헌에 정상우의 조선사편수회 박사학위논문 인용했으나 본문에서 전혀 다루지 않는 등) 여전히 심사자들이 제기한 근본적인 문제는 진행 중이며 출판과정에서 수정하거나 보완할 수 있는 사항은 아니므로 이의신청을 기각함

이 책은 조선총독부 조선사편수회의 연구내용을 비판하고 나아가 조선사편수회 출신으로 해방 후 국사학계의 태두라고 떠받들려진 이병도·신석호의 해방 이후 행적을 비판하는 내용이다. 먼저 이병도·신석호는《친일인명사전》에 반민족행위자로 등재된 친일파들이다. 이 책을 집필한 김병기 박사는 3대가 독립운동에 나섰던 희산 김승학 선생의 종손이며 현재 광복회 학술원장이다. "독립운동을 하면 3대가 망하고 친일하면 3대가 흥한다"는 속담을 지금은 "독립운동을 하면 영원히 망하고, 친일을 하면 영원히 흥한다"로 바꾸어야 하는 실례다. 희산 김승학 선생은 대한민국 임시정부 학무국장(교육부 장관)과 만주 무장항쟁조직이었던 참의부 참의장을 지냈으며, 해방 후 백범 김구 주석으로부터 국내에 군부 설립을 위임받았던 저명한 독립운동가이다. 그는 임정의 2대 대통령이었던 백암 박은식 선생으로부터 광복 후《독립운동사》를 쓰라는 권고를 받고 독립운동을 하면서도 각종 사료를 모았으며, 광복 후 생존 독립운동가들과 함께《한국독립사(1964)》를 편찬했다. 그는 일제 때 5년 동안 투옥되었는데, 그 과정에서 "팔 다리가 몇 차례 부러지는 숱한 고문"을 받았다. 김승학 선생은《한국독립사》서문에서 일제의 고문 이유를 "독립운동사 사료를 어디에 감추었느냐?"는 것이었다고 썼다. 이렇게 피눈물로 지켜낸 사료들은 2016년 한중연에 위탁기증해서 정리하고 피눈물로 쓰여진《한국독립사》를 일반인들도 보기 쉬운 한글판으로 재간행될 예정이었지만 이 사업 역시 한중연에서 2017년 강제로 중단시키고 말았다.

그 연장선상에서 친일반민족행위자 이병도·신석호가 해방 후에도 일제 식민사학을 하나뿐인 정설로 만든 것을 비판하는《조선사편수회 출신들의 해방 후 동향과 영향》도 한중연과 교육부에 의해 출판금지와 연구비 환수조치를 당했다. 한중연과 교육부는 "지금이 조선총독부 세상이라는 사실을 아직도 모르느냐?"라고 기염을 토하는 듯하다. 3대 독립운동가 후손인 김병기 박사는 여전히 한중연과 교육부에 또아리 튼 토왜, 친일매국세력들에 의해 탄압받는 중이다.

③ 한국 근대역사학: 실증주의와 민족사학(임종권)

이의신청 내용	• 본래 공모 주제에 부합하게 연구한 내용이 한국 실증주의 사학과 식민사관의 연관성을 지적하고 비판했다는 이유로 'FAIL' 판정을 내린 것은 다분히 친일 성향 역사관을 지닌 일부 학자들의 횡포임
이의신청 심의결과 (한중연 및 교육부)	• 한국학 총서 사업의 결과물은 개인의 독창적 학설이나 주장을 담을 경우 합리적 근거를 제시하고 설득력이 있어야 하나, 여러 차례의 심사와 그에 대한 이의 제기 내용을 볼 때 심사위원 지적에 대한 학문적 합리적 반론보다는 주관적 견해에 입각한 반발이 대부분임. 기존 처분을 바꿔야 합당한 이유를 찾기 어려우므로 이의신청을 기각함

이 책은 한마디로 남한 역사학계에서 주장하는 '실증주의'는 남한 강단사학계에서 일제 식민사학을 여전히 하나뿐인 정설로 유지하기 위한 수사에 불과하다는 내용이다. 임종권 박사는 서양사 전공자로서 영어는 물론 프랑스어·독일어·일본어에도 능한 학자이다. 그래서 실증주의 창시자로 불린 랑케의 저작을 직접 읽고 남한 역사학계의 실증주의는 일본 제국주의 역사학이 일제의 침략을 합리화하기 위해서 왜곡한 실증주의로서 랑케의 실증주의와도 아주 다르다는 사실을 서술했다. 광복 후 조선사편수회 출신인 이병도·신석호를 태두로 삼은 남한 역사학계는 '일제 식민사학'이란 이름을 '실증사학'으로 바꾸어달고 '객관성' 등을 주창하면서 조선총독부 역사관이 마치 객관적인 실증사학인 것처럼 국민들을 호도했다. 임종권 박사의 실증적 연구로 남한 학계의 실증주의가 조선총독부 역사관을 계속 유지하기 위한 도구임

이 밝혀지자 이런 연구결과를 '개인의 독창적 학설이나 주장'으로 매도하고 출판금지 및 연구비 환수조치를 내린 것이다. 심사의견 중에는 심지어 《민족주의는 반역이다》라는 책을 따르지 않았다는 내용까지 있다. 이 사업의 대주제가 '일제강점기 민족지도자들의 역사관과 국가건설론 연구'인데, 민족지도자들의 독립투쟁이 '반역'이라는 것이다. 정확히 조선총독부의 자리에 서서 독립운동을 바라보는 것이다.

④ 일제 하 독립운동가들의 고대사 인식(임찬경)

이의신청 내용	• 한국학중앙연구원 측의 최종 '심사소견'이 심사자의 주관적 판정에 치우쳤다고 판단하며, 이 주관적 판정에 학술적 입장 이외 판단 요소가 개입되었다고 판단함 • 참고문헌을 출판 편집과정에 자연스레 이루어질 작업으로 판단하였기에 참고문헌을 본문 뒤 별도 작성하지 않은 것이 '불합격' 판정 사유가 된다는 점이 이해가 안감
이의신청 심의결과 (한중연 및 교육부)	• 본 과제는 개인적인 학설이나 주장은 가능한 최소화하면서 학계의 보편적인 입장을 반영함은 당연하며, 나아가 기존의 연구성과를 이해하고 이를 집필하는 과정에 '대중의 입장'을 반영하는 자세가 요구됨. 항일의식을 일깨우는 정신적 유산 중 하나인 "독립운동들의 고대사 인식"을 당시 시대상황과 관련하여 서술하려는 노력은 좋으나 미흡한 부분도 적지 않음. 미시적인 입장과 거시적인 관점이 조화롭지 못한 부분이 있어 제재조치가 타당하다고 판단되어 이의신청 기각함

이 저서는 일제강점기 독립운동가들의 고대사관은 조선총독부 조선사편수회의 식민사관과 다르다고 논증한 책이다. 한중연과 교육부에서 말하는 '학계의 보편적 입장'이란 물론 '조선총독부 역사관 추종'을 뜻하는 것이다. 이의

신청 심의결과는 한마디로 앞뒤도 맞지 않는 횡설수설에 불과하다. 남한 식민사학자들의 횡설수설은 그러나 반드시 "조선총독부 역사관은 영원히 우리를 지배하신다"는 종착점을 정확하게 찾아간다. 얼마나 비판할 거리가 없으면 참고문헌을 첨부하지 않았다는 것으로 삼았는지 측은한 생각까지 든다. 참고문헌을 첨부하지 않은 다른 여러 저서들은 합격판정을 받았다. 한중연과 교육부는 독립운동가들이 어떤 역사관을 가졌는지 국민들에게 절대 알려져서는 안 된다는 것이다. 대한민국 국민들은 오직 조선총독부에서 만든 반도사관만 알아야 한다는 것이다.

6

한국학중앙연구원이 자신들은 조선총독부 소속이라고 굳게 믿고 내린 출판금지 및 연구비 환수조처는 위 4권의 책만이 아니다. 전 한국회계학회장 허성관(전 광주과기원 총장)이 쓴 《개성상인의 탄생》도 출간불가와 연구비 환수조처를 내렸다. 이 책은 〈박영진가 복식부기 장부의 20세기 전후 삼포(蔘圃)회계와 현대적 경영사고〉(《경영학연구》, 2017년 8월) 등의 논문을 기초로 작성된 저서이다. 이 논문은 2017년 통합경영학회 우수논문상을 수상했다. 허 전 총장은 2014년에도 〈개성상인의 20세기 전후 삼포회계와 현대적 경영사고〉라는 논문으로 우수논문상을 수상한 바 있는데, 이런 논문들을 일반대중들이 쉽게 접할 수 있도록 쓴 책이 《개성상인의 탄생》이다. 이 책은 개성상인 박영진 가문에서 전해 내려오는 문서가 복식부기였고, 박영진가 장부에 담긴 현대 자본주의적 사고와 경영기법들을 구체적으로 설명한 책이다. 초서(草書)로 쓰여진 박영진가 문서(문화재청 등록문화재 587호)를 탈초 작업까지 해 가면서 논문을 쓰고, 저서로 풀어낸 책이다.

이 책에 대해서 고려대 경영학과 정석우 교수는 "조선조 말 개성상인 장부가 복식부기이고, 개성상인들이 자본주의적으로 사고하면서 사업했음을 실증적으로 확인해 종합한 책"이라고 평가했는데도 한중연은 왜 출간금지 및 연구비 환수 조치를 내렸을까?

가장 중요한 이유는 허성관 전 총장이 서문에서 "(이책은) 우리나라 경제사학계 일부에서 주장하고 있는 식민지근대화론을 정면에서 반증하는 증거"라고 쓴 것처럼 안병직·이영훈 등이 포진한 낙성대경제연구소 등에서 주장하는 식민지근대화론을 정면에서 부정한 책이기 때문이다. 일제강점기 때 우리 사회가 근대화되었다는 식민지근대화론은 대한민국의 탄생 자체를 거부하는 반민족적 논리인데, 이를 비판했다고 한중연에서 제재를 가한 것이다. 다른 이유는 허 전 총장이 이 논문들을 '한가람역사문화연구소 연구위원'의 명의로 발표했기 때문일 것이다. 한가람역사문화연구소는 설립 이래 우리 사회 구석구석을 장악하고 있는 친일세력들과 총성없는 전쟁을 계속해 왔는데, 이 책에 대한 한중연의 친일매국적 제재 조치 또한 그 일환인 것이다.

7

2013년 필리핀은 헤이그에 있는 국제상설중재재판소(PCA:이하 국제재판소)에 남중국해 분쟁과 관련해 제소했다. 중국이 남중국해에 9개의 U자 형태의 선(구단선)을 그어놓고 그 안쪽 바다와 섬들이 모두 중국의 관할권 아래 있다고 선언한데 대해서 국제상설재판소에 제소한 것이다. 중국이 자국관할이라고 주장하는 9단선은 필리핀뿐만 아니라 베트남, 말레이시아 등의 배타적 경제수역(EEZ)을 침범하고 있다. 이에 대해 국제재판소는 2018년 만장일치로 중국의 패소를 판결했다. 나는 국제재판소의 판결문 중에 "중국은 남중국해 구단선에 대한 역사적 권리(Historical Rights)를 주장할 법적 근거가 없다"고 판시한 부분을 중시한다. '역사적 권리'가 판단의 주요 근거의 하나로 사용된 것이다.

시진핑 중국 국가주석은 트럼프 미국대통령을 만나 "한국은 역사적으로 중국의 일부"였다고 망언했지만 한국의 강단사학자들은 한 마디도 반박하지 못했다. 시진핑의 논리를 자신들이 제공했기 때문이다. 한중연과 교육부에서 출간금지 조치를 내린《조선사편수회식민사관 이론비판-한사군은 요동에 있었다》는 시진핑이 한국이 중국의 일부였다는 주요 논리의 하나인 한사군 한반도설을 사료를 들어 부정하고 한사군은 고대 요동에 있었다고 논증한 저서다. 한중연과 교육부에서 이 책을 우수 학술교양도서로 선정해 전 국민에게 일독을 권한다면 대한민국 정부 소속이 맞지만 지금 한중연과 교육부가 보이는 행태는 정 반대다. 시진핑의 "한국은 중국의 일부였다"는 주장을 뒷받침하는 "한사군 한반도설" 외에는 대한민국에서 출간할 수 없다는 것이니 이들은 내심으로는 중국 국무원 소속 기관이라고 믿고 있는 것이 아닌지 의심된다.

일본의 아베 내각은 2014년 7월 '집단적 자기방위 결의안'을 통과시켰는데, "일본에 대한 무력공격뿐만 아니라 일본이 긴밀한 관계를 유지하고 있는 국가에 대한 공격의 경우와 그러한 공격의 심각한 위협이 있는 경우에도 자위대를 사용할 수 있다'고 결의했다. 여기에서 '일본이 긴밀한 관계를 유지하고 있는 국가'란 물론 대한민국이다. 군대보유 및 분쟁에 대한 교전권을 부인한 일본의 평화헌법 9조를 개정해 자위대를 합헌으로 만들어 여차하면 대한민국에 보내겠다는 뜻이다. 일본 문부성과 A급 전범 출신이 만든 사사카와 재단, 도요타 재단 등은 한국 학자들에게 막대한 자금을 제공하거나 유학생들의 경우 학자금은 물론 생활비까지 대어주면서 일본에서 박사학위를 취득하게 한 다음 국내 대학에 교수로 침투시키는 전략을 꾸준히 사용했다.

그 결과 2019년 12월 국립중앙박물관이 '가야본성'이라는 일본식 이름의 가야전시 연표에 "369년 가야 7국(비사벌, 남가라, 탁국, 안라, 다라, 탁순, 가라) 백제·왜 연합의 공격을 받음(서기)"이라고 써놨다. 일본 극우파들이 369년에 야마토왜가 가야를 점령하고 임나일본부를 설치했다고 주장한 것을 그대로 써 놓은 것이다. 국립중앙박물관은 당초 일본 순회 전시일정까지 잡아놓고 있었다. 만약 한가람역사문화연구소와 미사협 등의 반박이 없었다면 '가야본성'은 일본 전시를 강행했을 것이고 일본 극우파는 "역사는 다시 장악하는데 성공했다"고 축하하면서 독도를 필두로 땅만 다시 점령하면 된다고 기염을 토했을 것이다.

한중연과 교육부에서 《조선사편수회출신들의 해방 후 동향과 영향(김병기)》을 출간금지시키고 연구비 환수조치를 내린 것은 친일반민족행위자로 등재된 이병도·신석호를 극력 보호함으로써 일제 식민사학에 대한 비판을 원천 봉쇄하려는 의도인 것이다. 대한민국 정부 소속이 아니라 아베내각 소속의 한중연과 교육부가 내린 조치라면 명실이 상부하다. 다른 두 권의 저서 《한국 실증주의 사학과 식민사관(임종권)》이나 《독립운동가가 바라본 한국고대사(임찬경)》도 마찬가지로 한중연과 교육부가 중국 국무원 소속이거나 아베 내각 소속이 아니라면, 아니 대한민국 국민이라면 감히 꿈도 꾸지 못할 반역사적, 반민족적 작태를 버젓이 자행하고 있는 것이다.

광복 후 미군정과 이승만 정권이 다시 친일파 세상을 만듦으로써 친일 매국노들에게 다시 탄압받던 독립운동가들의 심정이 절로 다가온다. 김병기 박사의 증조부인 희산 김승학 선생께서 유고로 남긴《한국독립사》서문의 일부가 필자들의 심경을 대신 전해주고 있다.

"유사 이래 국가흥망의 역사가 허다하나 우리처럼 참혹한 이민족의 압박을 받아 거의 민족이 말살될 위경(危境:위태로운 처지)에까지 이르렀던 전례는 일찍이 없었다…(내가) 불행히 왜경(倭警)에게 체포된 후 수각(手脚:팔다리)이 부러지는 수십 차례의 악형이 바로 이 사료 수색 때문이었다…

무릇 한 국가를 창건하거나 중흥시키면 시정 최초 유공자에게 후중한 논공행상을 하고 반역자를 엄격하게 의법조치하는 것은 후세자손으로 하여금 유공자의 그 위국충성을 본받게 하고 반역자의 그 죄과와 말로를 경계케 하여 국가 주권을 길이 만년 반석 위에 놓고자 함이다. 이 중요한 정치철학은 동서고금을 통하여 역사가 증명하는 바이다.

우리나라는 반세기 동안 국파민천(國破民賤: 나라가 망하고 백성이 노예가 됨)의 뼈저린 수난 중 광복되어 건국 이래 이 국가 백년대계의 원칙을 소홀히 한 것은 고사하고 도리어 일제의 주구(走狗: 반역자의 사냥개)로 독립운동자를 박해하던 민족 반역자를 중용하는 우거를 범한 것은 광복운동에 헌신하였던 항일투사의 한 사람으로서 전 초대대통령 이승만 박사의 시정 중 가장 큰 과오이니 후일 지하에 돌아가 수많은 선배와 동지들을 무슨 면목으로 대할까보냐? 이 중대한 실정으로 말미암아 이박사는 집정 10년 동안 많은 항일투사의 울분과 애국지사의 비난의 적(的: 과녁)이 되었었다. (김승학,《한국독립사》유고)"

일제강점기 민족지도자들의 역사관 및 국가건설론 연구 연구자 일동

    일제강점기는 한편으로는 빼앗긴 강토를 되찾기 위해 싸웠던 무장전쟁의 시기였지만 다른 한편으로는 빼앗긴 역사를 되찾기 위해 싸웠던 역사전쟁의 시기이기도 했다. 대한제국이 일제의 침략으로 멸망할 위기에 처하자 많은 지식인들은 이 나라가 이런 위기에 처하게 된 이유를 찾기 시작했다. 이 과정에서 중화 사대주의 사관에 묻혀 있던 민족사학이 다시 조명을 받기 시작했다. 중화 사대주의 역사관 아래서 근근히 명맥을 이어오던 민족사학이 다시 부상하기 시작한 것이었다. 그러나 그들은 당시 체제에서는 가장 엘리트집단이었다. 무원 김교헌은 당시 유일한 국립대학이었던 성균관의 관장인 대사성을 역임했고, 최고 지식인만이 맡을 수 있는 규장각 부제학도 역임했다. 대한민국 임시정부 2대 대통령이었던 백암 박은식과 대한민국 임시정부 초대 국무령이었던 석주 이상룡, 단재 신채호 등은 모두 자타가 공인하는 당대 최고의 학자들이었다. 이들은 종래 우리 역사학의 전통 위에서 서구 근대 역사학의 방법론을 주체적으로 채용해 우리 역사를 체계화시켰다. 전통적인 역사학의 입장을 계승한 역사가들은 역사의 밑바닥에 강렬한 민족정신의 흐름을 인식하고 그러한 정신 위에서 우리 역사를 체계화하려고 노력했다. 일제강점기 민족지도자들의 역사관이 그러하였다. 본고는 대주제인 '일제강점기 민족지도자들의 역사관 및 국가건설론'을 검토하는 과정의 일환으로 조선사편수회로 대표되는 일제 식민사관의 문제와 함께 이병도·신석호로 대표되는 친일 식민사학자들이 어떻게 해방 후에도 조선총독부 역사관을 하나뿐인 정설로 만들었는지 그 구조와 영향에 대하여 다루려고 한다.

　　일제강점기 김교헌·박은식·이상룡·신채호·김승학 같은 민족사학자들의 반대편에는 일본인 식민사학자들이 있었다. 일제는 1910년 한국을 병탄한 직후부터 한국사 왜곡사업에 착수했다. 조선총독부 중추원 산하에 '조선반도사편찬위원회'를 설치했는데, 그 이름 자체가 한국사의 강역에서 '대륙'과 '해양'을 뺀 '조선반도사'였다는 점에서 일제의 의도를 알 수 있다. 이에 맞서 민족사학자들은 한국사의 강역이 대륙과 반도와 해양에 걸쳐 있었음을 강조했다. 일제는 1915년 상해에서 간행된 박은식의『한국통사』가 국내에 밀반입되어 큰 영향을 끼치자 더욱 조직적으로 한국사 왜곡에 나섰다. 중추원 산하 '조선반도사편찬위원회'를 1922년 12월 조선총독부 직속의 '조선사편찬위원회'로 바꾸었다. 나아가 1925년 6월에는 일왕의 칙령으로 '조선사편수회'로 명칭을 바꾸고 독립된 관청으로 격상시켰다. 조선사편수회는 학술연구기관이 아니었다. 그 회장은 조선총독부의 2인자인 정무총감이 겸임했으며, 이완용, 권중현 같은 매국적들이 고문이었다.

　　이들은 1932~1938년『조선사(37책)』를 간행했는데, 이를 비롯해서 조선사편수회에서 간행한『조선사료총간(朝鮮史料叢刊:20종)』,『조선사료집진(朝鮮史料集眞:3책)』등은 모두 단군조선을 삭제하는 방식으로 한국사의 상한선을 끌어내렸으며, 이를 주도한 이마니시 류(今西龍)는 단군을 신화라고 왜곡했다. 일제는 1942년의 미드웨이 패전으로 제해권(制海權)을 상실하면서 패전의 전운이 짙어졌다. 일제는 이후 소나무 껍질을 벗겨 송진을 채취해 연료로 쓸 정도로 극심한 재정난에 시달리면서도 조선사편수회 예산은 한푼도 깎지 않았다. 비록 지금은 패전으로 쫓겨가지만 역사관을 장악하고 있으면 한국을 다시 점령할 수 있다는 전략적 판단에 의한 것이었다. 그리고 그런 전략적 판단으로 경성제국대 및 조선사편수회 내의 친일 한국인들을 조직적으로 지원했는데, 그 대표적인 인물이 조선사편수회의 이병도, 신석호 양자였다.

본고는 조선사편수회의 식민사관이 무엇인지, 조선사편수회 출신의 이병도, 신석호가 해방 후에도 어떻게 역사학계의 권력을 장악했는지 등을 살펴보려는 것이다. 현재 한국 사회의 다른 분야는 친일 색채가 옅어져가고 있지만 유독 역사학계만은 친일 식민사학이 더욱 강고해지고 있다. 이들은 강력한 카르텔을 구축한 채 국민들을 역사에 무지하게 만드는 우민화정책으로 자신들만의 아성을 구축했는데, 특이한 것은 이 분야에는 보수, 진보도 없이 한 통속이라는 점이다. 이제 한국 역사학계를 장악한 친일 식민사학의 구조를 드러내고 그 해체를 요구하는 것은 일제강점기 민족지도자들의 역사관을 재연하는 길밖에 없다.

제1장과 제2장은 조선사편수회와 관련하여 『조선사』 35권의 간행과 관련된 자료를 정리하였다. 잘 알려진 대로 일제는 1938년 『조선사』(35권)의 편찬을 완료한 후 『조선사편수회사업개요』라는 책자를 만들었다. 이 책은 『조선사』가 완성되기까지 식민지 통치기관에 의한 한국사 연구의 전 과정을 밝히고 있는 것으로 매우 중요한 기록이다. 표면적으로는 마치 객관적인 편찬작업처럼 왜곡했으나 그 이면에는 조선총독부가 식민지 지배정책을 통해 한국인의 민족의식을 말살하고 한국사를 부정적으로 왜곡하는 작업이었음은 물론이다. 본 논고에서는 이를 충분히 염두에 두고 『조선사』 편수과정에 대한 비판적 정리를 하였다.

지금까지 조선사편수회에 관한 선행연구는 편수회에 대한 개괄적인 소개에 그치거나, 일제의 식민사관을 다룬 글에서 부분적으로 언급하고 있을 정도이다. 현재 조선사편수회 관련자료의 대부분은 국사편찬위원회에 소장되어 있다. 『위원회의사록』, 『조선사편찬관계서류철』, 『조선사편수회관제관계서류』, 『조선사편수회사무보고서』, 『편수타합회서류철』, 『비문서철(비문서철)』 등이 그것이다. 이외에 『조선사』 35책의 방대한 자료집이 있다. 본고는 『조선사편수회사업개요』의 내용을 위주로 하면서 다른 사료를 보조적으로 사용했다. 일제의 한국사 왜곡은 조선사편수회에서 『조선사』 35권(부록 2권)을 간행한 것에서 정점을 이루게 된다.

그래서 제1장에서는 조선사편수회의 설치와 운영에 대해 정리할 것이다.

일제의 『조선사』 편찬 의도는 아주 교묘했다. 『조선사』를 단순한 통사가 아니라 편년체의 자료집으로 발간한 것 자체가 그랬다. 일제는 『조선사』가 보급되면 유일한 한국사 자료가 될 것으로 예상했다. 그래서 그들의 정치적 필요에 따라 사료를 취사선택함으로 그들이 의도한 한국사 왜곡을 가능하게 하였던 것이다.

제2장에서는 조선사 편찬 방식과 여기에 참여하였던 일제 식민사학자들의 면모를 통해 조선사가 이들에 의해 얼마만큼 왜곡되었는지 살펴볼 것이다.

제3장은 해방 후 식민사관 문제를 다루려 한다. 일제 식민사관의 요체는 이론으로는 타율성이론과 정체성이론으로 요약할 수 있다. 시기별로는 고대에 집중되어 한국사를 반도사로 축소하고 그 반도의 북쪽에는 중국 한나라의 식민지인 한사군(漢四郡)이, 반도의 남쪽에는 고대 야마토왜의 식민지인 임나일본부가 있었다고 왜곡했다. 그를 위해 임나가 가야라는 '임나=가야설'을 만들어 퍼뜨렸다.

해방 후 한국 역사학계는 일제의 식민사관 전반을 비판 정리하는 듯한 형식을 취했지만 총론에서만 비판했을 뿐 각론으로 들어가면 일제 식민사관을 답습하는 경우가 비일비재했다. 해방 후 미 군정과 이승만 정권 때 친일파들이 다시 부활해 독립운동가들이 탄압받던 상황이 역사학계에도 그대로 재연되었다. 이들은 식민사학을 실증주의사학으로 개명한 채 조선총독부 역사관을 해방 후에도 계속 정설로 유지시켰다. 그래서 이 장에서는 랑케 실증주의사학의 내용에 대해 살펴보고 이를 수용하는 과정에서 일본인 역사가들이 이를 어떻게 변질시켰는지, 이렇게 왜곡된 실증주의 사학이 어떻게 한국 역사학계를 장악했는지 그 전반적인 과정을 분석하고자 한다. 이어서 식민사학 극복의 한계를 적시하고 일제에 의해 잘못 전달된 실증사학의 실체에 대해서도 살피려 한다.

해방 후 조선사편수회 등 일제기관에 참여하였던 친일사학자들은 일대 위기를 맞게 되었다. 특히 진단학회 총무이사였던 국어학자 조윤제는 진단학회에서 '친일학자 제명문제'를 강력하게 제기해 큰 파장을 일으켰다. 그러나 친일파 제명문제는 친일세력이 다시 부활하면서 흐지부지 되었다. 친일학자로 규정되었던 이병도, 신석호는 진단학회를 탈퇴하고 '조선사연구회'를 새로 결성했는데, 나중 진단학회는 이병도의 호를 딴 '두계학술상(斗溪學術賞)'을 제정해 지금껏 시행하고 있는데서 알 수 있는 것처럼 다시 친일사학자들에게 장악되어 오늘에 이르고 있다.

제4장에서는 해방 후 친일문제를 둘러싼 역사학회의 여러 동향을 알아보려고 한다.

해방 후 조선총독부 식민사관이 한국 역사학계의 하나뿐인 정설이 되는데 핵심적 역할을 한 두 인물이 이병도과 신석호이다. 이병도에 대한 평가는 극명하게 갈린다. '국사학계의 태두'라는 평가와 '식민사학의 대부'라는 평가가 그것이다. 해방 후 신석호는 조선사편수회의 사료를 수습하여 국사관, 후일의 국사편찬위원회를 설립하는데 앞장서면서 저술활동 등 대외활동이 다소 저조했던 반면 이병도는 일제강점기의 적극적인 학문 활동에 이어 해방 후에도 왕성한 저술활동과 학술활동을 통해 '두계사학'으로 표현되는 이병도 사학의 위상과 영향력을 학계에 깊이 뿌리 내리게 하였다. 물론 '두계사학'이란 조선총독부 식민사관의 다른 명칭이라고 불러도 과언이 아니다. 본고에서 부제로 '이병도사학의 영향을 중심으로' 라고 붙인 이유도 그 때문이다.

제5장에서는 이병도 역사관의 형성과 해방 후 학계에서 이병도사학의 위상이 어떠했는지 그의 동료와 후학들의 입을 통하여 살펴보려고 한다. 반면 이병도 역사관의 비판 문제도 함께 다루려고 한다.

이병도의 역사관은 조금만 연구해보면 와세다대학 및 조선총독부 조선사편수회에서 일본인 식민사학자들에게 배운 식민사학의 아류임을 알 수 있다. 그럼에도 그의 역사인식은 남한 주류학계의 통설 혹은 정설로 유지되면서 어떠한 비판도 비껴가게 되어 '기이하다' 할 정도가 되었다. 여기에서는 이러한 이병도의 역사관, 특히 고대사관에 대한 비판들을 정리함으로서 그 극복의 단초를 열려고 한다.

제6장에서는 신석호와 그가 16년간 몸담고 있던 조선총독부 조선사편수회의 관계를 조명해보려고 한다. 1929년 경성제국대학 조선사학과를 제1회로 졸업한 신석호는 식민사학자 이마니시 류(今西龍)의 추천으로 조선사편수회에 촉탁으로 들어간 후 수사관보, 수사관을 거치면서 친일 사학자로 이력을 쌓았다. 그는 해방 후 조선사편수회를 국사관, 국사편찬위원회로 개편하면서 대한민국 국사편찬위원회를 조선사편수회의 계승으로 만들고, 중등교원양성소 등을 통해 일제 식민사학을 초등학생부터 배워야하는 한국사로 변질시켰다. 또한 고려대학교 교수를 역임하면서 보수는 물론 이른바 진보 역사학자들

까지 친일 식민사학의 울타리에 갇히게 만들었음에도 그의 친일행적은 묻혀 버리다 시피 되었다. 그래서 이 문제를 함께 다루어 볼 것이다.

1장

조선사편수회의
설치와 운영

1. 조선총독부의 수사(修史)사업

일제는 1938년 35책에 부록 2책을 포함해 모두 37책의『조선사』의 편찬을 완료한 후『조선사편수회사업개요』라는 책자를 만들어 자신들의 업적(?)을 자랑하고 있다. 이 책은 일본의 식민지 지배가 시작된 이후부터『조선사』가 완성되기까지 식민지 통치기관에 의한 한국사 연구의 전 과정을 밝히고 있기 때문에 매우 중요한 기록이다. 조선총독부의 식민지 지배정책이라는 것이 근본적으로 한국인의 민족의식을 말살하고 한국사를 부정적인 모습으로 왜곡하는 일이었다. 그들은 일본인 및 한국인 식민사학자들을 동원하여 한국사의 주체성을 부정하고 일본의 식민지 지배를 미화했기 때문에 이를 염두에 두고 보아야 한다.

일제는 1919년 한국의 전 민중이 참여한 3·1운동에 당황한 나머지 이른바 '문화정치'를 표방하면서 위기를 모면하려 하였다. 일제는 극단적 무단통치가 3·1운동을 낳았다고 생각해서 한국인의 의식 자체를 바꾸는 문화통치로 전환했는데, 그 대표적인 사업 중의 하나가『조선사』편찬 사업이었다. 일제의 한국사 편찬계획은 「조선반도사」 편찬계획, 「조선사편찬위원회」 설치, 「조선사편수회」 설치라는 몇 단계를 거치면서 한국사의 모습을 기형적으로 변조하였다.

『조선사편수회사업개요』라는 책자 또한 일제의 한국사 왜곡작업을 살펴보는데 일정한 한계를 가진다고 할 수 있다. 하지만 많은 곳에서 그들의 의도가 드러나는 것 또한 숨길 수는 없다. 여기에서는 『조선사』가 편찬되는 일련의 과정을 알아봄으로써 일제의 한국사 왜곡의 한 단면을 살펴보려고 한다.

「조선반도사」 편찬계획

1910년 한국병탄 이후 일제의 한국통치의 기조는 한편으로는 무단통치라는 폭력통치였고, 다른 한편으로는 한국민을 일본인으로 바꾸려는 '민족동화정책'이었다. 이러한 동화정책의 수행을 위해 무엇보다 먼저 요구된 것이 한국사회에 대한 조사연구였다. 초대총독 데라우치 마사타케(寺內正毅)는 그 필요성을 다음과 같이 주장하고 있다.

> "대화혼(大和魂:야마토 다마시)과 조선혼(朝鮮魂)을 혼합하여 우리 일본인이 저들(한국인)에게 대화혼을 심어주지 않은 채로, 저들이 우리의 문명적 시설로 인하여 지능을 개발하고 널리 세계의 형세에 접하게 되는 날에 이르러, 민족적 반항심이 타오르게 된다면 이는 큰일이므로 미리 일본국민의 유의를 요한다. 이것이 조선통치의 최대난관인데 내가 조선인의 철저한 자각을 바라는 동시에 조선연구에 하루도 소홀히 할 수 없음을 믿는 것은 이러한 이유 때문이다.
> 목전의 정치적 시설 이상으로 다시 영구적, 근본적인 사업이 필요하다. 이것이 곧 조선인의 심리연구이며 역사적 연구이다. 저들의

민족정신을 어디까지나 철저히 조사하는 것이다. 그렇지 않고서는 내선동화(內鮮同化)의 진실한 사업은 아직 완전하다고 말할 수 없다 … 즉 조선인의 민족심리, 정신생활에 걸쳐서 이해하는 바가 없으면 헛수고이다.

식민정책의 근본은 반드시 여기에 기초를 두지 않으면 안 된다. 그러므로 나는 세인(世人)이 우원(迂遠)하다고 경시하는 학술적 조사가 절대적으로 필요하다고 인정하여 조사를 진행시키고 있다."[1]

초대 총독 데라우치 마사다케. 한국사를 연구해 한국인을 영원한 노예로 만들어야 한다고 주장했다.

이러한 주장은 곧 한국인의 정신생활, 민족심리, 역사 등에 대한 연구를 바탕으로 한국인을 일본인으로 만들기 위한 동화정책을 수립하여야 한다는 것이다. 조선총독부가 추진한 구습제도(舊慣制度) 조사, 사료조사 등이 바로 이러한 목적 하에서 계획 추진되었다. 특히 1911년 일본인 고고학자 도리이 류조(鳥居龍藏)가 실시한 사료조사의 경우, 조선총독부가 편찬한 교과서에 고고학적 연구 성과를 반영한다는 명목되었지만 실제로는 새로이 식민지로 편입된 한국에 대한 민정(民情)조사의 역할을 겸하였다.

한국인을 일본인화시키기 위한 동화정책의 전제로서 추진된 이와 같은 일련의 조사연구 활동은 곧바로 한일병탄의 정당성과 식민통치의 필연성을 강조하는 역사왜곡과, 조선총독부의 선전 활동으로 연결되었다. 이러한 목적을 구체화한 것이 바로 조선 고적(古蹟)조사사업과 사서(史書) 편찬이었다.

---

1 靑柳南冥, 『總督政治史論』, 1928, 김성민, 「조선사편수회의 조직과 운용」에서 재인용.

조선고적조사사업의 경우, 1916년부터 5개년 계획으로 추진되었는데 말이 발굴이지 사실상 도굴이나 마찬가지였다. 또한 발굴대상 지역도 처음부터 조선총독부에서 '한사군'이 있었다고 결정한 평안·황해도 지역과 '임나일본부'가 있었다고 결정한 경상남북도 지역에 집중했다. 발굴이라는 명목 하에 한국사를 반도사에 가두고 그 북쪽에는 고대 중국의 식민지인 한사군이 있었고, 남쪽에는 고대 야마토왜의 식민지인 임나일본부가 있었다고 강변하기 위한 것이었다.

일제는 1911년 이후 조선총독부의 취조국과 그 뒤를 이은 참사관실의 주도하에 『반도사』 편찬을 추진하였지만 중추원으로 소관업무가 이관될 때까지 사서편찬의 별다른 진전은 보지 못했다. 그 후 취조국과 참사관실은 민사, 상사의 관습 조사 등 구관제도(舊慣制度) 조사사업을 어느 정도 진행한 후 1915년 참사관실의 업무가 중추원으로 이관됨에 따라 『반도사』 편찬 계획도 중추원으로 이관되었다.

『반도사』의 편찬이 구체화된 것은 이 무렵 발간되었던 박은식의 『한국통사』 발간과 깊은 관련이 있다. 1915년 상해에서 간행한 『한국통사』는 일제의 침략과정을 적나라하게 폭로했는데, 국외 독립운동계에는 물론 국내에도 밀반입되어 민족혼을 일깨우고 항일의식을 고취시켰다. 박은식이 『한국통사』에서 일제의 침략과정을 적나라하게 폭로하자 일제는 이 책의 대내외적 영향력에 대하여 민감하게 반응하였다. 일제는 『한국통사』를 거명하면서, "진상을 규명하지 않고 함부로 망설(妄說)을 드러내 보이고 있다."라고 논박하였다.[2] 무엇보다 일제는 민족의식을 고취하는 이런 역사서는 그들의 식민통치를 근본에서 위협하는 것으로 판단하고 이에 대항하는 식민사서의 필요성을 절감했다. 그래서 종래 거론되어 왔던 『반도사』 편찬계획을 보다 구체화시켰다. 이 대목을 일제가 발간한 『조선사편수회사업개요』에서는 다음과 같이 말하고 있다.

<hr />

2 『朝鮮半島史編成ノ要旨及順序』, 조선총독부, 1916, 김성민, 「조선사편수회의 조직과 운용」에서 재인용.

"조선인은 여타의 식민지의 야만미개한 민족과 달라서, 독서와 문장에 있어 조금도 문명인에 뒤떨어질 바 없는 민족이다. 고래로 사서가 많고 또 새로이 저작에 착수된 것도 적지 않다. 그리하여 전자는 독립시대(합방 이전)의 저술로서 현대와의 관계를 결(缺)하고 있어 헛되이 독립국 시절의 옛 꿈에 연연케 하는 폐단이 있다. 후자는 근대조선에 있어서의 일로, 일청간의 세력경쟁을 서술하여 조선의 나아갈 바를 설파하고, 혹은『한국통사』라고 일컫는 한 재외조선인(박은식 : 필자주)의 저서 같은 것은 진상을 규명하지 않고 함부로 망설을 드러내 보이고 있는 것이다. 이러한 사적들이 인심을 현혹시키는 해독, 또한 참으로 큰 것임은 말로 다 할 수 없는 것이다."[3]

일제는 1916년 중추원 소속의 한국인 학자와 동경(東京)제국대, 경도(京都)제국대의 교수들을 중심으로 편찬체제를 갖추고, 그 해 7월에는 편수의 지침이 되는「조선반도사편찬요지」를 발표하였다. 한국사는 반도사가 아니라 대륙사이자 해양사임에도 한국사의 강역에서 대륙과 해양을 삭제하고 '반도사'로 국한시킨데서 일제의 의도를 쉽게 알 수 있다. 일제는 이 요지에서『반도사』의 편찬이 "조선백성의 지능과 덕성을 계발하므로써 이들을 충량한 제국신민의 지위에로 끌어 올리는 것을 목표로 삼는다. 이번에 중추원에 명하여 조선반도사를 편찬하게 한 것도 이 또한 민심훈육의 한 목적을 달성코져 하는데 그 취지가 있다 할 것이다."라고 표방함으로써『반도사』가 동화정책의 일환으로 계획된 것임을 분명히 밝혔다.[4]

---

3 『조선사편수회사업개요』, 시인사, 1985, 15쪽.
4 『조선사편수회사업개요』, 13-16쪽.

일제의 사서편찬 의도는 『반도사』의 시기 구분을 통해 구체화되고 있는데 그 내용은 다음과 같다.

제1편 상고삼한(上古三韓)	제4편 고려
제1기 원시시대 제2기 한(漢)영토시대	제1기 흥륭(興隆)시대 제2기 요번부(遼藩附)시대 제3기 무신전권시대 제4기 원(元)복속시대
제2편 삼국(고구려, 신라, 백제)	제5편 조선
제1기 삼국성립시대 제2기 삼국급가라(三國及加羅)시대 (일본의 보증保證시대)	제1기 융성시대 제2기 외란(外亂)시대 제3기 청(淸)복속시대
제3편 통일 후의 신라(당唐에의 복속시대)	제6편 조선최근사
제1기 신라융성시대 제2기 쇠퇴시대	제1기 청세력 감퇴(減退)시대 제2기 독립시대 제3기 일본 보호정치(保護政治)시대

『반도사』의 시기구분

위의 표를 살펴보면 일제는 한국사의 전개과정을 한국민의 내재적 발전역 량에서 구한 것이 아니라 각 시기마다 외세에 의한 지배의 역사를 강조함으로 써 한민족은 스스로 독립할 능력이 없는 민족인 것처럼 호도하였다. 이 또한 타율성 사관을 강조한 것이라 할 수 있다.

우선 제1편은 상고삼한으로 설정하여 단군조선을 완전히 삭제하고 이 시 기를 오히려 원시시대로 구분하였으며, 한국사가 '한(漢)영토시대'부터 시작된 것, 즉 외국의 식민지로부터 출발한 것이라고 우리 역사를 왜곡하고 있다. 즉, 한국사는 외국의 식민지로 시작했음으로 지금 일제의 식민지가 된 것은 당연 하다는 패배의식을 심기 위한 것이었다.

이병도·신석호는 해방 후
어떻게 한국사학계를 장악했는가

제2편의 '삼국 및 가야시대'라는 항목에는 '일본의 보증시대'라는 부제를 붙였다. 가야는 물론 삼국이 모두 일제의 식민지였다는 전제에서 나온 것으로 일본 극우파들의 교과서인 『일본서기』의 허황된 내용을 사실인 것처럼 기술한 것이다. 이를 통해 임나일본부의 존재를 강하게 부각시키려 한 것은 설명할 필요도 없다.

이마니시 류. 현재도 남한 강단 사학자들이 존경해 마지 않는 스승이다.

또한 역사편찬의 하한도 일제강점기인 '일본보호정치시대'까지로 하여 이 사서의 편찬의도가 병탄을 합리화하기 위한 것임을 노골적으로 드러내었다. 즉 조선이라는 나라는 처음 출발부터 북쪽은 중국의 한사군이라는 식민지로부터 시작되었고, 남쪽은 일본의 임나일본부라는 식민지로 시작된 것인데, 마지막 결론은 현재 일본의 보호를 받는 것이 역사 과정상 당연한 결과라고 강변하고 있는 것이다.

앞에서 살펴본 대로 일제의 『반도사』 편찬의 목적은 철저히 한국인의 동화를 목적으로 계획된 것이었다. 일제는 이러한 목적의 『반도사』를 편찬하면서 중추원 소속의 한국인을 그들의 하수인으로 이용하였다. 15명의 중추원 찬의, 부찬의들을 조사주임으로 삼아 자료의 수집을 담당하게 하였다. 한편 편수사업의 핵심을 이루는 편집 주임급으로는 중추원 서기관 오다 간지로(小田幹治郎)를 중심으로 미우라 히로유키(三浦周行), 구로이타 가쓰미(黑板勝美), 이마니시 류(今西龍) 등 일본인들로만 구성되어 있음을 볼 수 있다. 각 편별 집필자 역시 일본인들로 다음과 같다.

1편 (상고삼한) - 이마니시 류(今西龍)

2편 (삼국) - 이마니시 류

3편 (통일신라) - 이마니시 류

4편 (고려) - 오기야마 히데오(荻山秀雄)

5편 (조선) - 세노 우마쿠마(瀨野馬熊)

6편 (조선최근사) - 스기모토 쇼우스케(杉本正介)

결국 사서편찬 과정에서 다수의 한국인들은 일제의 지시에 따라 자료를 수집하는 역할만 담당하였고 실제 『반도사』의 서술은 일본인들이 독점하였다는 것을 알 수 있다.

『반도사』 편찬계획을 세운 일제는 곧 자료수집에 착수하였으며 그 결과 편찬사료로 채택된 자료는 한국측 기록 164종, 중국측 기록 560종, 일본측 기록 100종, 기타 서양측 기록 60종이었다. 한국역사를 서술하면서 한국측 기록보다 중국이나 일본 등 외국의 기록에 더 많이 의존한 것은 결국 한국사의 주체적 성격을 부정하고 외세에 의해 지배받은 역사를 서술하기 위한 것이라 할 수 있다.

또한 주목할 것은 단군에 관한 사항이다. 『반도사』 집필에 단군의 건국관계 기사가 수록되지 않았음에도 불구하고 단군관계 기록은 사료수집 대상으로 설정했다. 이는 민간에 산재하는 단군관계의 사료를 압수해서 불태우거나 일본으로 가져가기 위한 조치로 보인다.

조선사편찬위원회의 설치

3.1운동 이후 새롭게 『조선사』 편찬의 필요성이 제기되면서 1922년 조선사편찬위원회가 설치되었다. 이에 따라 중추원에서 주도하던 『반도사』 편찬 계획은 1924년 말까지 조선사편찬위원회의 『조선사』 편찬 사업과 병행하여 진행되었다.

조선총독부 조선사편찬위원회는 자료수집에 착수한 결과, 이미 완성된 『반도사』의 원고 중에 수정할 부분이 있다고 여겼다. 특히 담당자가 바뀐 고려 시기와 조선최근사 시기의 경우 더많은 조사연구가 필요하다고 판단했다. 『반도사』 편찬 사업은 조선사편찬위원회가 조선사편수회로 개편됨에 따라 1924년 말 『조선사』 편찬 사업으로 통합시켰다.

일제가 『반도사』의 편찬 사업이 진행 중임에도 불구하고 새로이 『조선사』 편찬을 계획하게 된 데에는 이유가 있었다. 3.1운동 이후 독립운동의 양상이 다양해지면서 교육열의 급격한 고조에 힘입어 '조선인(朝鮮人) 본위(本位)의 교육(敎育)'이 새롭게 주장되었다. 3·1운동으로 민족의식이 고조된 한국인들은 교육현장인 학교에서 한국사를 독립과목으로 설정할 것과 왜곡된 한국사 교육의 시정을 요구하기에 이르렀다. 이런 흐름에 대해 일제가 무마책으로 내세운 것 중의 하나가 『조선사』의 편찬 사업이었다. 『조선사』 편찬사업을 통해 조선총독부가 한국역사에 관심을 가지고 있을 뿐만 아니라 나아가 한국인을 위한 역사교육을 실시하기 위해서 노력하고 있는 것처럼 보이려는 것이었다.

일제는 한국인에 대한 무단통치의 결과 전 민족적 3.1운동이 발생했다는 생각에서 '문화정치'로 전환하는 한편 새로운 역사서 편찬을 통해 한국인의 역사관을 근본적으로 뜯어고칠 필요성을 절감했다. 그래서 이전의 『반도사』 편찬 체제와는 다른 새로운 『조선사』 편찬에 나선 것이다.

조선사편찬위원회의 설치는 1921년 이미 사이토 마코토(齋藤實) 총독의 발의로 계획되었다. 처음 계획된 『조선사』 편찬 계획에서는 1921부터 1926까지 5년간에 걸쳐 완성할 예정이었다. 그러나 최초의 계획은 구로이타 가쓰미(黑板勝美), 나이토 도라지로(內藤虎次郎) 등 일본 식민사학자들에 의해 수정, 변경되었다. 즉 사업연한을 10년으로 늘리고 부위원장제를 폐지하였으며, 『조선사』도 사회조사의 성격을 축소하여 전문 사서로서의 성격을 강화하였다.

이에 따라 1922년 12월 4일 「조선사편찬위원회 규정」이 확정 발포되었다. 『조선사』의 편찬은 조선총독부의 산하기관인 조선사편찬위원회(이하 편찬위원회)에서 관장하게 되었다. 편찬위원회는 조선총독의 훈령에 따라 설립되기는 했으나 중추원 내에 설치되었다. 그 이유는 중추원이 구한국 때의 전직 관리들로 구성되어 있어 한국사에 대한 지식이 풍부한 한국인들을 이용할 수 있는 한편, 이 사업에 한국인을 참여시킴으로서 『조선사』가 양측의 합의에 따른 '공명정대한 사서'라는 점을 강조하기 위한 간계였다.

조선총독부 훈령에 따라 아리요시 주이치(有吉忠)— 정무총감이 위원장이 되고, 이완용 박영효 권중현 등의 매국적들이 고문이 되었으며, 위원에 나가노(長野) 서기관장 외에 유맹(劉猛) 어윤적 이능화 정만조 등 한국인들과 이마니시 류 이나바 이와키치 마쓰이(松井等) 카시와바라(栢原昌三) 등 일본인들을 위촉하여 수사사업을 개시하였다.

『조선사』 편찬사업은 '위원회'라는 형식적인 기관이 있었지만 실제로는 동경제대 교수인 구로이타 가쓰미(黑板勝美)가 편찬 계획을 주도하였고, 이나바 이와키치(稻葉岩吉)가 실무책임자로서 편찬주임과 간사를 겸임하는 등 몇몇 소수의 일본인들이 모든 업무를 장악하였다. 구로이타 가쓰미는 1915년 7월 총독부 기관지인 『매일신보』에 "한국 병합은 임나일본부의 부활"이라는 기고를 한 식민사학자였고, 이나바 이와기치는 진나라 만리장성이 황해도 수안까지 왔다고 우기는 논문을 쓴 식민사학자였으니 이들이 편찬하는 『조선사』의 내용은 짐작하고 남을 수 있었다.

편찬위원회에서는 10개 년 예정으로 『조선사』의 편찬에 착수했는데, 처음 3년간은 사료 수집, 다음 단계 5년은 사료 수집과 편찬·기고를, 마지막 2년은 초고 정리에 할당하였다.

1923년(대정12) 1월 8일 '조선사편찬위원회'를 개최했는데, 사이또 총독이 이 자리에 직접 참석해서 인사말을 하였다.

"우리 조선의 문화는 그 연원이 매우 오래되고 문예, 산업 등 각 분야에 걸쳐 각각 그 특색을 발휘하고 있는 것입니다. 오늘날까지 이룩되어 온 수사(修史)사업 가운데 이렇다 할 만한 업적이 전혀 없는 것은 아니지만 전국에 산재해 있는 수많은 자료를 집대성하여 만들어진, 또 학술적 견지에서 볼 때 지극히 공정하게 편찬된 것이 없음은 실로 유감된 일입니다. 더구나 자료는 점점 인멸되어 가고, 날이 갈수록 그만큼 귀중한 것이 산일되어져 문화의 흔적마저 상실해 버리게 되는 상황에 놓여있는 것입니다. 우리 총독부는 종래에도 힘써 문화부문의 시설에 심혈을 기울이고, 구관조사(舊慣調査)를 비롯하여 고적조사 등 제반사업을 추진해 왔으며, 또 역사편찬사업 등에도 노력을 다하여 왔습니다만 이번에 다시 '조선사편찬위원회'를 조직하고 새로운 계획을 세워 수사사업을 개시하게 된 것입니다.

그러므로 조선의 학자 여러분들을 비롯하여 사정에 정통해 있는 모든 분들의 협조가 요망되는 바입니다만, 또한 내지(內地)의 역사전문가들에게도 의뢰하여 현대에 적합한 조선사를 편찬하고자 하여 양쪽에서 고문 및 위원님들을 위촉하게 된 것입니다. 아무쪼록 일치협력하여 이 사업이 예정대로 완수될 수 있도록 노력해 주실 것을 바라마지 않습니다."

조선총독부가 공정한 한국사 발간을 위해서 노력하고 있는 것처럼 허언(虛言)하는 것은 조선총독을 비롯한 일본인 식민사학자들의 습관이었다. 1923년 1월 제1차 위원회에서 『조선사』 편찬 강령을 결정한 것을 시작으로 사료 수집에 착수하였다. 같은 해 5월에는 전국 도지사 회의에서 지방 관청에 소재한 관변 사료의 보존 및 수집을 지시하는 한편 이른바 '사료차입규정(史料借入規定)'을 제정하여 전국에 산재한 민간자료의 수집에 주력하였다.

편찬 강령을 다음과 같이 결정하였다.

첫째, 편찬의 형식은 편년사로 한다. 단 필요에 따라 분류사(풍속, 종교 문학 예술 가요 등)를 편찬한다. (조선사편수회사업개요』, 22-23쪽)

둘째, 편찬의 구분

　제1편　삼국 이전

　제2편　삼국시대

　제3편　신라시대

　제4편　고려시대

　제5편　조선시대 전기(태조부터 선조까지)

　제6편　조선시대 중기(광해군부터 영조까지)

　제7편　조선시대 후기(정조부터 갑오개혁까지)

사료 수집의 방법은 각 위원별로 담당지역을 설정하고 그 지방의 관청에 통보한 후 해당 관청이 미리 수집해 놓은 사료를 담당 위원이 일괄적으로 열람하도록 하는 것이었다. 이것은 시간과 경비를 절약한다는 미명하에 지방의 관헌들로 하여금 강제적으로 사료를 수집하게 하는 약탈적 방법이라고 할 수 있다. 이외에도 편찬위원이 직접 사료 소장자를 면담하여 수집하기도 하였는데, 이런 경우 군청의 직원이나 면장을 대동하였고, 이를 통해 사료 소장자와 교섭하게 하였다. 특히 서원이나 사찰 등지에 소장되어 있는 사료들이 강제로 수탈되는 경우가 많았다.

그러나 1924년에 이르기까지 민간 소재 사료의 수집은 그다지 활발하지 못했다. 한국인들은 일제 당국이 사료를 수집하는 것에 대해 강한 의혹을 갖고 있었다. 일제가 사료 수집 명목으로 선조들의 사료를 없애거나 왜곡하려는 의도가 있다고 간파하고 있었던 것이다.

그래서 민간 소재 사료 수집은 지지부진했다. 초고를 작성하기 시작한 1927년까지 수집된 민간 소재 사료는 총 수집 자료의 20%에 불과한 상태였다. 식민지 한국인들은 조선총독부 부속기관인 조선사편찬위원회에서 추진하는 사서 편찬 사업에 회의를 품게 되었다. 일제는 더욱 강한 권력을 지닌 조직에 의해 『조선사』를 편찬할 필요성을 느꼈다. 그래서 조선총독부 훈령에 근거하여 총독부 부속기관으로 존재하였던 편찬위원회의 급을 높일 필요성을 느꼈다. 곧 일왕의 칙령에 의해서 총독 직할의 독립관청인 조선사편수회로 개편해야한다고 여겼던 것이다.

조선사편수회의 설치

이런 관제 개편의 필요성이 제기되면서 조선사편찬위원회는 1925년 6월 조선사편수회로 개편되었다. 조선사편수회(이하 편수회로 약칭)는 총독 직할의 독립 기관으로 설치되었으며, 아울러 중추원의 규정 중 '사료의 모집, 편찬'의 항목이 삭제됨으로써 『조선사』 편찬사업은 제도적으로 중추원에서 분리되었다. 그러나 실제 업무는 종래와 같이 중추원에서 취급했다. 이후 조선사편수회에서 만든 한국사의 틀이 지금까지 유지되고 있음에도 조선사편수회와 관련된 기존의 연구는 미미하다. 다만 개괄적인 소개나 부분적 언급이 있었을 뿐이다.[5] 그 이유는 조선사편수회에 대한 연구는 곧 해방 후 남한 강단사학계의 태두라고 떠받들려졌던 이병도와 신석호에 대한 비판을 전제로 할 것이기 때문에 연구 자체를 꺼린 측면이 존재했다.

종래의 조선사편찬위원회에 비해 기구가 확장된 편수회의 관제에서 주목되는 것은 조선사편수회를 조선총독의 직속기관으로 하고, 그 직원 중 고문, 위원, 간사 등을 일본 내각에서 임명하는 것으로 하여 외형상 직제의 격을 높였다는 것이다. 또한 편찬위원회의 직원이 촉탁의 자격이었음에 비해 편수회의 경우 수사관(修史官), 수사관보, 서기 등의 전임직(專任職)으로 하고 이들의 위상도 주임관(奏任官), 판임관(判任官)으로 함으로써 수사(修史) 사업의 관제적 격을 높이려고 하였다. 종래 사무의 담당 규정이 애매하였던 편찬위원회의 관제에 비해 편수회에서는 위원과 간사 및 수사관을 분리함으로써 '위원회' 위원들의 권한을 더욱 축소하고 편수 업무를 간사와 수사관을 중심으로 추진하였다. 아울러 새롭게 대학에서 사학을 전공한 학자들을 수사관보로 충원하여 실직적인 편수 체제에 들어갔다.

이와 같이 편찬위원회가 편수회로 개편되었지만 일제의 『조선사』 편찬의 의도가 바뀐 것은 아니었다. 『조선사』 편찬의 실무책임자인 이나바 이와키치(稻葉岩吉)가 "한국은 동양 화란(禍亂)의 원천이 되어 있었던 고로 동양의 평화, 인민의 복지 증진을 위하여 병합된 것이니 이 병합의 목적을 진실하게 편찬할 생각이다."라고 말한 것에서 『조선사』가 근본적으로 『반도사』의 편찬 취

5　문정창, 『군국일본조선강점36년사』 중, 백문당, 1966 ; 나카무라 히데타카 (中村榮孝), 『日鮮關係史の硏究』 下 (吉川弘文館, 1969) ; 조동걸, 『현대한국사학사』, 나남출판, 1998 ; 신주백, 『한국역사학의 기원』, 휴머니스트 2016 ; 김용섭, 「일본 한국에 있어서의 한국사서술」, 『역사학보』 31, 1966 ; 홍이섭, 「식민지적 사관의 극복」, 『아세아』 1969년 3월호 ; 이만열, 「일제관학자들의 식민주의사관」, 『한국근대역사학의 이해』, 1981 ; 김성민, 「조선사편수회의 조직과 운용」, 『한국민족운동사연구』 3, 1989 참조.

지를 그대로 답습하고 있음을 알 수 있다. 결국『조선사』의 편찬 목적은 '일본의 위대한 면목과 사명을 드러내기 위한 방편'에 불과 했던 것이다.

『조선사』간행의 장기적인 의도에 대해 김용섭은 다음과 같이 지적하고 있다.

> "『조선사』는 단순한 통사가 아니고 하나의 사료집이었다. 일제 강점기에는 논문이나 단행본을 저술하는 데 왕왕 이 책을 자료로서 인용하였고, 기본사료에 애로를 느끼는 사람은 지금도 이것을 사료로서 사용한다. 많은 사람이 볼 수 없는 입장에서 이것만이 보급되어 있다면 이것은 유일한 자료가 될 것이다. 식민지 당국이나 조선사편수회의 일본인 고문, 위원들은 이런 점을 착안하였다. 그리하여 외관상으로는 모든 사료를 망라하여 서술한 것으로 되었지만, 실제에 있어서는 많은 취사선택이 행하여졌다. 그들에게 유리하고 필요한 것은 되도록 많이 채록하고 한국사의 본질적인 문제나 민족문제 그리고 그들에게 불리한 것은 수록하지 않았다. 『조선사』가 그들의 식민지 통제에 기여하는 바는 실로 크고 원대한 것이었다. 이러한 자료를 통해서 한국사를 서술한다면 그것은 한국사의 주체성을 살리는 역사가 될 수는 없을 것이다."[6]

한편 의식있는 한국인들에게 조선사편수회의 설치는 커다란 우려의 대상이 아닐 수 없었다. 일제는 묘향산의 단군굴, 구월산의 삼성전 등 단군의 성지를 훼손하고 남산에 조선신궁을 설립하는 등 한국인의 민족정신을 말살하기 위한 정책을 지속적으로 실시하고 있었다. 이러한 상황에서 일제가 조직과 예산을 확대한『조선사』편찬을 기도하는 것은 한국사를 일제 마음대로 조작

6 김용섭, 「일본, 한국에 있어서의 한국사서술」, 『역사학보』 31, 135쪽 참조.

하겠다는 의도로 읽혀졌다. 이를 당시 《동아일보》에서는 '최후의 정신적 파산'이라고 표현하였다. 이러한 가운데 《동아일보》를 비롯한 당시의 각 언론들은 조선사편수회에서 공정한 시각으로 『조선사』를 편찬할 것을 촉구하는 한편 한국인 스스로에 의한 한국사 연구의 필요성을 역설하였다. 그 일환으로 각 언론사에서는 지상을 통하여 민족주의 사가(史家)들의 저술을 연재하는 등 역사에 관한 일반 대중의 관심을 적극 선도하였다. 이때 각종 신문에 연재된 것으로는 신채호의 「조선사연구초」(1925, 동아일보), 「조선상고사(1931, 조선일보), 「조선상고문화사」(1931~32, 조선일보)와 정인보의 「5천년간 조선의 얼」(1936, 동아일보) 그리고 안재홍의 「조선상고사관견」(1930, 조선일보) 등을 들 수 있다.

조선사편수회의 편수관과 촉탁에는 경성제국대학 교수들이 겸했는데 당시 상황을 경성제대 출신인 유홍렬의 회고를 통해 살펴보면 다음과 같다.

"나와 함께 경성제대 법문학부 사학과에 진학한 11명의 동기생 가운데 학부 2학년에서 선택한 전공별을 보면 조선사학 전공은 오직 나 하나 뿐이고 다른 10명은 일본사학이나 동양사학(중국사학)을 전공하게 되었다.(서양사학 전공은 70년 후에야 생김)

내가 구태여 홀로 조선사학을 전공하게 된 것은 대학도서관에 사장되어 있는 귀중한 규장각 도서 13만여 책을 활용함으로써 아직 밝히지 못한 많은 문제들을 밝혀 보고자 한 민족적 사명감 때문이었다.

나 하나를 가르치는 일본인 교수로서는 일본 동경제국대학 출신의 문학박사 이마니시 류(今西龍)와 문학사 오다 시요우고(小田省吾)의 둘이 있었는데 경도제국대학 교수를 겸하고 있던 이마니시

는 그곳 출강 중 1933년에 죽고 이듬해에는 오다가 정년퇴직하게
됨에 따라 고고학을 가르치던 문학사 후지타 료사쿠(藤田亮策)와
조선사편수회의 편수관이던 문학사 스에마쓰 야스카즈(末松保和)
가 이들의 자리를 차지하게 되고 조선사편수회의 편수관이던 문
학사 나카무라 히데타카(中村榮孝)가 강사로서 조선왕조시대사
를 가르치게 되었다.

조선사편수회는 우리나라 역사를 연월일 순으로 총정리하기 위하
여 1925년에 정무총감 직속하에 설치된 관청으로서 우리나라 및
중국 일본사서에 보이는 사료를 발모(拔摸)하여 고조선시대부터
갑오경장(1894년)까지 이르는 3천년동안의 역사를 『조선사』라는
이름으로 시대별로 간행하여 1940년까지 이르는 15년 동안에 36
책을 내놓게 되었다.

이 조선사편수회의 편수관 및 촉탁들은 우리나라의 역사학자와
일본 동경제대. 경성제대의 졸업생들을 채용하게 되었는데, 이 편
수관 중에는 경성제대의 강사로 출강하는 사람도 있게 되었다. 청
구학회를 결탁하고 계간의 『청구학총』을 일본어로 간행하여 우리
나라와 만주 등 극동지역 문화의 연구 결과를 발표하게 되었는데
그 편집자는 나카무라였다."[7]

조선사편수회가 『조선사』 편찬에 나서면서 일제는 한국사 연구 및 편찬
에 있어서 막대한 물량적 우위를 차지하게 되었다. 일제의 이런 전략은 큰 성
공을 거두어 해방 후 지금까지도 남한의 강단사학은 조선사편수회가 만들어
놓은 틀 내에서 활동해 식민사학이라는 비판을 받고 있는 것이다.

---

7 유홍렬, 「진단학회와 나」, 『진단학회 60년지』, 1994, 258-259쪽.

2. 조선사편수회의 조직과 운영

조선사편수회 조직

조선사편수회는 1925년 6월 칙령에 의해 설치된 관제(官制)를 통해 그 조직을 살펴볼 수 있다.

제1조 조선사편수회는 조선총독의 관리에 속하며 조선사료의 수집 및 편찬과 조선사의 편수를 담당한다.

제2조 조선사편수회는 회장 1인, 고문 및 위원 약간명으로 조직한다.

제3조 회장은 조선총독부 정무총감이 겸임한다. 고문과 위원은 조선총독의 요청에 의해 내각에서 임명한다.

제4조 회장은 회무를 총괄한다. 회장 유고시에는 회장이 지명하는 고문 또는 그 위원이 그 직무를 대리한다.

제5조 조선사편수회에 간사 약간명을 두고, 조선총독의 요청에 의해 조선총독부 부내의 고등관 중에서 내각이 임명한다. 간사는 회장의 지휘를 받아 서무를 정리한다.

제6조 조선사편수회의 사무에 종사시키기 위해 다음의 직원을 둔다. 수사관 전임 3인, 수관 관보 전임 4인, 서기 전임 2인

제7조 수사관은 회장의 명을 받아 조선사료의 수집 및 편찬과 조선사편수의 사무를 담당한다. 수사관보는 상사의 지휘를 받아 조선사료의 수집 및 편찬과 조선사편수의 사무에 종사한다. 서기는 상사의 지휘를 받아 서무에 종사한다.

회　　장	시모오카 쥬지(下岡忠治)	정무총감
고　　문	이완용	중추원 부의장
	박영효	중추원 고문
	권중현	종4위 훈1등
위　　원	이쿠다 세사부로(生全淸三郞)	중추원 서기관장
	시노다 지사쿠(篠田治策)	이왕직 차관
	이진호	학무국장
	오다 시요우고(小田省吾)	총독부 사무관
	유맹	중추원 참의
	어윤적	중추원 참의
	이마니시 류(今西龍)	경도제국대학 조교수
	산기진웅(山崎眞雄)	중추원 서기관
	이능화	총독부 편수관
	이병소	총독부 편수관
	윤녕구	총독부 편수관
간　　사	야마자키 사네오(山崎眞雄)	중추원 서기관(겸임)
	김동준	중추원 서기관(겸임)
	이나바 이와키치(稻葉岩吉)	총독부 수사관
수 사 관	이나바 이와키치(稻葉岩吉)	총독부 수사관 (겸임)
	후지타 료사쿠(藤田亮策)	총독부 편수관
	홍희	
수사관보	다카하시 다쿠지(高橋琢二)	
서　　기	현양섭	

이상의 관제에 따라 당시의 시모오카 쥬지(下岡忠治) 정무총감이 회장에 취임하였고 이어서 수사관, 수사관보, 고문 등을 임명하였다.

고　　　문　　구로이타 가쓰미(黑板勝美)
　　　　　　　　복부우지길(服部宇之吉)
　　　　　　　　나이토 도라지로(内藤虎次郎)

1925년 9월에는 3명의 고문이 추가 되었다.

이렇게 조직된 조선사편수위원회에서는 위원회를 열고 참가자들의 의견을 조율하였다. 그러나 중요 결의 사항은 고문이었던 구로이타 가쓰미나 간사였던 이나바 이와키치의 의도대로 진행되었다.

조선사편수회 참가자의 면모

일제는 「조선사」에는 「반도사」와는 다른 권위를 부여하기 위해 외형상 여러 변화를 가져왔다. 일본인들은 물론 한국인들도 참가시킴으로써 외형상 공정을 기하는 것처럼 포장했다. 반도사를 편찬할 때 조사주임으로서 사료의 수집을 담당하였던 중추원 찬의, 부찬의 등의 한학자들을 제외하는 대신 한국인 사학자들을 증원하여 외면으로나마 「조선사」 편찬의 공정성을 부각시키고자 하였다. 그러나 그 성격은 오히려 더 친일적으로 악화되었다.

편찬위원회에 고문직을 신설하여 이완용, 박영효, 권중현 등 친일 매국적들을 등용했다. 이완용은 일제에 외교권을 넘긴 을사늑약의 주역으로 을사오적, 고종을 퇴위시킨 정미칠적, 그리고 나라를 팔아넘긴 경술국적에 오른 3관왕으로서 후작의 작위를 받았고, 박영효 또한 후작의 작위를 받았고, 을사오

이완용 저택의 위용(1927년). 이완용은 조선사편수회의 고문이었다.

적 권중현은 자작의 작위를 받았다. 일본인들 중에서 조선사편수회에 관여했던 가장 고위직이 정무총감이었다면 한국인들 중에서는 이들 고문이라고 말할 수 있다. 이병도는 훗날 자신이 조선사편수회에 근무하게 된 것을 이케우치 히로시(池內宏)의 추천이라고 말했지만 그가 이완용의 손자뻘이라는 점에서 이완영의 작용도 있었을 것임은 의심할 바가 없다. 일본인들 중에는 야마다 사부로(山田三良), 하야미 히로시(速水滉) 등 경성제대 총장들이 고문직을 맡았다. 그러나 조선사편수회는 '조선병합은 임나의 부활'이라고 주장한 구로이타 가쓰미(黑板勝美)와 진나라 만리장성이 황해도 수안까지 내려왔다는 이나바 이와기치가 주도했고, 나중에는 임나일본부가 경상남북도는 물론 충청, 전라도까지 차지했다고 주장하는 스에마쓰 야스카즈가 주도했다.

조선사편수회 참가자들의 면모를 살펴보면 다음과 같다.

총독부 관리

편수회의 위원직에는 역대의 학무국장과 중추원 서기관장 그리고 중추원의 일본인 서기관이 계속 임명되고 있었다. 이들은 거의 대학에서 법학이나 정치학을 공부한 후 고등문관시험을 거쳐 관계에 들어온 인물들이다. 이후 일본정부 및 총독부의 각 부처에서 각기 다양한 직책을 가지고 활동했으니 역사학자가 아닌 식민관료라 할 수 있다.

이들 가운데 특히 중추원 소속 관리들의 참여가 주목되는데 2명의 중추원 서기관들이 모두 편수회 간사를 겸임하고 있는 것을 볼 수 있다. 이는 편수회가 중추원을 통하여 실제적인 사업 실무를 운영하고 있었을 뿐만 아니라 「조선사」의 편찬과정에 조선총독부가 간섭하고 감독하였음을 보여주는 것이다.[8] 특히 일본인 서기관의 경우 간사와 위원을 겸하고 있어 이들이 「조선사」 편찬의 전체 진행과정에 깊숙이 관여하고 있었음을 알 수 있다.

일본인 식민 사학자

이들은 비록 대학에서 사학을 전공했지만 학자라기 보다는 조선총독부 주도의 각종 사업에 관여하여 일제의 식민정책의 수행을 도운 정치선전가들이었다. 오다 시요우고(小田省吾), 후지타 료사쿠(藤田亮策), 이마니시 류(今西龍), 이나바 이와키치(稻葉岩吉), 구로이타 가쓰미(黑板勝美) 등이 그들이다.

이들은 조선고적조사 사업, 교과서 편찬사업 등 총독부의 한국문화 침탈과 민족의식 말살을 위한 각종 조사사업에 참여하여 식민사학을 침투시키는 데 기여한 인물들이다.[9]

오다 시요우고(小田省吾)는 동경제대 사학과를 졸업하고 1910년 경술국치 이후 총독부 편집과장으로 있으면서 교과서 편찬을 주관하였고, 조선총독

---

8 김성민, 「조선사편수회의 조직과 운용」, 144쪽.
9 김성민, 「조선사편수회의 조직과 운용」, 144-145쪽.

부의 조선고적조사사업에도 참여하였다. 1918년 「반도사」 편찬을 위하여 중추원에 편찬과가 설치되자 편찬과장을 겸임하면서 「반도사」의 편찬을 실제적으로 주도했던 인물이기도 하다. 1922년 4월 이후 총독부 시학관(視學官) 겸 학무국 편집과장으로 있으면서 이듬해 4월에는 조선사편찬위원회 위원으로 선임되었다. 1924년 5월부터 경성제대 교수로 재임하던 중 조선사편수회가 설치되자 다시 위원으로 선임되었다. 그는 대학에서 사학을 전공했으나 일찍부터 관계에 몸담았던 관계로 학자보다는 관료로서의 성향이 강했다고 할 수 있다.

후지타 료사쿠(藤田亮策)는 동경제대에서 일본사를 전공한 고고학자이다. 1922년 조선고적조사위원회 위원으로 한국에 건너온 후 조선총독부 박물관의 주임으로 있으면서 총독부 주도의 각종 고적발굴사업에 참여하여 고고학적 측면에서 식민사학의 전파에 주력하였다. 1925년 조선사편수회의 설치와 더불어 수사관(修史官)이 되었다. 1926년 경성제대 교수로 임명되면서 수사관직을 사임하였다. 1926~28년 미국, 프랑스, 독일 등지에 유학하였다. 1931년에는 조선총독부 박물관의 외곽단체인 조선고적연구회 간사가 되었다. 1933년 이후 다시 편수회 위원에 위촉되었다. 그러나 이때는 이미 「조선사」 고대편이 발간된 이후였다. 1935년 임시역사교과용 도서조사회 위원이 되었다. 1940년 부여신궁 조영사업에 참여하였다. 1941년에는 조선씨사(朝鮮氏史) 편찬위원회의 위원이 되어 일제의 창씨개명을 위한 사전 조사작업에 참여하기도 하였다. 그는 일제의 식민지배정책의 하수인이며 열렬한 옹호자였다.

이마니시 류(今西龍)는 1903년 동경제대 사학과를 졸업한 후 동 대학원에서 조선사를 전공하였고, 만철의 조사실에 참가하던 사업을 벌이던 중 1941년 경도(京都:교토)제대 조교수가 되었다.

한편 고적조사사업, 「반도사」 편찬사업 등 일찍부터 조선총독부 주도사업에 관여하였다. 1922년 편찬위원회의 위원으로 선임되었으나, 1922~26년 중국과 영국에 유학하여 이 당시의 「조선사」 편찬계획에는 참여하지 못했다.

유학에서 돌아온 후 다시 조선사편수회 위원에 피선되는 한편, 경성제대의 교수를 겸임하였다. 그는 경성제대 교수로써 「조선사」 1편부터 3편까지의 주임을 맡아 집필했다. 그는 아직도 남한 강단사학자들이 대단히 존경하는 식민사학자인데, 그의 이력 중에 특이한 것은 한때 일본과 조선이 한 뿌리라는 일선동조론(日鮮同祖論)에 대해 비판적인 견해를 피력했다는 점이다. 여기에는 시라토리(白鳥庫吉)와 그의 문하생인 이케우치(池內宏), 이나바(稻葉岩吉), 쓰다(津田左右吉) 등이 가세했는데, 이들이 일선동조론을 비판한 것은 한국사의 독자성을 인정하였기 때문이 아니라 그들이 주장하는 만선사론(滿鮮史論)과 배치되기 때문이었다.[10] 만선사관이란 조선의 역사는 만주와 함께 연동된다는 것으로써 이마니시 류 등이 이를 주장한 것은 만주를 중국 본토에서 분리해 일제 소속으로 만들기 위한 것이었다.

그 외의 경성제대 교수로 오타니 가쓰마(大谷勝眞)이 1931년 이후 위원으로 참여하였는데 그는 중국사 전공자였다.

한국인 참여자

조선총독부의 직원이나 촉탁으로 본 사업에 근무하였던 한국인은 유맹(劉猛), 어윤적(魚允迪), 이능화(李能和), 홍희(洪憙) 등이 있다.

유맹은 대한제국의 농상공부 차관, 전라관찰사 등을 역임하고 한때 독립협회 회원으로 활동하였다. 그 후 일진회에 가담하면서 본격적인 친일행각을 벌였던 사람이다.

---

10 박걸순, 『식민지시기의 역사학과 역사인식』, 99쪽.

1910년 병탄과 더불어 중추원 찬의가 되었으며, 고적조사위원회의 위원으로 활동하였다.

사이토 마코토(齋藤實) 총독이 부임한 후 민족정신의 말살책으로 추진한 각종 강연회에 참가하여 구한국의 악정과 조선총독부의 치적을 널리 선전하고 다녔다. 『원한국일진회역사(元韓國一進會歷史)』라는 저술을 남겼다.

어윤적은 독립협회의 초기 회원이었다. 그 후 일본의 게이오 의숙(慶應義塾)과 와세다(早稻田)전문학교에 유학한 후 관립한성사범학교 교장, 한성여학교 교장 등을 역임하였다.

구한말 정부에서는 학부 편찬국장 겸 국문연구소 위원으로 활동하였다.

1910년 병탄 후에는 중추원 부찬의가 되었고, 유림들의 친일단체인 대동사문회(大東斯文會)의 총무이사로 활동하였다.

그는 조선총독부의 교과서 조사위원으로 있으면서 『조선어사전』 편찬에도 관여하였다.

주요 저술로는 『동사연표』(1915), 『조선문묘 급 승무유현(朝鮮文廟 及 陞廡 儒賢)』(공저, 1924) 등이 있다.

이능화는 영어, 중국어, 프랑스어 등 외국어에 능통했고, 대한제국의 관립 한성법어학교(法語學校) 교장과 국문연구소 위원을 지냈다.

1910년 병탄 이후에는 《불교진흥회보》의 주간으로 활동하였다.

1922년 이후 조선총독부 편수관이 되어 활동하였다.

그는 특히 민속, 종교사에 관한 조예가 깊어 『백교회통』, 『조선불교통사』, 『조선기독교급외교사』, 『조선도교사』, 『조선여속고』, 『조선해어화사』 등의 저술을 남겼다.

홍희는 간재 전우의 제자였다. 노론인 전우는 중화 사대주의 사상이 투철해서 1912년 계화도(界火島)에 정착했는데, 그 한자를 '중화를 계승한다'는 뜻의 계화도(繼華島)로 개칭할 정도였다. 그래서 친일로 기운 홍희는 스승과 결별하고, 1910년 병탄 후에는 이왕직하의 문예구락부 강사로 활동하였다.

1920년부터 이능화의 소개로 중추원의 구관제도 조사사업에 참여하였으며, 대동사문회의 전서부장(典書部長)을 지냈다.

그는 특히 한학에 능하여 『동유학안대전(東儒學案大全)』, 『촉촉락락편(磊磊落落編)』, 『목천잡기(木天雜記)』, 『목천만록(木天漫錄)』, 『동유일초(東遊日艸)』 등의 저술을 남겼다.

조선사편수회에 참가하였던 한국인들은 한학에 능할 뿐 아니라 종래의 조선총독부 주도 사업을 통하여 일제의 충실한 하수인임이 인정되었던 인물들이다.

그밖에 최남선이 1928년 이후 조선사편수회 위원으로 선임되었다. 그는 이미 「아시조선(兒時朝鮮)」, 「불함문화론」 등의 저술을 통하여 고대 한국이 동아시아 세력의 주축을 이루었음을 논증한 바 있었다. 일제는 그를 포섭함으로써 국내 한국인 학자들의 단군연구를 단절시키고 「조선사」에서의 단군 부정론을 합리화시키고자 하였다.

신진학자군(新進學者群)

이들은 대학 사학과를 갓 졸업한 신진학자들이다. 나카무라 히데타카(中村榮孝), 스에마쓰 야스카즈(末松保和), 이병도(李丙燾), 신석호(申奭鎬), 다가와 고조(田川孝三) 등이 이에 속한다. 이들은 주로 수사관보나 촉탁으로 조선사편수회에 참가하여 『조선사』의 초고 작성을 담당하였다.

조선사편수회 설치 초기에는 일본에 소재하는 대학 출신들이 대부분이었으나, 경성제대가 설치된 이후로는 이 대학 사학과 출신들이 주류를 이루었다.

이들은 정규대학에서 사학을 전공한 사람들이었으나 대부분 한국사에 대한 지식은 일천한 상태였다.

조선사편수회는 조선인 연구자를 채용할 때 사료 수집과 분류 등 실무작업을 잘 할 수 있는 능력을 감안해 보강하였다. 이능화, 어윤적, 정만조 이외에도 와세다대학을 졸업한 이병도가 참여했으며, 1928년 10월 최남선, 1929년 4월 경성제국대학 사학과 제1회 졸업생인 신석호, 윤용균(尹瑢均)이 합류하였다. 이 가운데 이병도, 신석호, 윤용균은 일본인 식민사학자들로부터 정규 교육을 받은 인물들로서 친일성향이 이미 검증된 인물들이었다.

조선총독부는 혈통은 한국인이지만 사상은 일본인에 가까운 사학과 출신들을 등용함으로써 『조선사』 편찬에 대한 한국인들의 거부감을 희석시키려 했던 것이다. 또한 당시 일본의 조선통치에 동의하고 참가하려는 조선인을 조선사편수회에 끌어들여 그들이 직접 식민주의 역사학의 논리를 체계화하는 데 동참하도록 했다 … 이는 식민지시기에 식민주의 역사학이 제도적으로 안착하는 과정에서 조선인 사회에서 반민족사학의 한 축을 이루는 집단이 뚜렷하게 형성되기 시작했음을 알려준다.[11]

이상에서 볼 때 중추원 소속의 행정관리들이 『조선사』 편찬의 일반사무를 담당하였고, 종래 조선총독부의 각종 조사사업에 참가하여 식민사학의 전파에 앞장섰던 일본의 식민사학자들이 편찬업무를 주도하고 있었음을 알 수 있다.

---

11 신주백, 『한국역사학의 기원』, 86-87쪽.

2장

「조선사」 편찬과
일제의 한국사 인식

1. 『조선사』 편찬

일제는 패망이 임박했을 때까지도 조선사편수회 예산은 한 푼도 깎지 않는 것으로 한국사 왜곡에 심혈을 기울였다. 비록 전쟁에 패해서 일본 열도로 쫓겨가더라도 한국인의 역사관을 장악하고 있으면 다시 한국을 점령할 수 있으리라는 전략적 계산이었다. 그리고 그런 전략적 계산은 적중해 지금도 남한의 강단사학은 조선사편수회가 만들어 놓은 식민사학을 하나뿐인 정설로 유지하고 있다.

조선사편수회의 『조선사』를 분석해보자. 사서의 편찬 요강은 곧 사서 편찬의 골격을 이루는 것으로 그 사서의 성격을 규정해 준다. 편찬 강령에서는 사서 편찬자의 역사관과 편찬의도가 집약되어 나타난다. 『조선사』 편찬강령 역시 일제의 『조선사』 편찬의도를 잘 반영하고 있다. 『조선사』의 편찬강령은 1923년 편찬위원회 제1차 위원회에서 그 대강을 심의, 결정하였고, 1925년 편수회로 개편되면서 부분적인 수정, 보완 작업을 거쳐 확정되었다.

『조선사』 편찬 방식

우선 『조선사』의 편찬방식은 연대별로 서술하는 편년체(編年體)로 하였다. 편찬위원회의 설치 이전인 1921년 조선총독부의 편찬계획에 의하면 『조선사』의 체제는 강목체(綱目體)로 구상되었다. 이러한 초기 계획은 구로이타 가쓰미(黑板勝美), 나이토 도라지로(內藤虎次郞) 등 식민사학자들과의 협의 과정에서 편년체로 수정되었던 것으로 보인다.

일제가 『조선사』를 편년체로 편찬하게 된 것에는 몇 가지 이유가 있었다.

첫째, 당시 일제 식민사학자들의 학문적 수준이 『조선사』를 기전체나 기사본말체로 편찬할 만큼 높지 못했다는 점이다. 기전체 사서의 경우 한국사 전반에 대한 풍부한 지식을 기본적 조건으로 한다. 또한 각종 지(志)의 편찬은 개별적인 특수분야에 대한 고도의 지식 축적을 필요로 한다. 한국은 종래 문화민족으로서 방대한 양의 문헌사료가 축적되어 있었다. 그러나 한국사 전반을 인지하고 본기를 편찬하거나 수많은 문헌들을 대부분 숙지하고 지(志)를 작성하는 것은 현실적으로 대단히 어려운 작업이었다. 한국사에 대한 지식이 일천한 일제 식민사학자들에게는 이는 거의 불가능에 가까운 어려운 일이었다. 일본인 식민사학자들은 한사군 한반도설이나 임나=가야설에 기초한 임나일본부설 등 한국사를 식민지사로 조작하기 위한 몇 분야 외에 한국사 전반에 대한 지식을 갖고 있지 못했다. 그래서 기전체나 기사본말체를 선택하지 못하고 편년체를 선택한 것이었다.

이는 문헌사료가 많지 않은 대만에서 1922년 계획된 사서의 체제가 기전체였던 것과 비교가 된다. 또한 기사본말체나 강목체는 편년체나 기전체 사서가 바탕이 되어야 그 역사적 사실의 인과관계를 추적할 수 있다. 한국에서는 이미 왕조실록 등의 편년체 사서가 편찬되어 있었기 때문에 연차적 서술방식의 『조선사』는 기존사서를 그대로 이용하면 가능하였다. 실제로 일제의 『조선사』편찬에는 조선 왕조의『왕조실록』,『승정원일기』,『비변사등록』등의 기본자료를 재구성한 것에 불과할 정도로 이들 사서에 대부분 의존하고 있는 것을 볼 수 있다.

둘째, 총독부의『조선사』편찬에 대한 한국인들의 뿌리 깊은 불신감과 의구심을 희석시키기 위한 것이었다. 연대순 편년체는 기전체에 비해서 객관적 사서라고 주장할 수 있었다. 실제로 일제는『조선사』가 '공명 정확한 학술적 사서라는 점을 강조하였다. 역사적 사실을 시대순으로 기술하는 편년체를 채택하고 그 사실의 전거(典據)가 되는 원사료(原史料)를 게재하여 사료집으로서의 성격을 갖춤으로써『조선사』의 객관성을 부각시키려 하였다. 이것은『반도사』와 같이 서술형의 사서로 편찬하였을 경우에 예상되는 여러 서술에 대한 한국인의 반발을 사전에 봉쇄하려는 의도도 있었다고 보인다.

그러나 편년체라고 해서 객관성이 보장되는 것은 물론 아니었다. 여러 사료 중에서 어느 것을 수록하고 수록하지 않는가에 이미 관점이 들어있기 때문이었다. 어떤 의미에서는 편년체 사서가 더욱 편향적인 사서라고 볼 수도 있다. 자신들이 원하는 방향의 사료만 수록함으로써 사서를 읽는 사람들의 관점을 자신의 것으로 유도할 수 있기 때문이었다.

그런데『조선사』가 편년체를 채택한 또 하나의 중요한 이유는 단군조선을 수록하지 않기 위한 것이었다. 일제는 역사적 사실의 발생 연도가 확실해야 하는 편년체를 채택함으로써 한국인의 단군 수록 요구를 회피하고자 하였던 것이다. 그러나 한국인들에 의해 편년체로 씌여진 전통 사서들은 거의 예외없이 단군을 건국의 시조로 수록하고 있었다. 또한 이들 사서는 단군의 건국연대를 분명하게 기록하고 있었다. 그러나 일제 식민사학자들은 단군을 부인하기 위해서 교묘한 논리를 끌어들였다. 즉 사료(史料)와 사설(史說)을 구분해야 한다는 논리가 그것이었다. 사료는 당대에 작성된 것이고 사설은 후대에

단군 초상. 일본인식민사학자들은 단군을 신화로 만들어야 한국사를 지배할 수 있다고 판단했다.

작성된 것이라면서 단군조선의 건국 연도가 담긴 사료나 역사서를 모두 사료가 아닌 후대의 사설(史說)로 취급해 버렸다.

따라서 일제는 단군조선의 건국 연도가 사료상으로 명확하지 않다는 구실을 붙여 이를 수록하지 않으려고 하였다. 위원회에서 단군과 기자의 수록 여부를 놓고 한국과 일본의 학자들 사이에 논란이 일었던 것은 이 때문이다. 정만조, 이능화, 어윤적, 최남선 등 한국인 학자들은 『조선사』 1편의 내용에 단군과 기자에 관한 기사를 수록할 것을 주장하였다. 이에 대해 일제 식민사학자인 구로이타 가쓰미(黑板勝美), 이나바 이와키치(稻葉岩吉) 등은 연대가 불분명한 단군과 기자를 편년체 사서인 『조선사』에 수록할 수 없다는 이유로 요구를 묵살하고 말았다. 결국 편년체 편찬 방식은 단군을 한국사에서 배제하기 위한 의도로 채택했다고 볼 수 있다.

일제가 삭제한 것은 단군뿐만이 아니었다. 수많은 고대사를 연대가 불분명하고 학문적으로 다루기 곤란하다는 이유로 대부분 배제한 것이다. 1923년 제1차 편찬위원회에서 이능화가 한국의 역사편찬 전통에 대해 설명하면서 『조선사』에 단군 기자 위만 발해 등이 포함되는가 묻고 단군관계 기록을 꼭 수록하자고 제안했으나 구로이타와 이나바는 검토해 보자는 대답 뿐이었다.

1930년의 제4차 편수위원회에서는 최남선이 역시 고대사의 편찬범위에 대해 질문하자 이마니시는 고대사의 편찬방식에는 민족을 중심으로 하는 것, 영토를 중심으로 하는 것 두 가지가 있는데 『조선사』는 민족을 중심으로 편찬하였고, 숙신은 역사학에서 취급하기 보다 인류학 민족학의 연구범위에 들어

가야 할 것이며, 발해도 한국사에 관계가 없는 한 생략할 것이라고 답변했다. 발해를 삭제하려 한데서 한국사의 강역을 반도사로 축소시킨 '조선반도사편찬위원회'와 달라진 것이 없음을 확인할 수 있는 것이다.

최남선이 이에 대해 고대사는 민족본위로 다루는 것도 있지만 지리본위 또는 문화본위로 다루는 것도 있으며 어느 방법을 쓰던지 대단히 복잡하고 애매하므로, 민족의 기원을 명확하게 하기 위해서는 가능한 모든 방법을 동원하고 동방 여러 민족관계 사료를 망라할 필요가 있다고 주장했으나, 이마니시는 사료(史料)와 사설(史說)을 구별할 필요가 있다고 일축하고 말았다.

『조선사』의 고대편이 간행된 이후에도 최남선은 연대추정에 잘못이 있었고, 단군과 기자에 관한 기록이 많이 빠져있으므로 정편(正篇)이나 보편(補篇)으로 추가하여 편찬할 것을 주장하였다. 그러나 담당자인 이나바는 단군관계 기록이 연대가 불분명해서 편년체 형식으로는 그것을 집어넣을 적당한 장소가 없다고 변명했으며, 구로이타도 단군과 기자는 역사적 실재인물이 아니라는 이유로 편년사로는 취급하기 곤란하다고 주장했다.

『조선사』에서 단군을 배제하는 것은 조선총독부의 확고한 방침이었다. 현대 남한 강단사학이 단군을 '신화'로 격하시키고 실존인물이 아니라고 주장하는 것은 조선사편수회의 일본인 식민사학자들의 논리와 정확하게 일치하는 것이다.

일제가 『조선사』를 편년체로 편찬한 것은 큰 성과를 거두었다. 일제강점기에는 논문이나 단행본을 저술하는 데 대부분 이 책을 자료로 인용하였다. 당시로서는 한국사에 관한 방대한 사료를 접하기가 쉽지 않은 상태에서『조선사』를 인용할 수밖에 없어서 큰 비판의식이 없는 경우 이것이 거의 유일한 사료로 작용했다. 식민지 통치 당국이나 조선사편수회의 일본인 고문, 위원들은 이런 점에 착안하였다. 그리하여 외관상으로는 모든 사료를 망라하여 서술한 것으로 되었지만 실제로는 일제에 의한 취사선택이 행해졌다. 그들에게 유리하고 필요한 것은 되도록 많이 채록하고 한국사의 본질적인 문제나 민족문제 그리고 그들에게 불리한 것은 수록하지 않았다. 단적으로 『조선사』가 그들의 식민지통치에 기여하는 바가 실로 컸다는 것을 알 수 있다.[12]

실제로 제8차 위원회에서는 '단군 문제'를 놓고 일본인 식민사학자와 최남선 사이에서 치열한 논쟁이 있었다. 일제가 단군을 조선사에서 삭제하려 하자 최남선이 반발했는데, 그 일부를 발췌하면 다음과 같다.[13]

> **최남선 위원** : 저는 제1차 위원회 때의 일은 알지 못합니다. 단군
> 과 기자에 관한 문제를 소홀히 취급하지 않았다는 점은 매
> 우 기쁜 일입니다. 그 사항을 집어넣을 장소에 대해서는 결
> 국 기술적인 문제입니다만, 단군과 기자에 관한 사항은 그
> 사실(史實)에만 집착하지 말고, 그것이 사상적 신앙적 측면
> 으로 발전해 왔던 것을 한데 묶어서 별편(別篇)으로 편찬하
> 는 편이 좋다고 생각합니다.

> **구로이타 가쓰미 고문** : 단군과 기자는 역사적 실재인물이 아니라
> 신화 속의 인물인 것으로, 사상적 신앙적인 측면으로 발전되
> 어 온 것이기 때문에 사상적 신앙적 측면에서 따로 연구하
> 여야 할 사항이며 편년사로서는 취급하기 어려운 것입니다.
> 물론 이러한 사상적 신앙적인 요소가 정치적으로 어떠한 의
> 미와 영향력을 수반하고 있는가는 매우 중요한 문제입니다
> 만, 만약 그것을 별편으로 편찬하려고 한다면 이와 비슷한

---

12 『조선사편수회사업개요』, 135-136 참조.
13 『조선사편수회사업개요』, 63-65쪽.

이병도·신석호는 해방 후
어떻게 한국사학계를 장악했는가

세(勢)로 사상적 신앙적 측면에서 중요한 영향을 끼쳐 온 유교 불교 쪽도 역시 별도로 취급하여 편찬하지 않으면 안됩니다. 그리고 이러한 문제가 없더라도 본회의 사업은 자꾸만 천연되고 있기 때문에 이 점에 대해서 최위원의 양해가 있으시길 바랍니다.

최남선 위원 : 단군과 기자는 역사적 실재인물인가 신화적 인물인가, 그것은 하나의 연구과제입니다만 적어도 조선인 사이에는 그것이 역사적 사실로 인식되어 왔던 것입니다. 그런데 본회 편찬의 『조선사』에는 그것을 집어넣지 않은 것은 우리들 조선인으로서는 매우 유감스러운 일입니다. 그렇기 때문에 본회 편찬의 『조선사』는 조선인 사이에서는 잘 읽히지 않고 있습니다.

이나바 이와기치 간사 : 단군과 기자에 대한 저희들 편찬자측 입장에서의 편찬경과에 대해 몇가지 말씀드리겠습니다. 제1편의 '조선사료' 항목에 단군기사를 수록하지 않았던 것은 단군에 관한 기사가 편찬작업의 기본사료로 결정 채택된 『삼국사기』에 보이지 않기 때문입니다. 다음에 기자에 관한 기사는 이미 중국측 사료 속에서 충분히 다루었다고 생각합니다. 하지만 단군에 관해서는 고려 공민왕 전후의 인물인 백문보가 단군의 연대에 관해서 상소한 것이 있고, 또 이조 세종 때에 단군을 제사모시는 일에 대해서 여러 가지 논의한 것이 있습니다. 저의 생각으로는 백문보의 항목이나 또는 세종의 항목에 그것을 집어넣으면 어떨까 생각합니다. 요컨대 저희들은 단군에 관해서 가능한 한 그것을 집어넣으려고 했습니다만, 편년사로서는 그것이 불가능합니다. 별편으로 편찬하는 문제에 대해서는 더 상의해 주시기 바랍니다.

『조선사』의 시기구분과 편찬 체제

「조선사편수회 사업개요」에 따르면 『조선사』의 시기구분은 다음과 같다.

제1편 신라통일이전
제2편 신라통일시대
제3편 고려시대
제4편 조선전기(태조~선조)
제5편 조선중기(광해군~영조)
제6편 조선후기(정조~갑오개혁)

위의 시기구분에서 주목되는 점은 시기구분의 기점 문제이다.

편수회의 고대사 시기구분은 '신라통일 이전'으로 삼국시대에 그 기점을 설정하여 그 이전의 역사를 일괄적으로 처리하고 있는 것이다. 이는 고조선, 부여 같은 삼국 이전의 역사를 삼국시대에 부수되는 종속적인 것으로 전락시키는 것일 뿐만 아니라 이 시대가 한국사의 독자적인 성격이 결여된 것으로 파악하려는 의도가 명백하다. 또한 삼국시대 가운데서도 그 후대가 되는 '신라통일 시기'를 기점으로 설정한 것은 의도적인 역사 왜곡인 것이다.

조선사편수회의 시기구분은 조선사편찬위원회의 시기구분과도 크게 후퇴한 것이다. 조선사편찬위원회의 경우 제1편 삼국이전, 제2편 삼국시대, 제3편 신라시대, 제4편 고려시대 등등으로 설정했는데, 이것과도 큰 차이가 나는 것이다.[14]

이는 조선총독부에서 한국사의 시조인 단군을 말살하는 한편 한국고대사의 상당부분을 삭제함으로써 한국사가 갖고 있는 역사의 '유구성(悠久性)'을 깎아내리기 위한 의도였다.

이러한 시기구분의 모호성은 편찬의 하한을 설정하는 것에서도 나타난다. 즉 중추원의 『반도사』의 경우만 하더라도 그 하한을 '1910년 병탄'까지 서술할 계획이었으나 편수회에서는 '갑오개혁'까지로 한정하였다. 그 이유에 대해 구로이타 가쓰미는 "역사는 보통 50년 전후의 사건까지를 기록의 대상으로 하기 때문이다."라고 변명하였으나, 이는 근거가 없는 자신만의 이론일 뿐만 아니라, 이러한 기준에 따른다면 오히려 1876년 개항전후나 1884년의 갑신정변을 역사 서술의 종결시기로 삼아야 할 것이다.

일제의 식민사학자들이 구태여 갑오개혁으로 하한 시기를 설정한 것은 한국인들에게 이른바 '한국의 근대화는 일본에 의해 이루어졌다.'는 점을 강조하기 위한 것일 뿐만 아니라, 갑오개혁 이후 더욱 노골적으로 진행된 일제의 한국 침략 과정을 은폐하기 위한 간계에 불과한 것이다.

편찬위원회의 제1차 위원회에서 결정된 편찬의 체제 가운데 중요 사항을 정리하면 다음과 같다.

1. 연, 월, 일이 분명한 것은 순서에 따라 강령(綱領)을 기록하고 그 다음에 사료를 수록한다.

---

14 『조선사편수회사업개요』, 22-23쪽 참조.

2. 연, 월, 일이 분명하지 않은 것은 관계 사항의 다음에 이를 수
록하고 강령을 별도로 기록한다.

3. 강령은 일본문으로 작성한다.

4. 인용한 사료는 모두 원문 그대로 싣는다.

5. 史的 사항에 관한 후세인의 기술 또는 사론(史論) 같은 것은 비
고(備考)로써 이를 수록 한다.

즉 각 사건의 요점을 조목으로 첫머리에 실어 본문으로 설정하고 그 내용
에 해당하는 사료를 원문 그대로 인용한다는 것이 주요 골자이다. 그러나 이
러한 편찬 체제는 편수회에 와서 수정되었다.

그 결과 『조선사』의 제1편은 기록, 사적, 기타 사료를 한국, 중국, 일본의
국가별로 구분하여 원문 그대로 수록하며, 제2편 이하는 강문(綱文)만 서술하
고 인용 사료는 서목(書目)만 기재하는 것으로 변경되었다. 이에 따라 완성된
『조선사』는 제1편만 원사료를 수록하였고, 제2편 이하는 인용 서목만 게재한
편년체 사서가 되었다.

풍부한 사료가 산적해 있는 제2편 이하의 경우, 이들 사료를 모두 수록한
다는 것은 처음부터 불가능한 일이었고, 편찬 담당자들도 이러한 사실을 알
고 있었다. 그럼에도 불구하고 강령상에 원사료를 전부 수록한다고 한 것은
결국 고대사 부분인 제1편에 사료를 수록하기 위함이었다.

이는 당시 현존하는 모든 사료를 망라한 것처럼 위장하면서 단군관계 기
사를 고의적으로 누락시켜 단군조선의 실체를 말살하기 위한 저의로 밖에 이
해할 수 없다.

또한 제1편의 사료를 한국, 일본, 중국의 3권에 분리 수록함으로써 『일본
서기』 등 일본측 자료를 한국사 연구에 반드시 참고해야 할 중요한 사료로 부

각시키려는 의도가 있었다.[15] 일본인 식민사학자들은 겉으로는 공정을 포장했지만 속으로는 한국사의 시조를 삭제하는 것은 물론 고대 야마토왜가 가야를 점령하고 임나일본부를 설치했다는 임나일본부설까지 수록하는 것으로 식민사학의 의도를 관철했다.

『조선사』간행과 소요 예산

조선사편수회는 편찬위원회 이래 지속되어 온 민간 소재 사료의 수집을 더욱 강화하는 한편 1927년 5월부터 수집된 사료에서 『조선사』 편찬에 필요한 부분을 채록하기 시작했다. 이러한 『조선사』 편찬의 실무 작업은 '편수협의회'(이하 협의회로 약칭)를 중심으로 추진되었다.

협의회는 구로이타 가쓰미(黑板勝美)의 지도 아래 이나바 이와키치(稲葉岩吉)를 비롯한 각 편의 주임과 수사관보를 구성원으로 하는 사무협의 기구였다. 협의회에서는 1926년 7월 편수사무 분담 협의회를 개최하여 『조선사』 편수에 따른 각 직원의 사무를 분담하였는데 여기서 결정된 각 편별 담당자는 다음 표와 같다.

각 편별 담당자로 구성된 외에 이나바 이와키치(稲葉岩吉)가 전체 업무를 총괄하였고, 나카무라 히데타카(中村榮孝)는 도서사무를 주재했다. 여기에서 주목되는 것은 각 편의 수사관보(보조)가 『조선사』의 초고를 작성하고 수사관(주임)이 이 초고를 수정, 보완했다는 점이다.

수사관보는 대학을 갓 졸업하였거나 한국사에 대한 지식이 일천한 사람들이었다. 각 편의 주임이 수정하기로 되어 있기는 하지만 『조선사』 원고는 이렇듯이 초학자들에 의해 작성되었던 것이다. 이는 다시 말해서 조선총독부의 집필 원칙이 다 정해져 있었기 때문에 수사관보가 집필해도 별 이상이 없었다는 사실을 말해준다.

---

15 김성민, 「조선사편수회의 조직과 운용」, 159쪽.

편 별	주 임	보 조
제1편~제2편	이마니시 류(今西龍)	이병도{(스에마쓰 야스카즈(末松保和), 윤용균)}
제3편	이마니시 류(이나바 이와기치:稻葉岩吉)	쓰루미(鶴見立吉){(오기와라(荻原秀雄), 구찬서(具瓚書)}
제4편	나카무라 히데타카(中村榮孝)	쓰루미(鶴見立吉){(신석호, 구로다(黑田省三), 마루카메(丸龜金作), 카와구찌(川口卯橘), 스토우 요시유키(周藤吉之)}
제5편	이나바 이와기치:稻葉岩吉	타카하시 타쿠지(高橋琢二){(홍희, 스에마쓰, 세노 우마쿠마, 조한직(趙漢稷), 이시하라(石原俊雄), 이능화(李能和), 다나카(田中半次郎)}
제6편	세노 우마쿠마(瀨野馬熊{타바하시 키요시(田保橋潔)}	타카하시 타쿠지{다가와 고조(田川孝三), 소노타(園田庸次郎), 구찬서, 이능화, 조한직)}
3년간 사료모집, 고문서 기록, 비변사등록 해석	홍희(洪 熹)	

각 편별 담당자

    사무 분장과 관련하여 또 하나 유의하여야 할 것은 홍희의 역할이다. 홍희는 사료 수집을 주관하였는데, 이는 당시 한국사에 관한 지식이 저급한 일본인들로서는 사료의 소재 및 선별에 어두웠을 것이므로, 한학에 뛰어난 그로 하여금 이 업무를 추진하도록 한 것으로 보인다. 홍희는 그 외에도 고문서 기록과 비변사등록의 해독 및 사료 선별의 역할도 담당하였다.

    일제 식민사학자들은 초서체로 씌여진 비변사등록, 승정원일기 등을 해독할 수 없었으며, 따라서 홍희가 각종 문서나 사료를 해독하고 그 요령을 작성하여 각 편 담당자에게 배부하였다. 이렇듯 편수회에서의 홍희의 역할은 매우 중요했다. 그러나 그는 일제의 『조선사』 편찬의도 자체를 변경시킬 수는 없었으며, 또 편찬업무를 주도할 수 있는 위치에 있지도 않았다. 단지 그의 학문적 지식이 일제 당국에 의해 이용당했을 뿐이었다.

각 편별 편수담당자가 결정되자 1927년부터 원고의 작성에 착수하였다. 이후 초고가 작성되어감에 따라 각 편의 주임을 중심으로 심의부(審議部)를 설치하였다. 심의부에서는 매월 1회 심의회를 개최하여 심의위원이 완성된 초고를 검토, 심의하여 확정하도록 하였다.

각 편의 주임이 조사 편찬한 초고를 홍희에게 넘기고, 홍희는 이를 교정한 후 심의부원인 이나바 이와키치(稻葉岩吉), 홍희, 나카무라 히데타카(中村榮孝)가 이를 심의하여 결정하였다. 심의부의 설치는 이 외에도 편수사업의 내용을 통일하고 각 편의 관련사항에 관한 연락을 취하며 장래의 진행계획까지 협의하기 위한 것이었다.

그런데 심의부에서 심의, 결정된 원고가 위원회의 확인을 거치지 않고 바로 인쇄에 넘겨졌다는 것에 주목할 필요가 있다. 결국 위원회는 구로이타 가쓰미(黑板勝美)와 이나바 이와키치(稻葉岩吉)를 중심으로 협의회에서 결정된 사항을 추인하는 형식적 절차를 위해 존재하였음을 알 수 있다. 위원회에 참여한 한국인 학자들은 초고를 검토할 기회조차 박탈당하고 있었던 것이다.

이후 원고가 완성되어감에 따라 1931년부터는 새로이 인쇄부를 설치하고 인쇄업무를 전담하게 하였으며, 1932년부터 1938년에 이르기까지 연차적으로 『조선사』 35권을 출판하였다.

조선사편찬위원회 제1차 위원회에서는 조선사의 완성예정 연한을 10개년으로 정했지만 1923년 관동대지진으로 인한 재정형편 때문에 기간을 2년으로 연장하여 1933년에 완성하는 것으로 변경했다. 그러나 1933년까지도 사업은 완성할 수 없었다. 그래서 1년을 더 연장하였다가 다시 더 1년을 연장하여 1935년에 완료할 예정을 세웠다.

그 후 편찬작업이 진행됨에 따라 사료의 분량이 계속 불어나서 당초에 계획했던 발간 예정 책수를 다시 5책을 증가시켰기 때문에 1935년까지도 완성시킬 수 없어 다시 2년을 더 연장하여 1937년에 겨우 완성을 보게 되었다.

즉 최초의 예정으로는 10년에 걸쳐 조선사 30권 (1권당 약 500쪽)을 완성할 계획이었던 것이 여러 이유로 16년에 걸쳐서『조선사』35권과 부록으로『조선사료총간』20종,『조선사료집진』3질을 포함해서 모두 1938년 3월로써 사업을 완료할 수 있었다.[16]

『조선사』편찬 사업의 소요 예산은 첫 해에는 17,640엔으로 하되 1923년에는 증액할 예정이었지만, 관동대지진 때문에 전년도에 비해 겨우 5,000엔을 증액하는데 그쳤다. 이 정도의 예산으로는 도저히 본 사업의 목적을 원활하게 달성할 수 없으므로 제3차 위원회에서 여러 가지로 연구한 결과 1924년부터는 해마다 6만엔 씩을 10년간에 걸쳐 배정함으로써 사업을 완료할 계획을 세웠다. 그러나 1924년도에도 대지진의 여파가 계속되어 예정된 만큼의 예산을 증액받지 못하고 겨우 35,990엔의 예산을 배정받게 되었다.

1925년에는 관제 제정의 필요성이 인정되어 42,628엔으로 증액되었고, 1926년에는 구 대마도주 종(宗) 백작가의 소장문서 구입비를 포함하여 67,628엔을 배정받아서 같은 해 5월 대마도주의 조선관계 문서를 25,000엔에 구입하였다.

1927년에는 예산긴축 방침 때문에 5,500엔이 삭감되어 실행예산으로서 64,480엔을 배정받았으므로 사무비를 절약하여 사료를 등사하였다. 1931년에는『조선사』의 인쇄비로 3,600엔을 요구했지만 예산긴축으로 오히려 전년보다 3,312엔이 삭감된 61,168엔을 배정받았기 때문에 여비 등을 절약하여『조선사』3책을 인쇄 간행하였다.

---

16 『조선사편수회사업개요』, 92쪽.

1932년에도 역시 총독부의 일반 방침에 따른 예산긴축의 결과 서기 1명을 감원시키고, 55,453엔의 예산 배정을 받아『조선사』5책을 인쇄 간행했다. 1933년에는 전년과 같이 55,453엔의 예산 배정을 받아『조선사』6책을 인쇄 간행하였다. 그리고『조선사료총간』제1편『고려사절요』24책은 본회의 예산으로 간행할 예정이었지만 예산 사정으로 본부예산에서 직접 지출하여 간행하였다.

　　이후 예산은 안정적으로 집행되었는데, 1934년에는 종래의 기준 예산인 55,003엔과 더불어『조선사료총간』및『조선사료집진』의 인쇄비로 32,567엔의 증액을 요구했는데, 25,525엔이 증액되어 합계 80,243엔을 배정받았다. 그리하여 이 해에는『조선사』6책과『조선사료총간』3종,『조선사료집진』(상) 1질을 인쇄 간행하였다.

　　1935년에는 전년과 비슷한 285엔이 삭감된 80,243엔의 예산을 배정받아『조선사』6책과『조선사료총간』6종,『조선사료집진』(하) 1질을 간행하였다. 1936년에는 80,243엔의 예산을 배정받았으므로『조선사』6책,『조선사료총간』5종과『조선사료집진』(속편) 1질을 간행하였다. 또한 1937년에는 81,003엔의 예산을 받아『조선사』3책과『조선사료총간』5종을 간행할 수 있었다.

　　그리하여 본 사업은 16년간의 기간과 90여 만엔의 경비를 사용하여 그 목적을 달성할 수 있었다. 또 1938년에는 35,000엔의 예산으로『조선사』색인, 연표 작성 작업과 갑오개혁이후의 사료수집 작업을 진행했다.[17] 일제는 비록 관동대지진 등으로 예산의 증감은 있었지만『조선사』편찬이 한국인의 정신세계를 장악하는 데 가장 중요한 사업으로 생각해서 막대한 예산을 투입했다.

---

17 『조선사편수회사업개요』, 93쪽.

2. 주요 참가자들(일제 관학자)의 한국사 인식

조선사편수회에서 『조선사』 편찬에 주도적인 역할을 했던 인물로는 구로이타 가쓰미(黑板勝美), 이나바 이와키치(稻葉岩吉), 이마니시 류(今西龍) 등을 꼽을 수 있다. 이들의 '한국사 인식'을 통하여 『조선사』 편찬의 주요 인식을 살펴볼 수 있을 것이다.[18]

구로이타 가쓰미(黑板勝美)의 한국사 인식

구로이타 가쓰미(1874~1946)는 조선사편찬회의 고문으로 『조선사』 편찬을 주도한 인물이며, 일본사의 전공자였다. 그는 1896년 동경제대 국사학과, 즉 일본사학과를 졸업하고, 같은 학교 교수로 있으면서 동경제대 사료편찬소에서 『대일본사료』, 『대일본고문서』 등의 편찬을 주재하였다.

1906년에는 러일전쟁에서 일본인의 정신이 세계에 발휘되었다고 하여 이를 기념하기 위한 문서보존의 필요성을 주창하면서, 일본 내 사적유물 보존운동의 중심인물로 부각 되었다.

그는 역사연구의 방법으로서 문헌사료 뿐만 아니라 사적(史蹟)을 중요시하였다. 이러한 그의 연구 성향으로 인하여 그는 한국에서도 고적조사 위원으로서 가야와 경주 등의 고적 발굴에 참여하였다. 이를 통하여 『일본서기』의 한국관련 기사와 유적의 상관성을 밝히고자 하였다.

그는 야마토왜가 가야를 점령하고 '임나일본부'를 세웠으며 임나는 곧 가야라는 '임나=가야설'을 주창했고, 한국 병합은 임나일본부의 재건이라고 주장했다. 그의 주장에 따르면 '임나일본부'는 일종의 통감부와 같은 것이었고, 결국 대가야는 일본의 보호국이라고 주장을 하였다. 또한 당시 일본이 임나일본부를 설치한 것은 영토적 야심이 있어서가 아니고 대가야를 통하여 신라와

---

18 김성민, 「조선사편수회의 조직과 운용」, 147-150쪽.

백제의 세력을 견제하기 위해서였다고 강변
하였다. 만일 일본이 영토침략을 계획하였다
면 신라와 백제는 야마토왜에 의해 패망하였
을 것이라는 억지 논리를 전개하였다.

이와 같은 구로이타 가쓰미의 고대사인
식은 구한말 일제의 한국침탈논리와 맥을 같
이하는 것으로서 일제의 한국병탄과 조선총
독부의 설치는 침략이 아니라 임나일본부라
는 과거사의 복원이라는 의미를 갖게 되는
것이다.

구로이타 가쓰미. 조선사편찬위원회의
고문으로 임나가 가야라고 주장했다.

그는 또한 한국은 반도로서 일본과 중국의 양국간에 놓여 있어 항상 세
력이 강한 나라의 지배를 받아왔으며, 한국이 중국의 세력권에 있을 때에도
반도의 북방은 중국풍이, 남방은 일본풍이 혼재되어 있었다고 주장하면서 한
국사의 '타율성'을 강조하였다.

이나바 이와키치(稻葉岩吉)의 한국사 인식

이나바 이와키치(1876~1940)는 편찬주임 겸 간사로서『조선사』편찬의 실
무책임자였다.

그는 1897년 외국어학교에서 중국어를 습득하였고, 1900년 중국에 유학
하였다. 1900년 중국 의화단사건으로 인하여 만주문제가 세계적으로 부각되
자 그도 만주지역에 관심을 갖기 시작하였다. 그는 1908년 한국과 만주의 역
사를 광범위하게 조작하던 만철 조사실에서 만주사를 연구하였다.

1908~1914년 만철 조사실에서 한(漢) 대의 만주, 명. 청조의 만주사를 담
당하여『만주역사지리』2권을 저술하였다. 이후 1915년부터 1922년까지 육군

참모본부와 육군대학에서 동양사를 강의하던 중 나이토 도라지로(內藤虎次郎)의 소개로『조선사』편찬에 참여하게 되었다.

그는 한국사의 전개가 중국대륙의 정국의 반영이며 한국사 자체의 독자적인 성격은 있을 수 없다는 이른바 '만선사관(滿鮮史觀)'을 주장한 대표적 인물이었다. 만선사관은 만주사를 중국사에서 분리시켜 한국사와 더불어 한 체계 속에 묶음으로서 한국사의 독자적인 지배영역과 역사발전을 부정하는 것이다. 이는 곧 한국사의 '타율성'을 주장하는 한편 일제의 만주지배를 합리화하기 위한 왜곡된 이론이라 할 수 있다.

그에 따르면 한국은 중국 한 무제가 한사군을 설치한 이래로 중국의 식민지였으며, 고구려와 백제는 중국대륙에 기생하는 세력이며 신라는 일본과 기타 민족의 혼합체라고 강변하면서 한국 민족 자체의 독자성조차 부인하였다.

또한 그는 한국사가 씨족→부족→국가의 단계 중 씨족에 고착된 정체 사회이고, 이는 한국의 독특한 대가족제도와 족보의 성행 등을 보아도 알 수 있는 것이라 하였다. 그리고 이러한 가족제도의 발달 정도로 볼 때 한국은 일본에 비하여 600년이나 뒤져 있으며, 이는 한국사의 '정체성'을 말하는 것이라고 억지 주장하였다.

이나바 이와키치는 이에 그치지 않고 1,000여년에 걸친 중국의 지배에서 한국을 독립시키기 위하여 일본은 청일전쟁이라는 '의로운 전쟁(義戰)'을 감행하였을 뿐 아니라 이른바 '일한합병'으로 한국은 중국으로부터 완전히 독립되었다고 왜곡하였다.

그는 「낙랑군 수성현 및 진(秦) 장성 동단에 관한 고찰」라는 논문을 통해 진나라 만리장성이 황해도 수안까지 내려왔다고 우겼다. 진나라 만리장성은 가장 동쪽으로 왔을 때가 명나라 때의 산해관(山海關)임에도 불구하고 진나라 때 이미 황해도까지 왔다고 주장했는데, 그의 이런 허황된 주장은 해방 후에도 이병도가 받아들이고, 그 제자들이 받아들여 한국사의 정설이 되었다. 중국에서는 이나바 이와기치와 이병도의 이런 학설을 조금 변용시켜 만리장성이 평양까지 왔다고 조작해서 전 세계에 선전하고 있는 중이다.

이나바는 조선의 무격사상(巫覡思想)이 한국민족의 문화적 핵심을 이루고 있으므로 조선총독부가 이를 중심으로 한국인을 결속하여야 한다고 강변하였다. 또한 경무총감에게 한국인 순사보조원의 채용기준을 충고하기도 하고, 나태한 품성을 조장한다는 이유로 한국인의 백의(白衣) 착용 습관을 흑의(黑衣)로 바꿀 것을 주장하는 등 역사를 직접적인 식민통치 자료로 제공하는데 주동적인 역할을 하였다.

이마니시 류(今西龍)의 한국사 인식

이마니시 류(1875~1932)는 일제의 한국고대사 왜곡에 가장 이론적으로 기여한 인물로서, 『조선사』 제1편 '신라통일이전' 집필의 주임이었다.

그는 단군조선을 고려중기 이후에 조작된 것으로 보고 한사군 중 진번군의 위치를 충청, 전라도 지방에 비정하는 등 한국사의 '타율성' 성격을 조장 왜곡하는데 주력하였다.

또한 『삼국사기』 초기 기사는 사료적 신빙성이 없으므로 믿을 수 없다는 이른바 『삼국사기』 초기기록 불신론'을 주장했다. 이마니시 류는 한일관계사의 연구는 '세계적 보전(寶典)'인 『일본서기』에 의해 연구하여야 한다고 주장했는데, 그가 주장한 『삼국사기』 초기기록 불신론은 현재 남한 강단사학계의 하나뿐인 정설이며, 최근에는 일본에서 박사학위를 따고 귀국한 인물들을 중심으로 연대조차 맞지 않는 『일본서기』 신봉론'이 학계에 퍼지고 있는 중이다.

특히 이마니시 류는 한국고대사를 온통 중국과 일본에 의한 피지배와 굴욕의 역사로 왜곡하였다. 그는 일본 신화 속의 스사노오(素盞嗚尊)가 신라의 군장이었고, 신라는 일본의 속국이었으며, 신공황후가 신라를 정벌하여 신라 왕의 항복을 받았다는 터무니없는 주장을 하였다. 이에 더하여 그는 신라가 일본을 두려워한 것은 생물학상의 유전적인 것이라고까지 극언하면서 한국사를 철저히 왜곡하였다.

임나는 일본의 식민지로서 일본천황의 직할영지가 있었으며 일본조정에 공물을 바쳤다고 하였다. 또한 신공황후의 신라정벌 이후 백제와 임나는 형제가 되어 일본천황을 군부(君父)로 받들었고, 백제도 임나처럼 일본 조정의 직할지가 있었으며 백제 내의 주요 지점에는 일본군이 주둔하고 있었다고 강변하였다.

그는 나아가 고대시기 일본과 한반도의 관계사는 실로 백제 복속사였다고 단정하고, 일본은 중국의 제국주의 침략에 저항하여 백제를 구호하였으며 중국황제의 대군과 교전을 감행하였다고 주장하였다. 이는 구한말 일본이 한국을 중국에서 독립시키기 위해 청일전쟁을 일으켰다는 그들의 침략논리와도 맥을 같이 하는 것이다.

그는 일찍이 조선총독부 중추원에서 편찬한 『조선반도사』의 고대편을 맡아 집필하면서 한국고대사를 크게 왜곡시켰다. 그는 지금도 남한의 강단사학자들이 대단히 존경하는 식민사학자인데, 그의 주장은 지금 『삼국사기』 초기기록 불신론'을 제외하고도 여러 학설들이 남한 강단사학의 하나뿐인 정설로 굳게 유지되고 있다. 그중 하나가 평양에 있던 낙랑군이 313년에 멸망했다는 것이다. 중국사료에는 이후에도 낙랑군에 대한 기록이 끊임없이 등장하지만 이마니시 류와 남한 강단사학은 서기전 109년부터 서기 313년까지 5백여년 간 낙랑군이 평양에 있었다는 '낙랑군 평양설'을 정설로 굳게 유지하고 있다. 또한 현재 남한 강단사학계가 장통이 평양에 있던 낙랑군을 요동으로 이주했다고 주장하는 '낙랑군 교치설'도 이마니시 류가 『조선반도사』에서 이미 주장한 것이었다. 이는 현재 중국 동북공정에서 북한 강역은 물론 한국강역 전체를 중국의 영토라고 주장하는 근거가 되었다. 이마니시 류뿐만 아니라 남한 강단사학이 지금도 낙랑군 평양설 등을 주장하면서 중국 동북공정을 지지하는 것에 고무된 중국이 계속적인 역사침략을 확대하는 것이다.

이와 같이 조선사편수회에서 활동한 주요 인물들은 식민사학의 선봉에 섰던 자들로 구성되어 있었으며, 이는 일제가 종래 일본인들에 의해 각기 개별적으로 주장되어 왔던 '일선동조론(日鮮同祖論)', '타율성론(他律性論)', 정체성론(停滯性論)' 등의 식민사학을 『조선사』에 철저하고 종합적으로 반영하고자 하였음을 보여준 것이라 하겠다.

이밖에도 일본인들은 조선사를 연구한다는 각종 학회를 조직했는데, 이들은 관변조직으로서 식민사학을 널리 유포하였다. 일제하 일인들에 의해 조직된 조선사연구 학회는 역사를 빙자해 식민지 지배이론을 제공해서 식민통치를 직접 지원했던 하수조직이라고 할 수 있다. 이들은 주로 조선사편수회나 경성제대의 양대 기구 조직원을 중심으로 구성되었는데, 조선사학회, 경성독사회, 청구학회, 사담회, 조선사학동고회, 정양회 등이 그것이다.

조선사학회는 조선총독의 발의로 조직되었는데, 경성제대 및 조선사편수회의 관변학자는 물론 정무총감과 총독부 고위관료 및 식민지 수탈기구의 수뇌들을 중심으로 운영되어 침략사학의 전형을 보여주었다고 할 수 있다. 청구학회의 경우에는 일반회원의 참여를 허용하고 있으나 대부분 식민통치 조직의 구성원인 일본인 식민사학자들을 중심으로 조직되었다는 점에서 정통적인 학회라기보다는 식민지배 이데올로기를 제공하는 관변 조직이자 정치선전조직이라 할 수 있다. 이들은『조선사학』『청구학총』등의 학술지를 통해 왜곡 날조된 식민사학 이념을 한국민들에게 유포시켰다.

이들은 한국사의 자주성과 주체성을 부정하고 타율성, 정체성, 사대성 이론을 강조하여, 이를 실증주의 사학의 역사연구방법론으로 미화 포장하여 식민지 지배의 논리를 통해 한국사를 호도하였다.[19]

해방 후 조선사편수회를 계승한 남한 강단사학이 식민사학이란 이름표를 '실증사학'으로 바꿔달고 지금까지 주류로 행세하는 것은 이들 일본인 식민사학자들의 역사관과 행태를 그대로 재연하는 것이라고 볼 수 있다.

---

19 박걸순, 『식민지시기의 역사학과 역사인식』, 101쪽.

3장

해방 후
식민사학의 문제

1. 식민주의사관 비판

일제 식민사학자들의 한국사관

국권피탈 후 일제는 조선총독부 내의 취조국과 중추원에서 식민통치의 자료로서 조선의 관습, 제도, 법률, 역사에 대하여 대대적으로 조사사업을 벌였다. 그 이전에 그들은 이미 대륙진출의 교두보로서 남만주철도주식회사를 설립하고 그 안에 만선역사지리연구실을 동경제국대학 내에 설치하고 만주와 조선의 역사와 지리에 대해 연구하기 시작했다. 여기에서 산출된 어용사관이 다름 아닌 만선사관(滿鮮史觀)이라는 것이다.[20]

1915년 박은식의 『한국통사』가 일제에 준 충격은 매우 컸다. 이를 계기로 조선총독부는 반도사편찬위원회를 확대시켜 조선사편찬위원회를 만들었고, 이를 다시 조선총독부 정무총감이 회장이 되는 조선사편수회로 확대시켰다.

원래 역사학의 전통이 미약했던 일본은 제국대학(현재의 동경대학 전신) 내에 사학과를 설치하고 랑케의 제자 리스를 초빙해 역사학에 대해서 배우기 시작했다. 일본인들은 랑케의 실증주의 사학을 자국의 해외침략을 합리화하는 제국주의 사학으로 변질시켜 침략전쟁의 이론으로 악용했다. 제국대학 사

---

20 국사편찬위원회, 『국사편찬위원회사』, 1990, 48쪽.

학과는 『사학잡지』를 발간했는데, 이 시기의 동양사 연구는 한국고대사와 한일관계사에 집중되어 있었다. 이 시기 일본인들의 한국고대사에 대한 기본적인 인식은 『일본서기』 등에 의거한 '일선동조론(日鮮同祖論)'에 입각한 것이었다.

1904년 러일전쟁을 전후한 시기의 한국학 연구 경향은 신공(神功)왕후의 삼한정벌과 도요토미 히데요시의 조선침략, 정한론 등 일본의 침략을 합리화하고 미화하는 것들이었다. 러일전쟁에 승리한 후 시라토리 구라키치(白鳥庫吉)는 남만주철도주식회사의 위촉으로 1908년 만선역사지리연구실을 만들어 일제의 국책에 따른 연구 활동을 전개하였다. 여기에는 센나이(箭內桓), 마쓰이(松井等), 이나바 이와키치(稻葉岩吉), 이케우치 히로시(池內宏), 쓰다 소우기치(津田左右吉) 등이 참여해 만주역사지리(2권), 조선역사지리(2권), 문록·경장의 역(임진·정유재란), 만선역사지리연구보고(12권) 등을 출간했다. 이들은 만선사라는 개념을 만들어 한국사의 주체적 발전을 부정하고 한국사를 만주사의 종속적 위치로 규정해 한국사의 타율성을 주장했다.

이들이 한국사에 관심을 가진 것은 한국을 점령하겠다는 정한론 차원이었다. 시라토리 구라기치는 리스에게 랑케사학의 방법론을 배웠는데, 학습원대학에서 한국사를 강의하면서 1894~97년 사이에 한국의 옛 전설, 고대국가의 명칭, 고대 지명, 고대 왕호, 고대 관명, 기타 고대사 관계 논문을 계속 발표한 것도 마찬가지였다. 그는 동경제국대학 교수를 겸하게 되는데, 그의 한국사 연구는 일본인 사학자들에게 큰 영향을 끼쳤다. 이들이 역사학을 일본 제국주의의 종속시키는 일본 특유의 '관학(官學) 아카데미즘' 학풍을 형성하고 한국사에 대해서 식민사학을 수립한 것이다.

시라토리는 1890년대 말부터 만주사, 몽골사, 중국사, 서역사 등으로 연구의 대상을 옮기면서 일본의 동양사학계를 이끌어 갔다. 1910년 식민사학의 중심지였던 동경제국대학은 동양사학과를 독립시켰는데, 이때도 시라토리가 많은 역할을 했다.

시라토리의 활동 가운데 주목할 것이 만철과의 관련이다. 만철은 러일전쟁 이후 한국과 만주의 식민지 지배를 위해 설립된 국책회사였다. 그는 만철 총재 고토오 신페이(後藤新平)를 설득하여 1908년 만철 동경지사 내에 '만선지리역사조사실'을 설치했다. 이것은 만주와 한반도의 역사 지리에 관한 조

시라토리 구라기치. 만주철도에 만선지리역사조사실을 만들어 만주사와 한국사를 왜곡했다.

사를 임무로 하였지만, 사실은 일제의 식민정책을 합리적 기초 위에 세우려는 것이 목적이었다. 여기에는 시라토리의 주재 하에 당시 동양사연구에 종사하던 센나이(箭內桓), 마쓰이(松井等), 이나바(稻葉岩吉), 이케우치(池內宏), 쓰다(津田左右吉) 등이 참여했다. 그들의 연구는 대륙침략의 발판이 되었고, 또 그것을 합리화하기 위해 신속하게 진행되었다. 여기에서 『만주역사지리』, 『조선역사지리』, 『문록경장의 역』, 『만선지리역사연구보고』 등이 간행되었다.

이들의 중심 연구과제는 한국고대사였다. 이를 토대로 만주나 중국과의 관계사, 지리 문제 등을 연구했는데, 그 결과는 전통적인 사서가 보여준 한국고대사회의 파괴였으며, 한국사의 전개는 처음부터 중국의 식민지로부터 시작했다는 견해였다. 이들은 이를 고증사학, 실증사학이라고 우겼다.

이렇게 만들어진 것이 '만선사관'이었다. 만선사관은 한국은 물론 만주까지 점령하려는 침략이론이었는데, 이를 토대로 한국사의 타율성이론을 만들었다. 만선사관이란 것이 만주사를 중국사에서 분리시켜 한국사와 한 체계 속에 묶는 것으로, 만주를 중국사에서 배제하는 것이었다. 한국사의 입장에

서 보면 만선사는 한국사의 독자성, 자주성을 필연적으로 부정하는 것이다. 특히 만선사의 연구는 주로 역사지리연구에 치중했기 때문에 인간사회의 존재는 경시되고, 그런 의미에서 지리 중심의 만선사 연구는 한국사나 한국민족의 존재를 망각시켜 버렸다. 만선사를 가장 강력하게 주장하는 인물이 이나바 이와키치이다.

이나바 이와키치는 '조선은 중국과 달라 자력(自力)이 없다. 무력에 있어서도 문명에 있어서도 자력이 없다. 그렇기 때문에 항상 대국의 눈치를 보고 그에 따르는 것을 목적으로 삼는다.'(이나바 전집 제10집)라고 하여 한국사의 주체적 발전을 부인하였다. 시라토리 구라기치와 쌍벽을 이루던 나이토 코난(內藤湖南)은 '삼한의 문명이란 대개 지나(支那:중국)로부터 가져온 것을 전해준데 불과하기 때문에 일본이 조선문화 덕택으로 진보했다고는 결코 단언할 수 없다'고 말했다. 이는 일본의 문화가 조선에서 건너갔다는 사실을 부인하려는 말 장난에 지나지 않는 것이었다. 나이토 코난은 또 '이것은 장차 일본과 조선의 역사상의 관계를 교육상에 응용할 경우 깊이 생각해 보아야 할 것이며, 조선인들에게 되지 않는 자부심이 생기지 않도록 해야 한다.'(內藤湖南 전집 제4집)라고 말했다. 한국인들이 일본에 문화를 전파해준 것에 자부심을 갖지 못하게 해야 일본의 식민지배가 가능할 것이라는 뜻이었다.

한편 정체론적 한국사상을 처음 만들어 낸 사람은 후쿠다 도쿠조(福田德三)였다. 그는 동경고등상업학교를 졸업하고 바로 독일에 유학하여 부렌타노 밑에서 신역사주의 경제학을 공부하여 일본경제사학의 기초를 확립한 인물이다. 그는 경제단위 발전설에 입각하여 '일본의 경제조직과 경제단위'라는 논문으로 박사학위를 받았고, 1903년 겨우 수십일간 만주와 조선을 여행하고 돌아가 '조선의 경제조직과 경제단위'라는 논문을 집필하였다.

그는 '나라의 동서를 막론하고 경제생활의 발전은 경로가 똑같고, 동일한 사회상 경제상의 조건은 역시 유사한 제도를 일으킨다'라고 하여 일본사가 서양사와 동일한 발전경로를 거쳤다고 주장하면서도, 한국에 대해서는 달리 말하였다. '조선의 경제조직과 경제단위'라는 논문에서 그는 1903년 당시의 한국경제를 다음과 같이 진단하였다.

"한국의 정체는 표면상 전제군주정이라 할 수 있다. 그러나 그 실제에 있어서 한국의 왕권은 극히 미약한 것으로서 … 중앙정부는 미약, 부패하여 그 정치적 명령권이 경기를 넘지 못한다 … 중앙집권이라고 하기에도 맞지 않고 지방분권이라고 부르기에도 역시 적절치 않다."

후쿠다는 그 원인이 조선은 '봉건제도가 없었다'는 데서 찾고 있다.

"이제 그 근본원인을 찾는다면 봉건제도가 존재하지 않은 것에 있다고 할 것이다. 한국은 진정한 의미에서 아직 '국(國)'이 될 수 없고, 또한 '국민경제'를 가지고 있지도 않다. 그것의 유래를 타국에서 찾는다면 우리나라(일본)에 있어서 가마쿠라(鎌倉) 막부 발생 이전, 특히 후지와라(藤原) 시대에나 비할 것이다."

일본에서 후지와라 시대는 8세기에서 10세기 경이고 가마쿠라 막부는 12세기에서 14세기 경인데, 대한제국의 사회수준이 8세기에서 10세기 경에 머물렀다는 주장이었다. 후쿠다는 독일에서 경제단위 발전설을 배워가지고 몇십 일간의 여행 과정에서 한국사회의 경제 상태를 진단하고 그것을 이론적으로 재단하여 봉건제 결여설을 도출해 냈던 것이다. 그러나 아무런 근거없이 재단된 이 봉건제 결여설은 후대의 일제 식민사학에 엄청난 영향을 미치게 되었다.

식민사관의 요체

일제가 수립한 식민사학에 대한 비판적 논의는 해방 이후 계속되었고, 이에 따라 여러 연구업적이 축적되었다.[21] 식민사학의 개념에 대해서는 이기백, 김용섭, 홍이섭, 이만열 등이 비판 정리하면서 그 윤곽이 잡혔다고 볼 수 있다. 이들은 일선동조론, 정체성론, 당파성론과 만선사관에 의한 타율성론과 그에 따른 사대주의론 등에 대하여도 여러 비판적 연구가 진행되었다.[22]

그러나 식민사관에 대한 비판은 결정적 한계를 가지고 진행되었다. 이들은 주로 이론적 측면에서 식민사관을 비판하는데 머물렀다. 타율성론, 사대성론, 정체성론 등에 대한 비판에 주로 집중되었지만 그런 식민사학 이론이 한국사에 어떻게 구체적으로 드러났는가에 대해서는 거의 비판하지 않았다. 비판은커녕 일제 식민사학의 이론이 해방 후에도 그대로 유지되었다고 해도 과언이 아니다.

타율성이론

일제는 메이지 초기부터 연대부터 맞지 않는 『일본서기』에 입각하여 한국사를 왜곡하기기 시작하였다. 이에 따라 조선은 신화시대부터 일본의 지배하에 있었다는 한국에 대한 역사 왜곡체계를 수립하고 이를 교과서를 통해 자국인들에게 전파하였다.

하야시 다이스케(林泰輔)는 『조선사』를 통해 "조선은 나라를 세운지 오래 되었지만 … 거의 중국의 속국과 같았다"고 하면서, 단군조선을 부인하고 조선사를 기자조선과 위만조선에서 시작한 것으로 기술했다. 곧 중국에서 온 기

---

21 이기백, 『국사신론』, 「서론」, 1963, 『민족과 역사』, 일조각에 재수록 ; 김용섭, 「일제관학자들의 한국사관」, 『사상계』1963년 2월호, 『한국사의 반성』, 역사학회에 재수록 ; 김용섭, 「일본, 한국에 있어서의 한국사서술」, 『역사학보』31, 1966 ; 홍이섭, 「식민지적 사관의 극복」, 『아세아』1969년 3월호 ; 이만열, 「일제 관학자들의 식민주의사관」, 『독서생활』1976년 7월호 『한국의 역사인식』하, 창작과비평사에 재수록, 1981 ; 조동걸, 「식민사학의 성립과정과 근대사서술」, 『역사교육논집』13.14, 1990 참조.

22 조동걸, 『한국민족주의의 발전과 독립운동사연구』, 31-32쪽.

자와 위만을 강조해 타율성을 부각시킨 것이다. 메이지 중반기에 강화도조약 (조일수호조규)를 체결한 후 조선 진출과 더불어 조선사에 대한 본격적인 연구를 시작하여 이른바 조선사의 타율성, 정체성, 일선동조론 등을 주장하였다. 이 가운데 타율성론과 정체성론은 식민주의 사관의 2대 요소라고 거론되고 있다.

한국사의 타율성론이란, 한국사가 한국인의 주체적 역량에 의하여 자율적으로 전개되어 온 것이 아니라 외세의 침략과 압제에 의해 타율적으로 전개되어 왔다는 것이다. 다시 말하면 한국의 수천년 역사는 북쪽의 중국, 몽골, 만주와 남쪽의 일본 등 이웃한 외세의 침략과 압제 속에서 비주체(非主體)적으로 전개되어 왔다는 것이다.[23]

이러한 인식하에 일제의 어용 식민사학자들은 한국사에서 타율적 요소들을 들추어내어 자기들의 이론을 정당화하려고 하였다. 반면 한국사의 자주적인 모습은 애써 감추려고 하였다. 예컨대 대외투쟁사에 있어서 자주적인 문화의 역량이 없이는 그 승리가 불가능한 사건들조차 거의 외면하거나 애써 과소평가하였다.

일제의 식민사학자들은 이러한 타율성이론에 따라 자주성의 뿌리인 국조 단군을 제거하고, 기자조선과 위만조선을 한국사의 시작에 배치함으로써 한국이 출발부터 외세의 지배하에서 출발하였다고 주장했다. 그 후 한사군의 지배, 삼국시대 수·당의 압력, 고려시대 거란·여진·몽골의 침략과 지배, 조선시대 명·청에 대한 사대외교와 임진·정묘왜란, 병자호란 등을 거론하고 있다. 특히 고대사 부문은 반도사로 축소한 후 북쪽은 중국의 식민지, 남쪽은 일본의 지배 아래에서 시작되었다고 주장했다. 북쪽은 기자, 위만, 한사군 등의 중국세력이 지배하였고, 남쪽은 신공왕후의 정벌을 전후하여 수세기간 일본의 지배하에 있었다고 하는 이른바 일본의 '임나일본부설'을 주장했다. 비단 고대사뿐

---

23 이만열, 「일제관학자들의 식민사관」, 500쪽.

만 아니라 그 이후 시기까지도 확대 적용하여 한국사에 있어서의 외세의 역할을 강조하고 그 외세에 의하여 타율적인 역사가 강요되었다고 주장하였다.

결과적으로 한국사의 발전이란 한국인의 주체적 결단에 의해서는 불가능하고 오직 외세에 의해서 전개되어 왔다고 주장하였다. 그들은 이렇게 한국이 외세의 침략을 받은 것은 한국인이 처한 반도적, 지정학적 환경 때문이라고 강조하면서 한국인들을 비하했다. 이는 한국인의 일상생활과 사고에 영향을 미쳐 한국인의 국민성이 사대주의화되었고, 의타심을 키워 자주 독립성을 잃게 하였다고 주장했다. 뿐만 아니라 사대주의적 성격은 대내외의 혼란이 있을 때 크게 작동하여 국내 정국에 큰 혼란을 야기 시키게 되었다고 주장하였다.

한국사의 타율성 논의는 여기서 그치는 것이 아니었다. 일제 식민사학자의 입장에서는 한국사 전체가 타율적으로 이루어졌으니 일본의 한국 침략과 지배도 사실은 한국사의 이런 보편성 위에서 이해할 때 하등 이상할 것이 없는, 정상적인 역사의 전개라고 강변한 것이다. 타율성이론은 결국 그 목적이 한국 침략을 역사적으로 정당화 하는 이론이었던 것이다.

더욱이 일본인 식민사학자들은 한국이 이제 일본의 품안에 안김으로써 과거와 같은 반도사적인 것을 지양하게 되었다고 주장했다. 즉 한국은 과거 주자주의적인 중국의 예법과 횡포한 만몽(滿蒙)의 무력에 굴복하여 타율화 되었으나 이제 개명한 일본에 안겨 과거의 비주체적이고 반도사적인 것을 벗어날 때가 되었다는 것이다.

어느 민족, 어느 나라를 막론하고 밝은 면과 어두운 면, 영광의 역사와 치욕의 역사를 같이 가지고 있는 것이다. 오랫동안 해가지지 않는 나라라고 군림하던 영국도 서기 1세기 전후에는 로마의 지배을 받았고, 게르만 민족의 대이동 때는 앵글로 색슨족의 침략을 받아 선주민은 이동을 해야 했다. 또한 노르만족의 침입을 받아 왕조가 교체되었으며, 제2차 세계대전 이후에는 해외 식민지가 속속 독립하면서 '해가 지지 않는 나라'가 쇠퇴하고 있는 것이다.

중국 한나라도 건국 초기부터 북쪽 흉노의 압력에 굴복하여 자국의 공주를 인질로 시집을 보내야 했다. 4세기부터 수 세기 동안 양자강 북쪽은 다섯 민족을 뜻하는 오호(五胡)들의 활동 무대가 되기도 했다. 세계 대제국으로 일컬어지던 수나라나 당나라조차 고구려에 참패하여 패망하거나 패퇴해야 했던 것이 역사적 사실이다. 그 후에도 중국 한족(漢族)은 몽골족이 세운 원나라, 만주족이 세운 청나라의 지배를 받았고, 거란족의 요나라, 만주족의 금나라의 간섭을 받았다. 그러나 타민족의 수많은 지배를 받았던 중국 역사를 두고 타율성이론을 적용하지는 않는다.

중국 민족은 자기들을 무력으로 정복한 민족들을 오히려 문화적으로 정복하여 중국 민족으로 동화시키는 적극적인 역사를 가졌다고 평가하고 있다. 유독 일본인 식민사학자들만 이러한 사실들은 외면하고 유독 한국사에 대하여 타율성을 강조했다. 동이족의 한 갈래인 한(韓)민족은 숱한 이합집산과 부침을 겪으면서도 독자적인 언어와 문화 전통을 보전해 온 것이 사실이다. 한국의 식민지배를 정당화하고 합리화하려 했던 타율성사관은 허구였음을 알 수 있다. 오히려 한민족은 문화, 역사가 온전히 보전된 것 자체를 긍지로 삼고 과거 영광의 역사는 계승하고, 치욕의 역사는 반성의 계기로 삼아야 할 것이다.

정체성이론

정체성이론이란 한국이 왕조의 교체 등 정치적 변혁에도 불구하고 사회 경제 구조에 아무런 발전이 없었다고 보는 이론이다. 특히 근대사회로의 이행에 필요한 봉건사회를 거치지 못하고 전근대적인 단계에 머물러 있다고 주장

하는 것이다. 심지어 일제의 식민사학자들은 19세기 말 20세기 초의 한국을 8
세기에서 10세기경의 일본 수준에 불과하다고 강변했다. 따라서 한국사의 발
전은 외국의 식민지배를 통해서만 가능하다는 것이다. 이는 앞서 말한 것처럼
후꾸다 도쿠조(福田德三)가 주장한 것으로 그는 러일전쟁 전에 한국을 짧게
여행한 후 그 견문이나 자료를 근거로 「조선의 경제조직과 경제단위」라는 논
문을 발표하였다. 그는 이 논문에서 한국사에는 봉건제도가 존재하지 않았다
면서 한국이 근대화에 늦은 근원을 조선에 봉건제가 결여되었기 때문이라고
지적했다. 그는 19세기말 20세기 초의 한국의 사회경제적 발전단계는 일본의
8세기에서 10세기 경의 후지와라(藤原)시대에 해당한다고 주장했다. 맑스의
역사발전 5단계설은 원시공산사회에서 고대 노예제사회를 거쳐 중세 봉건사
회로, 이는 다시 근대 자본주의사회로 이행한다고 보고 있는데, 이 이론을 한
국에 무차별적으로 적용해 한국사회는 사회경제적 낙후되었다고 주장했던 것
이다. 물론 그 목적은 한국 사회는 일본의 식민지배를 받아야만 발전할 수 있
다고 주장하기 위해서였다.

후꾸다의 주장은 모리타니 가쯔미(森谷克己), 시까타 히로시(四方博) 등
이 잇고 있는데, 이들은 한국사의 타율성과 정체성을 다같이 주장하면서 근세
조선 5백년의 사회를 발전이라고는 거의 찾아볼 수 없는 사회라고 규정하고
있다. 이러한 논리 위에서 일본 자본주의의 혈맥을 영양으로 하여 한국자본주
의가 성립된 것처럼 주장하고 있다. 한국이 정체되어 전근대적인 상황에 놓여
있기 때문에, 한국을 근대화시키기 위해서는 일제의 식민지배가 필요하다고
주장한 것이었다.

이러한 타율성이론에 의하면 한국은 타율적, 비주체적이기 때문에 스스
로의 힘으로는 근대화를 시킬 수 없기 때문에 외부의 힘, 즉 일본 제국주의에
의해서 근대화가 될 수 있다고 주장하는 것이다. 일본을 한국을 침략한 것이

아니라 한국을 근대화시키기 위해 좋은 이웃으로서 도와주는 것이라고 주장하였다. 일본의 한국 침략은 한국의 축복이라는 것이다.

이는 현재 안병직·이영훈 등 일본 극우파 학자 및 기업들과 직접 연결되어 있는 친일학자들에 의해 '식민지 근대화론' 따위의 이론으로 되살아 나고 있다.

19세기말~20세기 한국사회가 일본의 8~10세기 경의 후지와라 사회의 발전수준과 같다는 것은 물론 사실이 아니다. 한국은 상업적 측면에서 이미 17~8세기 자유 상인이 등장하였고, 상업 자본의 축적에 의하여 전국을 상대로 하는 상권이 형성되었다. 전국 곳곳에 장시가 설치되었고, 광업 분야에서는 수천 명을 고용하는 광산이 형성되었음이 밝혀졌다. 농업에서는 판매를 목적으로 하는 농산물 재배가 나타났으며 경작 기술 및 파종 이앙법의 개선으로 생산성이 제고되었다. 이른바 경영형 부농에 의한 대단위 농업 경영 형태가 존재했음이 입증되었다.

또한 사회적인 측면에서 신분 해체 과정이 뚜렷하게 나타났다. 서양적인 사회경제 사학의 관점에서 보더라도 17~8세기에 실학과 더불어 자생적인 근대화의 싹이 나타났음을 뜻한다. 이런 자생적 근대화의 싹이 오히려 일제에 의해 잘려나가면서 한국은 폭력적으로 일본 제국주의 체제로 강제편입되었던 것이다.

일제의 식민지배는 곧 수탈의 역사였다. 예컨대 일제가 세운 경제 계획, 즉 토지사업이나 화폐 제도 같은 것도 모두 식민지 수탈을 전제로 한 것이다. 또한 철도 부설도 한국의 산업 발전이나 교통의 편의를 목적으로 한 것이 아니라, 러일전쟁의 수행 및 만주 몽골 및 중국 대륙 침략을 위한 것이었다. 일제가 자랑하던 이른바 근대교육이라는 것도 한국의 인재 양성과 교육의 근대화에 목적이 있었던 것이 아니라 일제 식민지배를 보조하는 친일적 지식인의 양성에 있었던 것이다. 일제가 보통학교 등 교육기관을 세운 것은 애국지사와 외국 선교사들이 설립한 사립학교를 없애거나 도태시키는 한편 제국주의 교육을 받은 순응적 한국인들을 배출하기 위한 것이었다. 면서기 정도의 교육 수준, 식민지적 수탈에 필요한 실업교육, 이것이 일제 당국자들의 교육 목표였던 것이다.

1924년 일제가 서울에 경성제국대학을 설립하게 된 것도 마찬가지였다. 이상재 등 민족지도자들이 민립대학 건립 운동을 전개하자 이를 좌절시키고 일제 식민지배에 순응하는 지식인을 양성하기 위해서 경성제대를 설립한 것이었다. 또한 일제가 한국에서 대학교육을 시킨다는 대외적 선전 효과도 있었다.

일제는 한국의 사회 경제 뿐만 아니라 한국의 문화까지도 형편없는 것이라고 폄하하였고, 이른바 엽전의식을 강조하였다. 한국인들로 하여금 자국의 문화와 전통에 대해 긍지를 갖지 못하게 세뇌하면서 일제의 식민통치에 순응하게 하려는 고등 술책이었다.

2. 식민사학 극복의 한계

식민사학이란 일제의 한국침략과 지배를 역사적으로 정당화하려는 역사관을 말한다. 1945년 8·15 해방과 동시에 식민사학은 이땅에서 사라져야 했다. 그러나 현실은 그렇지 못했다. 일본인 식민사학자들이 만든 식민사학은 그들의 한국인 제자들이 그대로 계승해 해방 후에도 계속되었다. 이들은 총론으로는 식민사학을 비판하는 척하면서 각론으로는 식민사학을 그대로 유지하는 방식으로 식민사학을 하나뿐인 정설로 격상시켰다. 그러면서 총론으로 무의미한 비판을 한 것을 자화자찬하면서 자신들이 일제 식민사관을 종식시킨 장본인으로 처세하면서 많은 혼란을 낳았다. 역사학이 일종의 전문학문이라는 점을 악용한 이런 이중처신은 이들이 우리 사회 곳곳에 구축한 막강한 카르텔과 함께 한국의 역사발전을 가로막는 근본 뿌리로 작용하고 있다. 심지어 타율성론과 정체성이론 그리고 일선동조론 등의 논리에 근거한 서술이 해방 후에 간행된 저서에도 상당히 나타나고 있었던 것이다. 한국사 개설류의 책들이 주로 식민사학자의 저술에 의지하고 있거나, 발해를 본문이 아닌 부록에 처리한 점, 고대사에서 한사군을 시기구분의 기준으로 삼은 점, 의병투쟁 등 독립운동사를 외면한 점, 조선의 해방을 외세에 의한 타율적인 것으로 설명하고 있는 것 등이 그러하다.[24]

현재 우리 사회에 식민사학 극복에 대한 비판과 요구가 거세다는 점은 아직도 식민사학이 극복되지 않았다는 가장 강력한 반증이다. 그 뿌리는 물론 해방 후 프랑스처럼 좌·우 독립운동가들이 정권을 장악해야 했지만 한국은 거꾸로 친일파들이 다시 정권을 장악해 좌·우 독립운동가들을 모두 숙청한데서 비롯되었다.

역사학계도 해방 직후 진단학회 총무간사 조윤제는 이병도·신석호 등의 친일학자 제명문제를 제기했지만 사회 일반의 이런 현상과 궤를 함께 하면서 흐지부지되고 말았다. 흐지부지된 것을 넘어서 현재 진단학회는 조윤제가 제명을 요구했던 이병도의 호를 딴 '두계학술상'을 제정해 시행하고 있는 것에서 식민사학 청산에 대한 요구가 왜 높은지를 웅변해 준다. '두계학술상' 뿐만 아니라 이병도와 함께 조선사편수회에 근무하면서 해방 후에도 한국사를 식민사학으로 이끈 신석호의 호를 딴 '치암(癡菴)학술상'까지 버젓이 존속하고 있는 것도 마찬가지다.

역사학자들과 한국 사회의 막강한 친일카르텔에 의해 지금껏 버젓이 '두계학술상', '치암학술상'을 역사학자들이 자랑스럽게 수상하고 있는 것이다. 그나마 과거에는 버젓이 두 상을 시상자를 발표했다면 지금은 시상자를 은밀하게

---

24 조동걸, 『현대한국사학사』, 나남출판, 1998, 391쪽.

선정해서 외부에는 알리지 않는 정도가 한국 사회의 거센 친일청산 흐름에 따른 변화라면 변화일 것이다.

일반적으로 식민사학에 대한 종합적인 비판은 이기백의 『국사신론』에서 비롯되었다고 평가한다.[25] 이기백은 『국사신론』(1961) 서론에서 '한국사의 올바른 인식에 장애가 되는 그릇된 모든 선입관과 이론을 속히 청산해야 할 것'과 한국사를 '한국 민족의 운명에 대한 따뜻한 관심 속에서 이루어진, 그리고 인류사회의 발전에 대한 투철한 인식을 토대로 한 정당한 비판적 정신 속에서 이루어진 학문적 성과를 통하여서만 한국사의 올바른 의식은 가능할 것이라고 주장하였다. 그러나 이기백은 총론에서는 식민사관 극복을 내세웠지만 막상 본론에서는 일제 식민사학의 논리를 그대로 추종했다. 그의 『한국사신론』이 그런 대표적인 저서로서 한사군의 위치에 대해 일제 식민사학의 논리를 그대로 따르고 있음을 알 수 있다. 오히려 그가 실제로는 식민사학을 추종하면서도 총론으로는 식민사학을 극복한 것처럼 사태를 호도한 것이 식민사학자들이 스스로를 식민사학자가 아닌 것처럼 면죄부를 주는 단초가 되었다는 점에서 그가 해방 후에도 식민사학을 고착화한 공로는 지극히 크다고 할 것이다.

이기백 이후 많은 역사학자들이 총론으로는 식민사학을 비판했다. 김용섭은 「일제 관학자들의 한국사관」(1963)을 통해 이렇게 말했다.

"일제시대에 있어서의 일본인의 한국사 연구의 목적을 지적하면서, 그것은 요컨대 한반도의 식민지 통치를 위한 학문적인 기반을 확립하려는 것이었으며, 한반도에 대한 그들의 침략을 학문적으로 합리화시키려는 것이었다고 하겠다. 말하자면 그들의 한국사 연구는 한민족의 발전 과정에 대한 학문적인 관심에서가 아니라 현실과 직결된 정치적 의미를 지니는 것으로서 그것은 학문에 있어서의 식민정책이었고, 식민지 문화정책의 일환으로 행해지는 것이었다."

---

25 조동걸, 『현대한국사학사』, 393쪽.

김용섭은 일선동조론 이후의 조선총독부 정책하의 역사교육과 조선사 편수회의 조선 반도사 편찬 작업, 만철 조사부의 조사사업, 이와 함께 나타난 한국사의 타율성이론과 정체성 이론 등을 비판했다. 그는 최근 자서전 『역사의 오솔길을 가면서』에서 서울대 국사학과 재직 시절에 식민사학자인 스에마쓰 야스카즈가 서울대를 들락거리면서 서울대 교수들을 지도했다는 일화를 공개했다. 또한 남한 국사학계의 태두 이병도가 일본 극우파 종교인 천리교(天理敎) 예배에 참석했다는 일화도 공개했다. 그러나 그가 1984년 제1회 치암학술상 수상자라는 점은 한국 사학계에서 식민사학의 구조에서 벗어나 학문을 한다는 것이 거의 불가능한 일임을 말해주고 있다.

3. 「실증사학」의 검증[26]

랑케 실증주의사학의 태동

앞에서 살펴본대로 해방 후 일제의 식민사관은 극복되기는커녕 더욱 악화되고 있는 중이다. 해방 이후 지금까지 한국 사학계에서 끊임없이 식민사관 문제가 거론되고 있는 것은 어떤 이유에서 인가? 또한 한국사 서술에 있어서 민족주의 사학과 실증주의 사학이 대립되어 있는 까닭은 무엇인가?

그 논란의 단초는 근대 역사학의 수용과정에서 비롯되었다고 볼 수 있다. 원래 독일 역사학자 랑케로 시작된 근대 역사학은 철저한 사료비판을 토대로 객관적이고 과학적인 역사서술을 추구하고 있다. 실증사학은 엄격한 사료 비판을 통하여 개별적이고도 구체적인 사실을 객관적으로 확정하는 작업이라고 할 수 있다.

---

26 본 장은 임종권의 「한국 근대역사학 : 실증주의와 민족주의」를 토대로 발췌·정리하였다.

랑케의 제자 루드비히 리스. 일본인들은 랑케의 실증주의를 왜곡해서 제국주의 역사학으로 변질시켰다.

그러나 역사학에 있어서 실증의 학풍이 서양에서 온 것은 아니다. 동양에서는 일찍부터 고증을 바탕으로 한 사실 위주로 역사를 서술한 반면 서구 역사는 대체적으로 신화 혹은 영웅담과 서사, 전기 등으로 기록되었다. 이러한 예전의 역사학이 새롭게 '과거에 일어난 사건을 있는 그대로' 서술하는 것을 목적으로 과학적 역사를 추구한 서양 근대 역사학이 바로 랑케 실증주의사학에서 시작된 것이다. 19세기 제국주의 시대 일본은 랑케의 제자인 리스에 의하여 랑케의 실증주의사학을 제국대학을 통해 수용하게 되었다. 사실 그 전까지 일본은 역사학의 전통에 있어서는 한·중·일 삼국 중에 가장 낙후된 나라였다.

독일은 국민국가로서 새롭게 등장했지만 여전히 혼란 속에 안정과 평화를 미루지 못하고 있었다. 오랫동안 민족과 영토가 각기 나뉘어 통치되어 온 역사적 상황의 잔영이 계속되었기 때문이다. 그래서 독일인들은 강력한 국가 건설의 염원을 가지고 있었다. 이때 철혈재상 비스마르크가 나타나 분열된 여러 국가들을 통합하여 강력한 민족주의적 근대 국민국가를 새롭게 탄생시켰다. 마침내 프리드리히 빌헬름과 비스마르크 시대 독일인들은 근대 국민국가에 대한 희망을 갖게 되었다. 1871년부터 1918년까지 존속한 독일제국은 독일 역사상 최초의 통일된 민족국가로서 오랫동안 지속되어 온 분열을 종식하고 통일 민족국가를 이룸으로써 마침내 독일민족의 정체성에 눈을 뜨게 되었다.

비로소 독일민족은 서유럽의 다른 나라들과도 달리 우수하다는 독일 민족주의 정신이 강조되기 시작했다. 그전까지 독일은 유럽사회에서 뒤떨어진 2

등 민족, 2등국가에 불과했다. 프로이센의 빌헬름 정부는 강력한 제국을 건설하기 위해서 무엇보다 국민들로 하여금 민족의 자부심을 갖게 하는 것이 중요하다고 생각했다. 이에 따라 랑케는 독일민족의 자긍심을 고취시키고 서유럽의 왜곡된 독일역사에 대한 편견을 해소시켜 민족의 역사를 바로잡을 수 있는 새로운 역사방법론 즉, 실증주의 역사를 고안해 내었다. 고대 그리스나 로마제국이 독일민족의 전신인 게르만 민족에 대해 가졌던 편견에서 벗어나 독일민족만의 민족사를 서술하는 방법론을 만든 것이다. 이는 독일국민과 제국의 통치자들이 기대한 새로운 역사서술의 방법이었다. 랑케는 고대 그리스나 로마제국이 게르만 민족에 대해 가졌던 편견에서 벗어나 '있는 그대로의 사실에 근거하면 독일민족의 역사를 서술할 수 있다고 생각했다.

이런 역사 서술에서 가장 중요한 것은 문헌을 이해하고 활용할 줄 아는 능력이 되었다. 랑케는 국가역사를 역사 서술의 주요 핵심으로 삼고 문헌을 토대로 역사를 서술하는 방법론을 개척해 역사를 전문적인 학술로서 승격시킨 첫 역사가가 되었다. 물론 서양사에 국한된 것이었다. 19세기 근대국가로 나아가는 민족주의 흐름에 따라 당시 유럽의 여러 대학교들은 많은 전문 역사가들을 배출해 내었다. 이들은 많은 경우 랑케 실증주의를 받아들였는데, 랑케 실증주의 역사학의 특징은 민족주의, 개별성, 특수성으로 요약할 수 있는 것이었다.

그러나 해방 후 남한의 실증주의 사학은 이와는 달리 민족주의를 비판하고, 개별성·특수성을 비판하면서 보편성을 주창했는데, 그 이유는 두 가지로 나눌 수 있다. 하나는 남한의 실증사학자들이 대부분 일본 제국주의를 통해 변형된 랑케 실증주의를 접한 것이고, 다른 하나는 식민사학이란 명칭을 해방 후에도 고수할 수는 없었기에 식민사학을 실증주의로 대체했기 때문이다.

그렇다면 랑케 실증주의사학을 일본 제국의 관변 역사학자들은 어떤 방식으로 수용하고 이를 다시 변용하여 제국의 패권 이념으로 전유했을까를 살펴보자. 특히 메이지 시대 일본인 역사학자들은 랑케 실증주의사학을 기반으로 하여 민족통합을 이룸으로써 마침내 유럽의 강국으로 발전으로 하게 된 독일의 특수한 경우에 대해 많은 관심을 집중했다. 일본은 독일처럼 지방영주들의 권력에 의한 국가의 분열이 오랫동안 지속되면서 영주들 간의 전쟁이 끊이지 않았던 만큼 국가통합의 과제가 가장 시급했다. 뿐만 아니라 일본 입장에서 유럽 강국들과 대등한 근대국가로 발전하려면 우선 사회 정치, 사회 경제 등 전반적인 근대화를 추진하는 것이 당면과제였다. 그리하여 일본인 역사학자들은 자국의 여러 여건과 흡사한 독일의 경우에 관심을 집중했다. 그 첫 과제는 독일처럼 역사를 통해 일본민족의 자긍심을 고취시킴으로써 국민통합을 꾀하는 것이었다. 이렇게 하여 랑케 실증주의사학이 일본에 수용되기에 이른다. 그러나 일제 역사학자들이 랑케 실증주의사학을 수용한 과정에서 관심의 대상으로 삼은 것은 근대 역사학의 실증적인 방법론이 아니라 제국주의 패권에 관한 역사적 경험이었다. 말하자면 랑케 실증주의사학에 내포된 민족주의적 정치사상이은 일본제국의 황국주의 이념과 자국민족을 하나로 결속하는 데 적합했던 것이다.

일본 제국주의와 랑케 실증주의 수용

일반적으로 일본의 근대 역사학은 랑케 실증주의사학으로부터 시작되었다고 말한다. 앞에서 살펴본 바와 같이 최초로 역사연구의 과학적 연구 모델을 수립한 랑케 실증주의사학은 프로이센 학파로 일컬어지고 있는 독일 민족주의 사학의 출발점이었다. 그러나 독일의 랑케 실증주의 사학은 일본식 민족주의로 변형되어 제국주의의 정치적 이념으로 작용했다. 말하자면 서양에서 근대 역사학을 배운 일본 역사학은 랑케 실증주의사학에서 특수성을 빼버리고 민족주의 요소만 받아들여 이를 보편적 성격이라고 바꾸었던 것이다. 바로 이것이 '일본 제국주의식 실증주의'이다. 해방 후 남한 강단사학자들이 민족주의를 비판하는 것은 바로 일본 제국주의가 보편성이라는 관점에서 기인하는 것이었다. 또한 역사의 특수성을 비판하고 객관성을 강조하는 것 또한 일본 제국주의를 객관적이라고 보는 논리가 숨어 있는 것이었다.

일본이 실증주의를 접하게 된 것은 랑케의 제자인 루드비히 리스(Ludwig Riess)가 1887년 26세의 나이로 동경제대 사학과 교수로 부임한 것이 계기였다. 리스는 1902년까지 동경제대에서 역사학을 가르쳤는데, 1889년에는 사학회 창설을 지도했다. 일본의 근대 역사학, 즉 제국주의 역사학은 1890년을 전후 국가의 정책에 따라 랑케 실증주의사학을 수용하여 탄생된 것이다. 이후 일본의 제국주의 역사학은 중국의 정사 편찬, 고증학 그리고 랑케식 유럽 근대 역사학이 혼합되어 발전해 나갔다.

좀 더 엄밀하게 말하면 일본의 근대 역사학은 동양의 전통적인 고증학과 유럽의 근대 역사학의 방법론이 결합된 '혼합주의 역사학'의 성격을 띠고 있는 셈이다.

일본에서 랑케 실증주의사학의 선구자는 한학자이자 유학자였던 시게노 야스쓰구(重野安繹)가 꼽힌다. 또한 그의 동료인 구메 구니타케(久米邦武) 역시 일본 근대 역사학의 선구자로 꼽힌다. 이와쿠라 사절단과 함께 유럽사회를 직접 살펴 본 구메는 기존의 고증사학의 틀 안에 머물지 않았다. 이들 실증주의 사학자들은 천황제를 정치적으로 정당화시킨 소위 신도(神道)·국학계에 대해 "가미(神)는 인간"이라고 비판하며 신화를 역사적 사실에 입각해서 파악하려 했다. 구메는 천황을 신적 존재로 승격시켜서 천황제 중심의 국가 이념으로서 신도(神道)가 아니라 객관적인 역사적 사실로서 신도(神道)를 연구했다.

이 때문에 정부권력과 결탁하여 천황제 국가를 수립하려던 신도-국학계의 반발을 사게 되었다. 이들은 "국가에 해악을 끼치고 신도를 원시부족의 신앙으로 보는 역사연구는 당장 중단되어야 한다"며 구메를 비판하면서 문부성에 파면을 요청하자 결국 구메는 도쿄제국대학에서 축출되었다.

바로 이러한 상황 속에서 일본의 랑케 실증주의 사학은 정치권력에 종속되어 버린 정치성 역사학이 되어 버렸다. 다시 말하면 객관성이 없는 실증주의 사학이 바로 일본 근대 역사학의 시작이라고 말 할 수 있다. 그래서 일본은 랑케 실증주의사학의 방법론이란 명칭만 받아들였을 뿐 역사 사상은 배우지 못했다고 비판 받게 되었다. 당시 일본에서 천황제 국가체제의 확립이 강행되던 시기여서 천황을 부정하는 역사는 받아들일 수 없는 상황이었다. 이런 국내 분위기 속에서 랑케 실증주의사학은 그 시작부터 순수하게 일본 역사학에 뿌리를 내릴 수는 없었다. 특히 리스는 랑케의 역사사상보다 그의 객관적인 방법론을 중점적으로 가르쳤다. 이 때문에 일본 근대 역사학은 랑케의 역사사상이 아니라 주로 과학적이라는 방법론에 치우쳐 있었다. 따라서 일본의 근대 역사학은 객관성이 없는 역사학이라고 비판을 받았고 특히 조선의 역사를 연구한 시라토리 같은 일본 동양사학자들에 대해서 더욱 강한 비난이 쏟아졌다. 엄밀하게 말하면 시라토리 등 리스의 제자들은 랑케의 실증주의 방법론을 빙자해 제국주의 역사학을 추구한 것이었다. 이른바 황국사관을 주창하는 어용학자가 양산된 배경이었다.

결국 리스의 일본인 제자들은 랑케의 역사철학을 이해하지 못하고 실증적인 방법론만 받아들여서 근대 역사학의 의미를 제대로 알지 못했다. 또한 그들의 실증적 방법론도 제국주의 일본에 유리한 것만 취사선택하고 불리한 것은 외면하는 가짜 실증주의였다. 해방 후 남한 강단사학계에서 가짜 실증주의를 실증주의라고 우기는 뿌리였다.

예컨대 시라토리 같은 동양사학자들은 정부 시책에 의한 역사연구에만 몰두하여 객관적 시각을 갖지 못하고 일본제국이 요구하는 역사이념을 창조하여 제국주의라는 국가정책에 일조를 했을 뿐이다. 일본 제국주의 입장에서 볼 때 랑케 실증주의사학을 통해 서구의 근대주의를 수용해 일본 국민들의 정신을 개조하고 타국 침략의 이론으로 삼는데 성공한 셈이다.

이처럼 일제 역사학자들은 랑케의 역사철학을 외면하고 방법론만 취사선택해 일제의 침략 정책에 부응했다. 일본이 랑케의 근대적인 역사학을 수용한 근본 이유는 두 가지 이유가 있었다. 하나는 동아시아에서 열등한 일본에서 탈피해서 조선과 중국보다 우위에 서고자 한 것이었다. 나아가 유럽이 바라보는 열등한 동양에서 탈피하여 서양과 대등한 위치에 서고자 하는 것도 있었다. 또 한편으로 일본은 아시아에서 최고 강자이며 문화적으로 혹은 지적으로 우수한 민족이라는 사실을 역사학으로 입증해 자국민의 자긍심을 기르고자 했다. 이러한 국가 정책에 의해 일본 근대 역사학은 제국주의 정책과 결합되어 감으로써 역사연구의 목적이 왜곡되었다. 일본의 역사학은 조선의 식민화와 나아가 중국과 아시아의 지배를 추구하는 제국주의 침략의 도구가 되었다.

'일제식 실증주의 사학'과 한국 실증주의 사학

메이지 유신 이후 국력이 성장한 일본은 과거 동아시아 변방국의 지위에서 벗어나 아시아의 지도적 위치는 물론 유럽과 동등한 강국 건설을 추구하게 되었다. 그래서 유럽에 유학한 일본인 역사학자들은 당시 유럽의 후진국이었던 독일의 근대화에 주목했다. 이들은 일제가 하루 빨리 근대화를 추진되어야 한다는 인식아래 자신들과 비슷한 상황에서 근대화에 성공한 독일을 모델로 선택한 것이다. 도쿄제국대학과 교토제국대학 등 일본 제국대학에서 일본의 이른바 근대 역사학을 이끌어간 이들 역사학자들은 랑케 실증주의 사학으로부터 방법론만 취사적으로 수용는 한편 민족주의적이고 국가주의적이며 제국주의적 이념에 부합하는 '일제식 실증주의 사학'을 창안해내었다. 그리고 마침내 이들이 만들어 낸 제국주의적인 실증주의 사학은 일본 역사학의 뿌리가 되었을 뿐 아니라 한국의 식민사관으로까지 이어졌다.

　　청나라와 러시아와의 두 차례 전쟁에서 승리한 일본은 조선을 병합하여 식민지로 삼고 식민사관을 강요했다. 일본인 역사학자들은 일본의 제국주의 침략정책을 보조하면서 일제의 정치적 이념을 수립에 이론을 제공하고 한국을 비롯한 만주의 식민주의 정책을 정당화 하는데 스스로 가담했다.

　특히 일본의 동양사는 제국주의적인 실증주의 사학을 만들어낸 중심 역할을 했다. 예컨대 동양사학자 시라토리 구라기치는 조선사를 비롯한 동북아시아의 역사를 연구하면서 일본제국의 식민정책과 동양에서의 패권 정책을 찬양 고무했다. 그는 일본제국의 식민화 정책에 부응하여 조선과 만주 등 여러 민족의 역사를 연구하면서 일제의 침략정책을 역사 이론으로 합리화하는데 일생을 보냈다.

　'일제식 실증주의 사학'과 그 사생아인 '한국 식민사학'을 탄생시킨 주역은 동경제대 및 경도제대의 역사학자들이엇다. 이들은 제국주의의 침략이론을 세계사의 개념으로 전용해 한국과 만주 및 중국 등의 지배에 대한 이념을 제공하는 것을 자신들의 과업으로 여겼다. 일본인 역사학자들은 랑케의 세계사 개념을 자의적으로 해석하여 랑케 실증주의 사학의 방법론을 통해 역사학의 발전을 도모하고 또 랑케의 세계사 개념을 자의적으로 해석하여 일본 제국주의의 약소국 침략을 합리화했다. 랑케의 세계사적 개념은 강국이 약소국을 지배해 온 과거 역사의 보편성이 아니라 각 민족국가들의 힘의 균형과 상호 조화가 이뤄진 세계사의 보편성을 말한다. 그러나 일본인 역사학자들은 랑케의 본래 세계사 개념을 왜곡하여 강자가 약자를 지배해온 세계사의 보편성을 강조한 것이다. 이렇게 왜곡된 랑케의 세계사 확장작업에 앞장 선 인물이 바로 도쿄제국대학과 교토제국대학에서 서양사를 가르친 사카구치 다카시였다.

그의 세계사 개념에 따르면 고대는 세계주의적이고 개인주의적인 반면 근대 국민 국가는 민족주의적이고 국수주의였다. 세계문화는 바로 국민국가에 의해서 형성되었기 때문에 국가 간 충돌이 자주 발생한다는 것이다. 민족과 국민은 근대역사의 산물이라고 인식했던 사카구치의 세계관은 정치적이라기보다 문화사적이었다. 그는 문화적 관점에서 민족과 국민이 단순히 단일혈통의 민족이 아니라 일본인, 조선인, 대만인 등 다인종으로 이뤄져 있다고 주장했다. 말하자면 조선인, 대만인, 중국인 등 아시아의 여러 민족들이 모두 일본국민에 포함된다는 것이다.

따라서 일제의 식민사관의 특징은 첫째, 강국으로서 제국의 패권을 확장하고 조선 식민지화의 정당성을 주장하기 위해 조선민족의 역사를 미성숙한 것으로 만들어야 했다. 그래서 일제는 조선이 문화적으로 중국 등 강국에 종속된 열등민족이고 또한 역사적 발전과정도 정상적으로 겪어오지 못했다고 주장하기에 이르렀다. 일제가 조선의 역사 발전단계를 인정하지 않고 아예 역사적 사실에서 제외시키거나 혹은 사실을 왜곡한 것도 이와 같은 맥락에서였다.

둘째, 일제는 한반도가 고대로부터 일본의 지배를 받아왔다는 것을 입증하기 위해 고대사를 왜곡했다. 예컨대 임나일본부설을 무력화시킬 수 있는 『삼국사기』 초기의 기록을 부정하거나 광개토태왕비문을 왜곡하여 "왜는 바다를 건너와 고구려를 파하고 백제와 신라를 신민으로 삼았다"라고 자의적으로 해석해 고대부터 야마토왜가 한반도 남부를 지배했다고 주장했다.

셋째, 조선의 식민통치를 존속하기 위해서는 일정한 정치원리가 있어야 했다. 그래서 일제는 '황국신민화' 정책이나 혹은 '내선일체', '대동아 공영' 그리고 '신사참배'라는 정치적, 종교적 원리를 통해 제국의 패권정책을 확대시켜 나갔다.

이렇게 제국의 정책에 맞춰진 일본 역사에서 랑케의 역사이론은 단지 객관적이고 보편적이며 과학적이라는 근대 역사학의 포장에 불과했다. 말하자면 랑케 실증주의 사학은 일제의 침략을 합리화하기 위한 도구로 악용되었다. 식민주의 사학, 말하자면 '일제식 실증주의 사학'은 이렇게 만들어졌다.

해방 후 이런 일본인 식민사학자들에게 배운 배운 한국인들이 각 대학의 사학과를 장악하고, 국사편찬위원회를 장악하면서 역사학계의 주류를 형성하게 되었다. 이들 일본인 식민사학자들의 사생아인 한국인 역사학자들은 일본인 스승들에게 배운 랑케 실증주의 사학을 내세우며 자신들의 식민사학을 객관적이고 과학적이라고 강변하고 있다. 그런데 한국인 실증주의 역사학자들은 랑케 실증주의 사학이 민족주의 역사학임에도 불구하고 한국의 민족주의 역사학이 민족이념을 기반으로 한 것이기 때문에 객관성이 결여되었다는 모순된 비판을 하고 있다. 이들은 랑케와 달리 일본인 식민사학자들처럼 역사는 보편성으로부터 개별성으로 나아간다며 보편성을 강조한다.

한국 민족주의 사학에 대한 남한 실증주의 사학자들의 비판과 배척은 일본인 역사가들이 랑케 실증주의 사학의 핵심을 변질시킨 보편적 세계사의 개념을 바탕으로 한다. 일본인 역사가들에게 배운 제국주의 역사관을 그대로 추종하면서 한국사학계의 주류를 형성한 이병도, 신석호, 김상기, 이상백, 이기백 등 진단학회의 사학자들은 랑케 실증주의 사학에서 문헌고증과 사료 비판, 그리고 객관적인 사실추구 등 방법론만을 선택적으로 수용했을 뿐 랑케 실증주의 사학의 핵심적 사관인 민족주의 사관을 비판하고 있다. 즉 남한 실중주의 역사학은 랑케의 실증주의 역사관과는 상관관계가 없고, 일본의 제국주의 역사학의 실증주의를 그대로 추종하고 있는 것에 불과하다.

해방 후 이병도, 신석호 등 친일학자 제명에 실패한 진단학회는 이후 어떤 이념이나 사관에 얽매이지 않는 순수한 역사를 연구한 순수사학이라고 자평하고 있다. 그러나 사관이 없는 역사학은 역사학이 아니며 사관이 없다는 그 자체가 사관의 반영인 것이다. 이 연장 선에서 한국 실증주의 사학도 사관이 없는 순수사학이라고 할 수 있으나, 이는 한국 실증주의 사학이 민족주의 이념을 중시한 랑케 실증주의 사학과 아무런 관련이 없다는 것을 의미한다. 오히려 실증주의를 표방한 한국 역사학은 일제의 관학 중심지인 도쿄제국대학과 역사철학의 중심지인 교토제국대학 학풍의 영향을 받은 '한국적 일제식 실증주의 사학'의 특징을 보여 주고 있다. '일제식 실증주의 사학'과 '한국식 실증주의 사학'에 대해 결론적으로 설명하면 다음과 같다.

첫째 랑케 실증주의 사학의 연구 방향은 각 민족의 역사에 초점을 두고 각기 개별성과 특수성을 탐구한다. 그러나 '일제식 실증주의 사학'은 민족의 역사보다 세계사에 초점을 두고 역사의 보편성을 추구한다. 이들이 말하는 세계사란 제국주의가 다른 나라나 민족을 침략한 역사를 세계사란 이름으로 합리화하는 것이다.

둘째, 한국 실증주의 사학은 겉으로는 민족의 역사를 표방하는 척하면서 동시에 '일제식 실증주의 사학'과 마찬가지로 세계사적 보편성을 추구하고 있다. 해방 후 한국 실증주의 사학은 랑케 실증주의와 일제식 실증주의를 결합한 역사학이다. 따라서 한국 실증주의 사학이 식민주의 사학에서 벗어나지 못하고 있다는 지적은 결코 놀라운 일이 아니다.

사실 실증주의 역사학이란 용어 자체가 비학문적인 것이다. 실증은 역사학 연구의 방법론이지 그 자체가 목적은 될 수 없기 때문이다. 『사기』 삼가(三

家)주석에서부터 김부식의 『삼국사기』에 이르기까지 역사서술에서 실증은 확고한 방법론의 하나였다. 다만 실증 자체가 목적은 아니었다. 그러나 남한 역사학계가 실증주의를 표방한 것은 해방 후 일제 식민사학을 청산하고 민족사관을 수립하라는 사회의 요구를 회피하고 계속 일제 식민사관을 추종하기 위한 수단에 지나지 않았다. 남한 강단의 실증주의에 대한 사회 각계의 높은 비판 또한 남한 실증주의 사학의 식민주의 성향에서 비롯된 것이다.

4장

해방 후
역사학자들의 동향

1. 8.15 해방과 역사학계의 동향

해방과 동시에 역사학자들은 재빨리 움직였다. 1945년 8월 16일 해방 이튿날 조선학술원을 창설하였고, 그날 저녁에는 진단학회를 재건하였다. 일제의 패망은 일본 제국주의의 간섭없이 학문에 몰두할 수 있는 환경이 되었음을 의미했다. 1930년대에 한국 사회를 연구하려는 여러 학술단체들이 창설되었다. 조선어학회, 조선어문학회, 조선민속학회, 조선경제학회, 진단학회 등이 그것이었다. 일종의 조선학 운동이 일어난 것이다. 그러나 이는 일본이 군국주의로 치닫고 1942년 조선어학회 사건 같은 학문탄압이 발생하면서 대부분 활동을 중지했다가 해방과 동시에 분출한 것이었다.

이렇게 결성된 학술단체들에게는 많은 과제가 주어져 있었다. 일제강점기 때 말살되다시피한 한국학을 되살리는 것이 가장 큰 임무였다. 여기에 역사학회는 일제가 조직적으로 만들어 퍼뜨린 조선총독부 식민사관을 해체하고 민족의 자주적이고 주체적인 민족사학의 체계를 세우는 임무가 주어져 있었다. 해방 후 역사학계는 과연 그런 과제를 수행했던가?

여러 역사학회의 결성

해방 다음날인 1945년 8월 16일 조선학술원과 진단학회가 재건되었다. 조선과학자동맹은 10월 21일, 조선사연구회는 12월 12일, 역사학회는 12월 25일에 탄생하였다.

조선학술원은 1936년 1월 1일 '중앙아카데미' 창설을 제창한 바 있는 백남운의 주도로 해방 이튿날 창설되었는데, 사회과학과 자연과학을 전공한 학자들이 모두 참여했다. 연희전문 교수였던 백남운은 1933년 『조선사회경제사』를 쓴 맑시스트 학자였다. 그는 1938년 이순탁(李順鐸)·노동규(盧東奎) 등의 동료 교수 및 학생들과 함께 '연구회 사건'으로 구속되어 옥고를 치렀는데, 해방과 동시에 조선학술원을 창설하고 원장에 취임한 것이었다. 부설로 민족문화연구소도 만들었다. 조선학술원은 좌우익 인사가 모두 참가하였으나, 곧이어 경성대학재건위원회가 탄생하면서 각자의 정치적 입장에 따라 대립이 심화되었다. 그래서 조선학술원은 회지인 『학술』 창간호만 간행하고 중지하게 되었다.[27]

진단학회는 1934년 창립되었다가 1942년 조선어학회사건이 일어났는데, 이때 회원인 이윤재, 이희승, 이병기 등이 일경에 체포되자 활동이 중단되고 말았다. 진단학회는 해방 이튿날 밤 재건되어 재건 직후에는 비교적 활발한 활동을 보였다. 이숭녕의 회고에 따르면 진단학회는 8월 16일 태화정(泰和亭)에서 재건 모임을 가졌으며 주요한 활동으로 1) 일반인을 위한 국사강습회와 임시중등국사교사의 양성을 위한 강습회, 2) 국사교과서 편찬, 3) 지리교과서 편찬, 4) 학술강연회와 학술조사의 강행을 서둘렀다고 한다.[28]

진단학회는 이병도·이선근·신석호 같은 친일파들이 끼어 있었지만 1942년 조선어학회사건으로 회원으로 있던 국문학자들이 구속되면서 마치 민족주의 학회인 것처럼 받아들여졌다. 이병도·신석호·이선근 등의 친일 식민사학자들

---

27 조동걸, 『현대한국사학사』, 323-324쪽.

28 이숭녕, 「나의 이력서」, 『진단학회 60년지』, 1994, 208쪽.

118 이병도·신석호는 해방 후
     어떻게 한국사학계를 장악했는가

은 이런 분위기에 편승해 얼른 친일적 색채를 감추고 민족주의 역사학자인 것처럼 행세하기 시작했다. 정치적 친일파들이 재빨리 민족주의자로 변신하고 나선 것처럼 이들 학문적 친일파들도 8월 27일 여운형, 안재홍이 주도한 건국준비위원회에 교섭해 9월 10일부터 19일까지 '국사강습회'를 개최해 마치 자신들이 한국적 관점의 국사학자들인 것처럼 사상 세탁을 하기 시작했다. 진단학회는 또한 미 군정청과도 교섭하여 『국사교과서』를 편찬하였고, 11월과 12월에는 '임시중등교원양성강습소'를 개최하였다.

이병도는 1934년 진단학회의 창립 배경을 다음과 같이 말하고 있다.

"이때까지 우리나라에 학술지가 없었기 때문에 구차스러이 일인 경영의 학술지에 발표하는 길 밖에 없었던 것이다. 경성제대 출신의 동지들도 차차 생기고 또 일본 유학에서 돌아오는 소장학자들도 불어나자 우리 나름대로의 학술지 간행을 열망하고 있었다. 마침 좋은 소식이 들려 왔다. 조선어학회의 주간인 이윤재씨로 부터의 통고이었다. 씨의 알선으로 한성도서주식회사에서 물질적으로 도와 줄 터이니 우리더러 우선 학회를 조직하라는 것이었다. 이 기쁜 소식에 들떠 고 조윤제씨 댁에서 송석하, 김두헌, 김상기, 손진태, 필자 등이 모이어 간담회를 열고 우선 학회명과 발기회에 관한 시기 등을 논의하였다. 학회의 좋은 이름은 일인에게 빼앗겼으므로 여러 가지로 생각한 끝에 필자가 제시한 진단(震檀)을 채택하기로 하였다 … 그리하여 이해 즉 1934년 5월 7일에 소공동 「푸라다느」다방에서 발기총회를 개최하고 학회의 명칭, 목적, 규칙 등과 학보 발간에 관한 안건을 토의하였다.

학회의 칭호는 기정한 이름대로 하고 목적은 '조선 및 인근문화의 연구'로써 표방하고, 회원은 찬조회원, 위원 및 회원의 3종류로 하였으며 학보는 계간으로 정하였다.

찬조회원에는 김성수, 김연수, 윤치호, 최규동, 이능화, 이중화, 송진우, 조만식, 안확, 문일평, 황의돈, 권덕규, 최두선 등 제씨를 추대하고, 위원에는 손진태, 이윤재. 이희승 이병도, 조윤제 등이 선출되고, 대표는 필자인 이병도에게 위임하였다 … 나는 아의 집인 계동 98번지에 진단학회란 간판을 대문에 달고 내 방을 사무실로 삼아 모든 일을 관장하였다."[29]

진단(震檀)은 우리나라를 뜻하는 말인데, '진(震)'은 중국의 동쪽을 뜻하고 '단(檀)'은 국조 단군을 뜻하는 말이었다. 진단학회는 그 성격이 복잡했다. 비록 조선사편수회에 근무하는 친일파라 할지라도 마음 속에는 민족의식을 갖고 있으리라는 것이 이윤재, 이희승 같은 민족주의자들이 이병도 같은 친일 학자들과 함께 학회를 결성한 배경이었다. 또한 이병도는 이완용의 손자뻘이자 충청도 수군절도사 이봉구의 아들로서 경제적으로 여유가 있었던 점도 한 배경이 되었다.

이병도는 해방 후의 진단학회 재발족 과정에 대해서 다음과 같이 말하고 있다.

"1941년 일제의 진주만 폭격으로 태평양전쟁이 발발하여 일인의 탄압이 자심하자 이듬해(1941) 여름에 임시 위원회를 열고, 본 학보의 간행을 일시 중지하기로 결정하였으니 제14호에 그치고 말았다. 은인자중 3~4년, 1945년 8월 15일 감격적인 해방을 맞이하자

29 이병도, 『성기집, 308-309쪽.

우리 위원은 송석하씨 댁에 모이어 학회의 재발족과 학보의 속간을 결의함과 동시에 학회운영의 책임(위원장)을 송씨에게 맡기기로 하였다.

그런데 학보의 속간도 속간이려니와 제일 시급한 것이 국어, 국사의 교원양성 문제임으로 해서 1946년 봄에 본 학회는 임시중등교원양성소를 설치키로 하고 휘문고보의 강당을 빌어 국어, 국사를 집중 강의, 6개월로서 수료, 미군정청 문교부에 신청하여 수료생에게 교원자격증을 부여하니 그 사람들이 나가서 중앙, 지방의 중등학교의 국어와 국사를 담당하는 교원이 되었다. 나는 동빈 김상기씨와 함께 국사교본(중등용)을 편찬하는 한편, 또 내 나름대로의 국사대관 집필에 분망하였다 … 해방 후 진단학회의 책임을 맡은 석남 송석하씨는 구 통감관저에 신설한 민족박물관장에 취임, 그것을 중심으로 학회의 일도 보살피어 1947년 초하에야 학보의 속간(제15호)을 보게 되었다. 그러나 석남이 다사(多事)한 끝에 고혈압으로 위석(委席)하다가 1948년 8월 5일에 별세하자 동료 이상백씨가 그 뒤를 이어 학회의 책임을 맡게 되었다."

이병도는 대부분의 친일파들이 그렇듯 시세에 민감했다. 그래서 해방 직후 진단학회를 재건하고 마치 자신이 민족주의 역사학자인 것처럼 행세했던 것이다. 해방 후 진단학회에 참가하였던 유홍렬의 회고를 통해 당시의 사정을 살펴보면 다음과 같다.

"진단학회는 민족의 해방과 더불어 1945년 8월 16일 저녁 때에는 서울 인사동에 있던 한식 음식점 태화정(송석하의 지인이 경영)에

서 긴급총회를 열고 회칙을 개정하여 신임위원으로 위원장 송석
하 등을 선출하며 시급한 초중등학교의 국사교사양성을 위한 국
사강습회를 열기로 하였다. 이에 따라 그해 9월 19일까지의 사이
에는 서울천주교신학교, 중앙중학교, 휘문중학교에서 국사공개 강
습회를 열게 되었는데, 수백명이 모인 이 강습회에는 진단학회의
이병도 김상기 신석호 조윤제 송석하 이숭녕 유홍렬이 출강하였
다.

이러는 사이에 송석하 위원장 등이 미군정청 문교부 책임자를 만
나게 되니 미 군정청 당국자는 진단학회에서 국사교과서의 원고
를 제출하여 주면 이를 군정청에서 발행하겠다는 뜻을 밝혔다. 이
러한 요청에 따라 진단학회에서 김상기(상고, 중고 집필), 이병도
(근세, 최근세 집필) 위원이 집필하고 유홍렬 위원이 보충한『국사
교본』의 원고를 군정청에 보내어 1946년 5월 26일자로 이를 간행
하여 널리 각급학교의 임시교재로 쓰게 하였다

… 진단학회에서는 동회 사무소를 서울 계동에 있던 위원장 송석
하의 사택에 두었다가 위원장이 1946년 10월에 개설된 국립민족
박물관장으로 취임하게 됨에 이르러 이 박물관이 있던 서울시 중
구 예장동 2번지 구 왜성대로 옮기게 되었다

… 진단학회 위원장 송석하는 1948년 8월 5일 오랫동안 앓던 고혈
압으로 서거하게 되었다. 따라서 그달 11일에 서울대학교 중앙도
서관장(이병도)실에서 열린 진단학회 위원회에서는 위원장에 이상
백, 총무 재무 사업간사에 이숭녕, 편집간사에 유홍렬, 출판간사
에 조명기를 선임하게 되었다.[30]

---

30 유홍렬, 「진단학회와 나」, 『진단학회60년지』, 262-263쪽.

미 군정 때 좌우대립이 심각해진 것이 이병도 같은 친일 세력들에게는 재기의 기회를 주었다. 친일파에서 우파로 변신함으로써 미 군정 및 이승만 정권의 비호를 받을 수 있었던 것이다.

당초에는 좌우 통합의 학술단체로 출범했던 조선학술원은 곧 이념 대립의 양상이 나타나 중앙아카데미의 구실을 할 수 없게 되자 설립자인 백남운은 1946년 5월 6일 민족문화연구소를 설립하였다. 그러나 백남운은 학술활동만 하고 있기에는 미 군정기의 정세가 허락하지 않았다. 그는 그는 조선민족혁명당과 조선의용대 출신으로 연안파였던 한빈(韓斌) 등과 손잡고 그 해 2월 5일 독립동맹(조선신민당) 경성특별위원회를 결성해 위원장을 맡았고, 조국통일민주주의전선의 의장도 맡다가 1947년 월북했다.

미 군정이 친일세력을 옹호했지만 진단학회에서 친일학자 제명문제가 제기되자 이병도, 신석호 는 조선사연구회를 따로 만들어 독립했다. 회장은 이병도, 부회장은 신석호와 이병도와 같은 와세다대학 사학과 출신의 김상기였다. 그러나 젊은 연구자들이 중립을 표방하면서 역사학회를 따로 결성하면서 조선사연구회는 출발부터 어려움이 있었다.

이처럼 미 군정 아래에서도 이병도, 신석호 등의 친일적 행태가 워낙 분명했기 때문에 제명운동이 벌어질 정도였다. 이들을 구해준 것은 남북 분단의 고착화 및 6·25전쟁이었다. 6.25전쟁이 일어나자 이병도 등 조선사연구회 회장단은 국방부 전사편찬위원회의 업무를 맡아 군부 쪽에 줄을 섰다. 1954년 서울 환도 후에는 드디어 이병도가 진단학회 이사장을 맡게 되면서 친일 학자 제명 문제는 없던 일로 되어 버렸다. 이병도는 조선사연구회를 진단학회에 흡수한 것으로 보인다.

역사학회는 1945년 12월 25일 염은현, 홍이섭같은 젊은 학자들의 주도로 창립했는데, 구성원을 보면 국사, 동양사, 서양사, 미술사 등의 분류사 연구자를 총괄한 연구학회였고 비교적 젊은 소장학자를 중심한 모임이었다. 주목되는 것은 해방 직후의 조선학술원처럼 좌우익의 학자가 함께 참가한 학회라는 점이었다. 역사학회는 1949년 5월 『역사학연구』를 간행하면서 본격적으로 논문을 싣는 등 활발한 학회활동을 전개하였다.

그런데 지금의 역사학회는 6·25 전쟁 와중인 1952년 3월에 창립한 것으로 되어 있어 1945년에 결성된 역사학회와는 어떤 관계가 있는지 정확히 알 수 없다.[31]

조선사편수회 참여자들의 활동

조선총독부 조선사편수회 참여 학자들 가운데 해방 후에 적극적으로 활동한 인물로는 이병도와 신석호 등을 들 수 있다. 이들은 해방 후 진단학회에 참여하여 활동하였는데, 진단학회는 오래지 않아 활동이 위축되었다. 그 이유가 몇 가지가 있는데, 우선 회장이었던 송석하의 병세가 악화되어 회원 전체를 통솔하는데 문제가 있었다. 또한 회원 상호간의 좌우 대립도 학회가 원활하게 운영되지 못한 계기가 되었다. 또한 당시 총무간사였던 조윤제가 친일학자들의 제명문제를 들고 나와 조선사편수회 출신들의 입지가 더욱 약화되었다. 이 부분에 대한 이숭녕이 「나의 이력서」에서 한 회고는 다음과 같다.

> "진단학회가 분열된 것은 일제 때의 친일파를 제거하자는 주장을 강경히 내세우는 조윤제 선배의 태도 때문이었다. 조선배의 눈에는 거의가 친일파로 보인 것 같은데 송석하씨도 '도남(조씨의 아호)은 참 야단이야. 친일파라고 해서 모조리 때려 눕히면 누구하고 일 한단 말이야.' 그러나 조선배가 조금도 양보하지 않았으니. 너무 솔직하고 정의적이고 직선적인 성격 때문에 융통성이 부족

---

31 조동걸, 『현대한국사학사』, 328-329쪽 참조.

했던 것이다. 그는 나와 대단히 친한 터이지만 가끔 '심악(내 아호),
자숙해야 해, 평양사범에서 왜놈의 월급을 타먹었으니 말이야 …'
하고 정색을 할 때가 많았다."

이숭녕은 경성제대 출신으로 경성제대의 언어학 교수였던 고바야시데
오(小林英夫)의 영향을 크게 받았고, 졸업 직후 평양사범학교에 취직해 광복
때까지 근무한 국어학자였다. 그는 해방 후 친일학자를 제명하고 민족사학을
세워야 한다는 조윤제의 친일파 제거행위를 조윤제의 성격문제로 뒤바꾸어
비판하고 있다. 즉, 민족사학 정립의 문제를 조윤제 개인의 이상성격 문제 때
문에 발생한 문제로 치부하고 있는 것이다. 이숭녕은 또 이렇게 회고했다.

"또 이런 일도 있었다. 일제 때에 평양사범의 동료 교사로 있다가
대학 예과의 수학과 중등교원양성소 교수로 옮겨가 있던 나카시
마(中島)란 일본인이 어느날 학교에서 날 보더니 반색을 하면서 '집
을 곧 떠나 일본으로 갑니다. 그런데 참 애지중지하던 좋은 바둑
판과 석탄을 쌓아 놓은 것이 아까운데 선생님에게 드리겠으니 받
아주세요 …'라고 권한다. 나는 '바둑판'에는 귀가 솔깃했지만 도남
의 '자숙해라'가 머리에 떠올라, '미안하나 내가 지금 받을 처지가
아니어서… '로 거절하고 말았다.
도남을 만나면 'A도 친일파야. B도 그렇고 C도 친일파 아닌가. 송
석하란 작자 정말 따분해 …'로 호통을 치니 난들 손을 댈 수가 없
었다. 'F가 왜 친일파지요?' 'F가 **의 월급을 받아 먹은 일이 있지
않아. G는 학도병 나가란 강연을 했고…' 조선배는 그 뒤 진단학회
와 완전히 손을 끊고 말았다.

조선배는 진단학회와 손을 끊기 전까지 많은 활약을 했다. 우선 해방 직후 재건된 학회의 조직을 보면 위원장에 송석하, 총무 조윤제, 편집 김상기, 출판 손진태, 재무 송석하, 사업 유홍렬, 간사 김수경 김영건 조명기씨 등으로 조선배의 위치는 두드러졌다. 이밖에 그저 위원으로 아무런 직책도 없는 분은 김두헌 도유호 신석호 이병기 이병도 이상백 이여성 이인영 이숭녕이었다.

이 명단을 보면 좌경해서 나오지 않는 도유호 이여성과 정치운동에 깊이 관여한 이상백, 그렇지 않으면 연소층이거나 나같이 총독부 밑에서 월급을 탔던 인물이 주가 되었다. 이것이 해석 여하에 따라서는 진단학회의 고민의 표시라고 보아야겠다."[32]

조윤제는 경성제대 법문학부에서 조선어문학을 전공한 후 경성사범학교 교사로 있다가 1939년 스스로 사임하고 이후 경신학교, 양정중학교, 천주교신학교 등의 강사를 역임하면서 해방을 맡았다. 그런데 이숭녕의 이 회고는 중요한 의미가 있다. 이숭녕이 나카시마란 일본인 학자가 준 바둑판을 거부한 것은 조윤제의 '자숙하라'는 권유 때문이라는 것이다. 조윤제 등이 제창한 친일학자 청산 요구가 현실화되었으면 현재 남한 역사학계는 식민사관의 계승자라는 비판을 사지 않게 되었을 것이다.

그러나 미 군정 때의 현실은 조윤제가 주류가 아니었다. 친일학자로 지목된 조선사편수회 출신의 이병도, 신석호는 진단학회를 탈퇴하고 1945년 12월 12일 조선사연구회를 결성하였고, 김상기 등이 가담했다. 이런 분위기 속에서 염은현, 홍이섭같은 젊은 역사학자들도 진단학회를 탈퇴하여 1945년 12월 25일 역사학회를 결성하면서 진단학회는 쇠퇴의 길을 걸었다.

---

32 이숭녕, 「나의 이력서」, 209-210쪽.

조선사연구회는 이병도, 김상기, 강진철, 김정학, 신석호, 신동엽, 김영수 등이 중심이 되어 활동하였다. 이들의 면면을 보면 이병도, 김상기는 서울대학 교수, 강진철은 서울대학 강사, 김정학은 고려대학 교수, 신석호는 국사관 관장, 신동엽은 문교부 편찬과장, 김영수는 동국대학 교수였다. 이들이 이미 서울대, 고려대 등의 주요 대학을 차지하고, 신석호가 국사관 관장을 차지했으며, 신동엽은 문교부 편찬과장을 맡으면서 전세는 이미 결정된 것이나 마찬가지였다. 미 군정의 우익 우대 분위기 속에서 이들의 친일 경력은 문제가 되지 않았다. 조선사연구회는 버젓이 조선사편수회 출신 이병도를 회장, 부회장에 신석호를 선임했다. 그러나 이들 역시 자신들에게 가담하기를 바랐던 젊은 연구자들이 따로 역사학회를 결성하면서 어려움을 겪게 되었다.

조선사연구회는 창립 3주년이 되는 1948년 12월 12일 학회지 《사해(四海)》를 발행했다. 《사해》에 실린 논문은 모두 7편인데 모두 전통시대에 관한 것이다. 그러나 학회지는 창간호로 끝나고 말았다. 조선사연구회는 6.25전쟁을 맞아 회장단이 국방부 전사편찬위원회의 업무를 맡아 군부의 힘을 빌렸고, 이런 관의 힘을 기반으로 1954년 부산에서 서울로 환도한 후에는 이병도가 진단학회 이사장으로 화려하게 부활했다.

6.25전쟁 와중인 1950년 7월 4일 서울을 장악한 북한의 서울시 임시인민위원회(위원장 이승엽)에서 정당사회단체의 등록을 받을 때 이병도는 조선학술회 위원장 대리 명의로 조선학술원은 등록했다. 그는 조선사연구회는 등록하지 않는데, 조선학술원은 사회주의 계열 백남운이 창설한 것이지만 조선사연구회는 조선사편수회 출신의 식민사학자들이 친일파 제명 움직임에 반발해 조직한 것이기 때문일 것이다.

해방 때에도 조선총독부 조선사편수회에 근무하던 신석호는 조선사편수회의 자료를 보존한다는 것을 자신의 생존수단으로 삼았다. 그는 1946년 3

월 23일 조선사편수회의 후신으로 국사관을 설립했다. 1948년 남북에서 각각 정부가 수립된 후인 1949년 3월 국사관을 국사편찬위원회로 확대 개편하였다. 북한은 1947년 사회주의 계열 학자였던 이청원을 위원장으로 임시력사편찬위원회를 결성했다가 이듬해 백남운을 위원장으로 하는 력사편찬위원회로 확대해 역사연구에 나섰다. 남한이 주로 이병도, 신석호 등의 조선사편수회 출신 친일학자들이 주도했다면 북한은 백남운, 이청원처럼 일제 강점기 때 투옥되었던 항일학자들이 주도했는데, 이는 그 후에 친일역사학 청산문제에서도 그 성격이 그대로 재연되었다.

2. 해방 후 좌우 학계의 활동

은둔학자들의 연구 활동

해방 당시 이미 고인이 된 역사학자들이 적지 않았다. 박은식, 신채호, 김교헌, 이상룡, 문일평, 김재철 등이 이미 고인이 되었고, 안확은 해방 직후 세상을 떠났다. 권덕규는 병석에 누워 더 이상 연구가 불가능 했으며, 정인보, 백남운, 최익한, 안재홍, 김태준, 이선근, 이북만 등은 생존해 있었지만 극도의 정국 혼란 속에서 사회활동에 투신한 경우가 많았다. 김광진이나 이청원은 일찍 북한으로 가버렸다.

하지만 해방과 더불어 8.15 이전 일제의 전시동원체제에 맞서 은거를 택했던 은둔학자들이 은둔지에서 나오고 해외로 망명했던 학자들이 돌아왔다. 거기에 신진학자들의 참여가 있었고, 종전에 식민사학에 종사하던 인물들이 새 시대를 맞아 새로운 글을 쓴 것도 있었다. 이러한 일련의 학자들이 모두 해방 직후부터 일시에 연구활동에 참여함으로써 한국사 연구는 활발하게 추진되었다.

조윤제. 진단학회 내 친일파 청산문제를 주창했다

우선 해방을 맞자 곧 일제강점기 시기의 논저들이 복간되었다. 박은식의『한국통사』와『한국독립운동지혈사』, 황의돈의『조선역사』, 권덕규의『조선사』, 최남선의『조선역사』, 이선근의『조선최근세사』등이 그것이다. 그리고 신채호의『조선상고사』, 정인보의『조선사연구』, 최익한의『조선사회정책사』, 홍이섭의『조선과학사』등과 같이 종전의 저술이나 신문 잡지에 연재한 글들을 보아 수정 보완하여 간행한 것도 있었다.

해방과 더불어 활동한 학자 가운데 가장 활발하던 경우는 일제 말기에 은둔학자나 망명학자가 은둔 또는 망명지에서 연구한 것을 해방을 맞아서 논저를 발표하고 있던 학자들이었다고 볼 수 있다.

일제 말기에 정인보, 황의돈, 장도빈, 안재홍, 김광진처럼 학계를 떠난 은둔한 이가 많았고, 도유호, 한흥수, 김태준 등 망명자도 있었다. 이러한 은둔이나 망명지에서 연구한 업적이 해방 직후에 모습을 드러냈다.

안재홍은 1930년 무렵부터 조선상고사에 관심을 보여 왔는데 1930년대 중반 위당 정인보와 함께『여유당전서』를 간행하고, 이후 일제의 전시동원체제가 기승을 부리자 비타협적 민족주의자로서 고향인 경기도 진위(현 평택)에 은거하면서『조선상고사감』을 저술했는데 이를 해방 후 간행하였다.

장도빈은 1937년 고향인 중화에서 은둔생활에 들어가 연구에 몰두하여 해방 후 많은 저술들을 출간하였다.『국사강의』와『조선사상사』등을 통해 연구의 방법론이 종래의 문화사학에서 유심론사학으로 옮겨가는 것을 볼 수 있다.

황의돈은 오대산 월정사에 은거하면서 방한암 선사를 통해 불교에 대한 관심이 깊어졌고, 은둔생활을 통해 새로운 저술을 집필하게 되었다.

현상윤의 『조선사상사』, 『조선유학사』와 이만규의 『조선교육사』도 일제 말기에 연구한 결실이 해방 후 나타난 경우라 할 수 있다.

해방 직후부터 새롭게 연구한 저술로는 김성칠의 『조선역사』와 오장환의 『문화사–우리나라의 문화』가 있는데, 이는 모두 한글 전용으로 집필한 것이다.

식민지 말기인 1944년 옥사한 문석준의 유고 『조선역사』와 『조선역사연구』는 해방 후 북한에서 간행되기도 했다. 문석준은 『조선역사』에서 갑신정변을 부르주아 혁명으로 분류하고, 동학농민운동에서 동학을 농민들의 '외피'라고 처음 주장했는데, 이는 이후 북한 역사학계의 한국사 인식에 일정한 영향을 미쳤다.

망명학자 가운데 도유호는 해방 후 서울에서 잠시 머물다가 북으로 올라갔고, 한흥수는 곧바로 북으로 갔는데, 이들은 후일 북한 역사학 개척에 공헌하기도 하였다.

사회주의계열 학자들의 활동

해방 전 북한에는 숭실대학이 신사참배에 거부해 자진폐교를 단행하면서 단 하나의 대학도 없었고 다만 한 개소의 지방 역사박물관과 몇 개의 작은 지방 도서관이 있었을 뿐이어서 북한 역사학계의 연구역량, 연구시설, 기초자료 등은 절대적으로 부족했다. 해방 당시 북한에 있던 사학자는 1939년 보성전문학교를 사임하고 평양 철물공장에 몸을 기탁해 있던 김광진 뿐이었다. 그리고 역사 저술로는 1946년 함흥에서 출간한 문석준의 『조선역사』와 『조선사연구』가 있었을 따름이었다. 이는 1944년 초에 옥사한 문석준의 유고로 유물사관론에 입각해 한국사를 저술한 것이었다.

1945년 10월 10일~13일 평양에서 조선공산당 이북 5도당 열성자대회가 열렸는데, 이 대회에서 북한만의 공산당이 북조선분국 결성이 결정되었다. 또한 북한만을 먼저 사회주의화 한 다음에 이를 바탕으로 남한도 사회주의화한 다는 '민주기지론'이 제창되었다. 이로써 남북 분단상황은 체제경쟁으로 나아가게 되었다.

이런 상황에서 북한은 먼저 역사학을 체제경쟁의 주요 수단으로 여겼다. 북한은 파견원을 내려보내 남한의 주요 학자들을 초청했다. 1946년 10월 개교한 김일성대학의 교수직을 내걸고, 주체적인 역사학 연구를 하자고 제안하자 많은 학자들이 북한을 선택해 월북했다. 남한에서는 미 군정에서 친일 세력들이 득세하는 가운데 북한에서 남한 주요학자들에 대한 '모셔가기 사업'을 전개하자 많은 학자들이 월북한 것이다. 이들을 주축으로 북한 역사학계가 형성되었다. 북한은 유적 유물의 발굴에도 관심을 보여 1947년 조선고적보존위원회, 1948년 조선물질문화유물조사보존위원회를 각각 발족하였다.

북한에 올라간 학자들은 『조선력사연구론문집』(1947)에 이어 학술지 『력사문제』의 필자로 활동하였다. 월북학자들의 동정을 보면, 이청원이 『민주조선』에 1947년 8월부터 4회에 걸쳐 '력사과학의 현상과 전망'을 연재했고, 같은해 『조선력사연구론문집』 11월 25일에 김광진, 김석형, 박시형의 논문이 게재되었다. 1949년의 『력사제문제』에는 위의 네 사람 외에 최익한, 홍기문, 이여성, 김한주의 논문이 게재되었으며, 『조선어연구』에는 이만규의 논문이, 『물질문화』에는 도유호의 논문이 발표되기도 하였다.

6.25전쟁 이전 북한 역사학계의 활동은 조선력사편찬위원회를 중심으로 수행되었다. 북한은 1947년 이청원을 위원장으로 하는 25명의 조선력사편찬위원회를 구성하였다. 이후 위원회의 확대 개편을 통해 1949년에는 교육상(교

육부장관) 백남운을 위원장으로 하여 산하에 원시사, 고대사, 봉건사, 최근세사 등 4개 분과를 두었다.

당시 조선력사편찬위원회의 편찬위원의 면면을 보면 최창익 등 연안파, 태성수 남일 김승화 등 소련파 외에 홍명희 백남운 이청원 김석형 박시형 김광진 등 남한에서 올라간 학자들이 있었다. 편찬위원에는 사회주의 계열의 다양한 계파와 성향의 인물들이 포진하고 있었다. 그런데 이 위원회를 실질적으로 주도한 인물들은 월북인사들이었다.[33]

이 시기 북한 역사학계의 동향은 1949년 김일성이 조선력사편찬위원회에 지시한 이른바 '6대 기본과업'을 통해 잘 알 수 있다. 즉 조선역사를 편찬하는 이론적 근거는 과학적 세계관에 근거할 것, 식민사학 및 부르조아사학의 잔재를 청산할 것, 사회적 생산력의 생성 발전 및 전변관계(傳變關係)를 구명할 것, 1949년 3월말까지 최근세사와 12월 말까지 개괄적인 간이 통사를 공간(公刊)할 것, 국내외 사료를 수집할 것, 역사학계의 기관지로『력사제문제』를 출간할 것 등이었다.

'6대 기본과업'은 북한 역사학계가 나아갈 방향을 제시한 것이었다. 과학적 세계관이란 곧 맑스의 사적 유물론에 따른 역사서술을 말하는 것이었다. 주목되는 것은 부르조아 사학뿐만 아니라 '식민사학의 잔재를 청산할 것'이 북한 역사학계가 추구할 방향 중의 하나로 제시되었다는 점이었다. 이 점이 조선사편수회 출신들을 주축으로 주류 역사학계가 재편되던 남한 역사학계와 다른 점이었다. 이런 점에서 1949년 북한의 홍기문이『력사제문제』에 실은 「조선의 고고학에 대한 일제 어용학설의 검토(상·하)」라는 논문은 의미심장하다.

---

33 도진순, 「북한역사학계의 동향과 역사인식의 특성」,『한국의 역사가와 역사학』하, 창작과비평사, 1999, 374-376 참조.

"일본 제국주의가 조선을 완전한 식민지로 만들기에 성공하자 그들의 소위 역사학자들은 조선역사에 대해서 이상한 관심을 보였다……그들이 입증한 사실의 가장 중요한 것이란 과연 어떠한 것들인가? 첫째 서기 전 1세기부터 4세기까지 약 5백 년 동안 오늘의 평양을 중심으로 한(漢)나라 식민지인 낙랑군이 설치되었다는 것이요, 둘째 신라·백제와 함께 남조선을 분거하고 있던 가라가 본래 일본의 식민지였다는 것이요……"

일제 식민사관의 주요한 두 이론이 ①낙랑군=평양설과 ②임나일본부설, 즉 '임나=가야설'이라는 것이다. 다시 말해서 북한은 이미 1949년에 이 두 이론을 해체시키는 것을 역사학계의 과제로 삼았다는 뜻이다.[34] 북한학계는 이미 1949년에 '낙랑군 평양설', 즉 '한사군 한반도설'과 '임나일본부설', 즉 '임나 가야설'을 일제 식민사관의 핵심으로 정리하고 극복대상으로 삼았다는 뜻이다. 이후 북한은 1958년 북경대에 유학한 리지린이 1961년 박사학위 논문인 『고조선 연구』를 출간하면서 '낙랑군 평양설'을 해체시키고, '낙랑군 요동설'로 정리했다. 또한 1963년 월북학자 김석형이 「삼한·삼국의 일본열도 분국설」을 발표하면서 '임나일본부설', 즉 '임나 가야설'을 해체시키고, 임나는 가야계가 일본 열도에 진출해 세운 소국, 분국이라고 정리했다.

그러나 조선총독부 조선사편수회를 계승한 남한 학계는 2020년 현재까지도 조선총독부에서 만든 '낙랑군 평양설'과 '임나 가야설'을 이른바 정설로 유지하고 있다. 이는 남북 역사학계의 형성 배경에서 나온 차이점이라고 할 수밖에 없다.

---

34 이덕일, 『북한학자 조희승의 임나일본부 해부』, 말, 2019, 291~292쪽.

5장

이병도의 역사관과 해방 후 영향

1. 이병도의 학문과 역사관 형성

이병도는 양극단의 평가를 받는다. 그는 남한 강단사학의 태두라고 불리기도 하지만 민족문제연구소가 편찬한 『친일인명사전』에도 수록되어 있는 대표적인 친일 역사학자이다. 하지만 그의 학설은 현재 중·고등학교 국사교과서에 부동의 이론으로 박혀있을 뿐 아니라 국사편찬위원회와 동북아역사재단 등 국가기관의 공식기관 편찬물에도 충실히 반영되어 있다. 그는 한때 진단학회에서 제명요구를 받았으나 그후 진단학회는 그의 호를 딴 두계학술상을 제정해 시상중이며, 2013년 12월 그의 학문세계를 조망한 학술대회가 열릴 정도다. 무엇이 그를 '식민사학의 대부'와 '국사학계의 태두'라는 전혀 상반된 평가를 낳게 하였는가. 그가 남긴 무엇을 기억해야 하고 극복할 것인가.

두계(斗溪) 이병도(李丙燾, 1896~1989)의 본관은 우봉(牛峯)으로 충청수군절도사 이봉구(鳳九)와 나주 김씨의 5남으로 태어났다. 아이러니하게도 이병도의 가계와 성장의 비밀은 용인시 삼가동(고등골) 야산 아래에 있는 부친 이봉구의 묘비가 많은 부분 밝혀주고 있다. 묘비명에 의하면, 이봉구는 고종대에 충청수군절도사를 지냈는데, 1894년 동학군을 토벌하러 나갔다가 변을 당해 죽었다고 적혀있다. 그는 첫째와 둘째 부인으로부터 5남 3녀를 두었다.

1896년 9월 20일 경기도 용인군 이동면 천리(노곡리)에서 둘째부인인 나주 김씨의 5남으로 태어난 이병도는 어려서 한학을 배우다가 1907년 여름 서울로 올라왔다. 그는 운니동에 설립된 한성 보광학교(普光學校)에서 들어갔다가 이듬해 3월 사립 중동학교(中東學校)를 졸업했다. 15세가 되던 1910년 당시 16세의 나이로 신학문을 배운 처자 조남숙(趙南淑)과 혼인했는데, 조남숙의 부친인 육군참장 조성근은 일본군 중장도 지냈다.

이병도는 보성전문학교 법률학과에 입학했다가 1914년 3월 졸업했지만, 법학에는 큰 관심을 갖지 못한 것으로 보인다. 그는 그해 4월 일본으로 건너가 와세다(早稻田)대학 고등예과에 입학하여 1916년 7월 예과를 수료했다. 두달 후 와세다대학 문학부에서 동양사와 서양사·일본사·사회학 등이 함께 합쳐진 사학급사회학과(史學及社會學科)에 들어갔다.

이병도는 애초 서양사를 전공하려 했으나, 일본사의 권위자였던 요시다 도오고(吉田東伍)와 쓰다 소우기치(律田左右吉)의 영향을 받아 조선사연구로 방향을 바꿨다. 요시다 교수는 1893년 고대 일본 열도와 한반도의 관계에 대해 서술한 『일한고사단(日韓古史斷)』이란 책을 발간하였는데, 이 책에는 일본과 한국이 같은 조상을 갖고 있다는 일선동조론(日鮮同祖論)을 담고 있어 일제 식민주의자들의 침략행위를 정당화시켜 주고 있다. 이병도는 요시다의 연구에 큰 자극을 받아 역사연구의 길로 접어들었다고 회고록에서 밝히고 있다. 그는 요시다가 죽은 이후 뒤를 이은 쓰다 소우키치와 도쿄제대(東京帝大)의 이케우치 히로시(池內 宏)에게서 본격적으로 역사연구 방법론을 배웠다. 그리고 졸업논문으로 『고구려의 대수·당 전쟁에 대한 연구』를 썼다.

1919년 7월 일본 와세다 대학 사학과를 졸업한 이병도는 귀국 후 중앙학교(현 중앙고등학교)에서 역사와 지리·영어를 가르치는 교사로 재직하였다. 이듬해 7월에는 김억·나혜석·염상섭 등과 함께 잡지 《폐허》를 창간해 문인으로 활동하기도 하였다. 그러던 중 이병도는 1925년 8월 이케우치 히로시의 소개로 조선총독부 중추원에서 주관하는 조선사편수회에 수사관보로 임명되었다.

이병도. 해방 후에도 일제 식민사학을 정설로 만들었다.

1922년 12월 조선총독부 직속으로 만들어진 조선사편수회는 식민사학 전파의 선봉장 역할을 한 이마니시 류(今西龍)와 구로이타 가쓰미(黑板勝美)·이나바 이와키치(稻葉岩吉) 등이 책임을 맡고 있었다. 이마니시는 1921년 「단군고」라는 논문을 통해 단군조선을 단순한 신화에나 나오는 원시부족사회였으며 그 중심영역도 한반도 북부 대동강 일대라는 주장을 폈으며, 이나바 역시 진(秦)나라 만리장성의 동쪽 끝이 지금의 황해도 수안(遂安)의 경계에서 시작되었다는 내용의 「낙랑군 수성현 및 진 장성 동단에 관한 고찰」을 발표해 만리장성의 동쪽 끝을 황해도까지 끌어들인 식민사학자였다.

조선총독부는 민족주의 역사가인 박은식이 『한국통사』와 『한국독립운동지혈사』 등이 국내에 밀반입되어 한국인들의 독립열기가 거세어지자 한국인은 예로부터 독립할 능력이 없는 민족이며, 일본인과 조선인이 한 뿌리로서 합병되는 것이 당연하다는 역사관을 만들고자 하였다. 1923년 6월 개편된 조선사편수회는 강의록인 『조선사강의』를 간행한 데 이어, 일반사 부분을 『조선사대계(朝鮮史大系)』로 묶어 1927년 5권으로 간행했다. 이어 1938년까지 방대한 『조선사』 35권과 부록으로 조선사료총간 20종, 조선사료집진 3권을 간행하였다. 조선사편수회는 일제의 식민지 지배에 유리하고 필요한 부분만 선택해 수록하였을 뿐 아니라, 외세의 침략과 영향을 과장되게 서술했고, 조선사회가 일제의 지배이전까지 부패와 무능력으로 정체되어 있었다는 주장을 담았다.

이러한 식민사관의 총본부인 조선사편수회에 들어가기 위해 31세 장년의 이병도가 교직을 포기했다는 사실은 일본인 스승을 따라 식민사관을 충실히 수행하겠다는 의지의 표명이라 할 수 있다. 또한 이병도는 조선사편수회의 고문이었던 이완용의 손자뻘 항렬이었다. 이병도가 조선사편수회에 들어가게 된 것은 이케우치 히로시의 추천 외에 이완용의 작용도 있었을 가능성이 있다. 이병도는 1982년 4월 『광장』지에서 박성수 교수와의 대담을 통해 일본인 스승과의 관계에 대해서 이렇게 회고했다.

> "대학 3학년 때의 강사(그 후에는 교수)인 쓰다 죠오끼지(津田左右吉:쓰다 소키치) 씨와 또 그의 친구인 이께우찌히로시(池內宏, 동경대 조선사교수:이케우치 히로시) 씨의 사랑을 받아 졸업 후에도 이 두 분이 자기들의 논문이나 저서들을 보내 주어 내 연구에 많은 도움이 되었어요. 원래 남의 논문이나 저서를 많이 보아야 연구방법이나 학식의 향상을 보게 되는데 그 당시 일본학계의 최첨단을 걷는 이 분들의 논문이나 저서들을 통하여 많은 영향을 받았습니다. 일본인이지만 매우 존경할만한 인격자였고, 그 연구방법이 실증적이고 비판적인 만큼 날카로운 점이 많았습니다."

이병도는 쓰다 소키치와 이케우치 히로시를 '매우 존경할만한 인격자'라고 흠모했고, 그들의 연구방법을 '실증적이고 비판적'이라고 극찬했다. 쓰다 소키치는 《삼국사기》 초기기록이 가짜라는 《삼국사기》 불신론의 주창자이며 한반도 남부에는 임나일본부가 있었다고 주장한 식민사학자다. 이케우치 히로시는 고려의 북쪽 국경이 두만강 북쪽 700리 공험진임에도 불구하고 그보다 2천여리 남쪽인 함경남도 안변이라고 축소시킨 악성 식민사학자인데, 이병도는 그들을 훌륭한 인격을 갖춘 학자로 높이고 있는 것이다.

이병도는 1925년 5월 조선사편수회 촉탁으로 임명된 이래 8월 수사관보직에 임명되었다가 1938년 6월까지 '수사관'으로 활동하였다. 그동안 이병도의 모든 공식 연보에는 '조선사편수회 촉탁'으로 근무한 것으로 되어있지만, 아버지인 이봉구 묘비명에는 '수사관(修史官)'이라 명기하고 있다. 임시직인 촉탁이었다는 그와 제자들의 주장과 조선사편수회 수사관이었다는 부친의 비문 중에서 비문이 더 정확할 것이라는 것은 설명할 필요도 없다. 따라서 그가 일제 식민사학의 총본산인 조선산편수회에서 임시직인 촉탁으로 보조역할을 한 것이 아니라 공식직책을 받아 제작에 참여한 장본인이었음을 알 수 있다.

실제로 이병도는 이마니시 류와 함께 『조선사』 제1편 「신라통일 이전」과 제2편 「신라통일시대」, 제3편 「고려시대」의 편찬을 담당했다. 그리고 조선사편수회 소속 학자들의 공동연구기관인 조선사학동고회(朝鮮史學同攷會)의 편찬원을 맡았고, 이어 1930년 조선총독부 간부들이 조직한 청구학회(靑丘學會)의 위원을 지냈다. 1933년부터 1943년까지 중앙불교전문학교 강사로서 조선유학사를 강의한 이병도는 이화여자전문학교에도 사학강좌를 맡아 가르쳤다.

이병도는 조선사편수회에서 일본 스승들의 총애와 가르침을 받으면서 활발한 연구성과를 발표하였다. 처음 조선 유학사에 관심을 두고 '이율곡의 입산동기'를 밝힌 논문을 조선사편수회에서 발행한『조선사학』창간호에 발표하였지만, 곧 일본인 스승의 지도에 따라 고대사연구에 착수했다. 그의 회고대로 일본인 스승들이 "정치적 요구와 학문적인 호기심으로 한국과 만주에 걸친 역사지리에 관한 조사사업에 대한 필요성 때문"에 고대사 연구를 독려했기 때문이다. 이병도가 일본인 스승들의 요구에 따라 한국 고대사를 연구한 것은 지금까지 한국사에 큰 악영향을 끼치고 있다. 그의 일본인 스승들과 그의 논리는 지금 그대로 중국 동북공정의 논리가 되어 중국이 한국을 자국 역사의 일부라고 여기는 근거를 제공했기 때문이다.

그는 중국 한나라의 고조선 침략과 한사군(漢四郡) 설치에 관심을 갖고 「진번군고(眞番郡考)」(1927년)와 「현도군과 임둔군고(玄菟郡 及 臨屯郡考)」(1930년)를 발표한 데 이어 「고려삼소고(高麗三蘇考)」 등 여러 편의 논문을 발표하여 적지 않은 반향을 일으켰다. 그의 연구목록을 보면, 1926년부터 1933년까지 16편의 논문을 발표한 것을 알 수 있다.

이병도는 자신의 고대사 연구에 대해 그의 회고록에 밝히고 있다.

"위와 같이 양면작업(유학사 연구와 도참사상 연구-필자주)을 계속하던 중 당시에 일본학자들의 자극을 받아 우리 고대사 방면에도 관심을 가져 거기에도 손을 대었다. 말하자면 3면 작업을 한 셈이었다. 28~30세의 2~3년 동안 장병(長病)으로 와석했던 공백을 메꾸기 위한 의욕이 겹쳤던 것이다.

막상 고대사에 손을 대고 보니 여기에는 참으로 문제거리가 너무도 많은데 놀랐다. 그 중에도 우리 선유(先儒)와 내외학자들이 해명하려고 애를 쓰던 사군, 삼한문제만 하더라도 전혀 미해결 상태 그대로 놓여 있었다. 특히 한사군 문제는 그 선행 토착사회의 상태를 고찰하는 데 큰 도움을 주는 만큼 등한시할 수 없는 문제인 것이다. 이러한 중요문제가 그러한 상태로 있다면 우리 고대사의 중요한 부분이 항상 '오리무중'과 '천년장야중(千年長夜中)'에 놓여 있어 올바른 해석을 보지 못하고 말 것이다.

여기서 나는 한 허무감을 느끼는 동시에 깊은 책임감을 느끼지 않을 수 없었다. 선유(先儒)들이 우리에게 남겨놓은 이러한 문제들을 우리 사학도로서 어느 정도 밝혀 놓지 아니한다면 비단 선유들에 대해서 죄책감을 느낄 뿐 아니라 우리 고대사의 중요 부분을 황무지 속에 버려둠과 같은 결과 밖에 되지 않는 까닭이다.

그래서 내객들을 사절하고 두문불출, 심사숙고에 잠기기도 하였다. 미상불 이런 문제를 다루는 데 있어 때로는 남모르는 고심과 참담을 맛보기도 하고, 또 한 문제 한 문제씩을 풀어 나갈 때 그 기쁨은 나 혼자만이 체험하곤 하였다.

그리하여 자신있는 결론을 얻을 때마다 부분적으로 발표하였다. 삼한, 사군 문제 뿐 아니라 고조선 문제와 부여 및 삼국시대의 제 문제 등에 대해서도 종래의 왜곡된 견해라든가 선유, 선배들이 미처 문제시하지 못한 부분들을 다소 밝혀 기회 있는 대로 발표해 왔다."[35]

이병도는 자신의 발표가 일본 학계의 주목도 받았고 비판 내지 질시도 받았다고 말하고 있지만 이는 사실이 아닐 것이다. 그의 고대사관이란 조선총독부가 만든 반도사관의 고착화에 다름 아니었다. 그런 그의 발표를 일본인 학자들이 비판, 질시했을 까닭이 없다. 그는 훗날 자신이 일본인 식민사학자들과 다투기라도 한 것 같은 회고를 남겼다.

"일정시대의 이야기지만, 나의 새로운 문제의 제시와 새로운 학설이 잇달아 발표되자 고(故) 이나바 이와키치(稻葉岩吉)씨는 나더러 (선배설에 대한) 「반역아」라고 웃음의 말을 한 일도 있었다. 사

실 나로서는 우리 고대사상의 중요한 문제에 한 혁명을 일으키었다고 자부도 하고 있다. 물론 사소한 지엽문제에 있어서는 가끔 추리에 지나친 점도 있을지 모르나, 각 논문의 대체적인 견해에는 별로 잘못된 점이 없다고 생각한다.

간혹 세간에는 비설(卑說)에 대해서 반대하는 이가 있는 모양이나 반대하기 위한 반대는 이를 받아들일 수 없다. 반론 반박에는 그럴듯한 충분한 논거와 이론이 있어야 한다. 더욱이 역사학도로서는 고전에 대한 심각한 검토와 냉엄한 분석 비판을 결여하여서는 아니 된다. 고전의 기록이라고 해서 (무비판적으로) 철두철미 그대로 신종하려 하거나 또는 주관적으로 (자기 나름대로) 이렇다 저렇다 하는 것은 진리를 탐구하는 학자의 양심과 태도라고는 볼 수 없다.

그러나 앞으로 나의 견해보다 월등한 각론 탁견이 나온다면 거기에 추종할 아량을 가지고 있다. 또 그러한 신설(新說)이 나오기를 기대하고 있다."

진나라 만리장성이 황해도 수안까지 왔다고 우긴 이나바 이와기치가 웃으면서 '반역아'라고 한 것은 칭찬 중에서도 큰 칭찬이라고 보아야 할 것이다. 이병도가 한국인 중에서는 거의 유일하게 경성제대 및 조선사편수회 간부들이 모여 만든 청구학회에 가입할 수 있었던 이유도 여기에 있었다. 이병도는 진단학회를 만든 것을 마치 일본인 학자들에 대한 반발 때문인 것으로 회고하고 있지만 이 역시 그 자신의 친일사학에 대한 합리화일 뿐이다. 이병도는 1934년 5월 7일 고유섭(高裕燮)·김상기(金庠基)·이선근(李瑄根) 등과 함께 만든 진단학회에 발기인으로 참여해 상무위원에 선임되었고 학회지의 편집위원(편집인) 겸 발행인을 맡았다.

『진단학보』가 일제 사법당국의 검열에서 별 문제를 겪지 않은 것은 여기에 실린 역사논문들이 조선사편수회의 역사관과 별다른 점이 없었던 것이 가장 큰 요인일 것이다. 또한 전문적인 내용을 담은 까닭에 굳이 제재를 가할 필요성을 느끼지 못한 점도 있었을 것이다. 『진단학보』는 동아일보사 사장인 김성수(金性洙) 등 찬조위원의 도움을 받은 덕에 1943년 14집까지 학보를 발간할 수 있었다. 이 잡지를 통해 이병도는 삼국시대 이전을 다룬 〈삼한문제(三韓問題)의 신고찰〉을 비롯해 〈고려시대의 연구〉 등을 발표하였다. 이병도가 말하는 '삼한(三韓)'이란 일본인들이 만든 이른바 『삼국사기』 초기기록 불신론'을 뒷받침하는 내용이었다. 즉 신라·백제는 3~4세기 이후에나 건국되었고, 그 이전에는 삼한이 있었다는 주장이다. 이는 『삼국사기』에 나오는 삼국의 건국시기를 부정하는 것으로서 일본인들이 주창하기에는 부담가는 내용이었다. 이런 내용들을 한국혈통의 이병도가 대신 말해주니 일본인 스승들이 '사랑'하지 않을 수 없었던 것이다.

이병도는 한국민족문화를 되찾고자 하는 이병기(李秉岐)·이희승(李熙昇) 등 민족학자들의 활동에 조선총독부가 제동을 걸게 되자, 그들과 거리를 두었다. 이병도는 1939년 11월 총독부의 지원으로 전국 유림단체를 연합하여 침략전쟁을 후원하기 위해 조직된 조선유도연합회(朝鮮儒道聯合會)의 평의원으로 참여하였다. 급기야 그는 1942년 10월 조선어학회사건(朝鮮語學會事件)으로 이병기 등 일부 진단학회 회원들이 투옥되자, 이병도는 "스스로 학회를 해체하고 학보발행을 중지"하고 말았다.

1945년 8월 15일 해방으로 일제가 한반도에서 물러가자 일제 잔재인 식민사학의 청산과 민족사학의 정립은 역사학계를 넘어서 사회 일반의 강력한 요구이기도 했다. 해방으로 일제가 물러가고 '친일파 척결'이 민족적 숙원사업으로 떠오르게 되자, 이병도에게도 위기가 찾아왔다. 1945년 8월 31일 진단학회가 송석하를 회장으로 하여 사단법인으로 창립총회를 갖고 체제를 정비하게 되자, 총무간사인 조윤제가 이병도를 비롯한 신석호 등을 겨냥하여 '친일학자 제명문제'를 공개적으로 제기하였던 것이다. 이에 진단학회에 재가입할 수 없었던 이병도와 신석호·김상기 등은 1945년 12월 12일 조선사연구회란 별도 연구단체를 결성해야 했다.

그러나 미 군정은 친일파들이 뛰어놀기 좋은 무대였지 항일지사들의 무대는 아니었다. 1946년 8월 서울대학교가 창립되었고, 이병도는 다음 달 서울대학교 문리대학 교수로 발령을 받았다. 이병도는 다시 진단학회 회원으로 재가입한 후 서울대 사학과 창설을 주도한 것은 물론, 본격적인 사학계 원로의 길로 접어들어 갔다.

해방 당시 50세였던 이병도는 이미 학계의 원로가 되었다. 그는 1947년 서울대학교 중앙도서관장을 맡은 후 이듬해에 『한국사 대관』과 『고려시대의 연구』를 출판하였다. 한국전쟁 와중인 1950년 10월에는 국방부 정훈국 주관의 전사편찬위원회에서 위원장을 맡아 1954년까지 전란사 편찬의 책임을 맡았다. 이병도는 1952년 서울대학교에서 문학박사 학위를 받았는데, 학위 논문은 그가 1947년에 간행한 『고려시대의 연구』였다. 이미 5년 전에 출간한 책을 박사학위 논문으로 제출해 박사학위를 받았으니 정식 박사라고 보기는 어려웠다. 자신이 제출하고 자신이 박사학위를 받았다고 해도 과언이 아니었다.

이병도는 이후 박물관장을 맡았고, 1954년에는 서울대학교 대학원장에 취임하였으며 진단학회 이사장과 학술원 종신회원을 맡는 영예를 얻었다. 특히 그는 미군정의 주도로 추진되었다가 1949년 조직된 국사편찬위원회에 참여하여 1982년까지 편찬위원으로 재직하였다. 이곳에서 이병도는 『한국사』 발간

편찬위원으로 재직하면서 한국사 총괄서를 저술함으로써 명실상부하게 역사학계 최고의 영향력을 행사할 수 있었다.

학계원로가 된 이병도가 정계에 참여하게 된 것은 1960년 4·19혁명으로 이승만 대통령이 하야한 후 구성된 과도정부 때였다. 허정 과도정부는 4월 28일 내각구성 명단을 발표했는데, 문교부 장관에 이병도를 맡긴 것이다. 허정 과도정부는 4.19혁명의 이상과 이념을 실천하기에는 극도로 부족했다. 이 과도정부는 사태수습을 위한 5대 정책을 발표했는데, 그중 '한일관계의 정상화, 일본인 기자의 입국허용' 등을 내세워 민심의 반발을 샀다. 결국 과도정부는 신·구파의 대립으로 4개월 만에 와해되었으므로 이병도의 정계진출도 짧게 막을 내렸다. 이때 이병도가 온 신경을 곤두세운 것은 4.19 혁명 이후 새롭게 대두한 교원노조를 해체시키는 것이었다. 현대사 연구가인 김삼웅 전 독립기념관장은 「이병도의 행적과 그의 역사관」에서 이렇게 말하고 있다.

> "1960년 이승만 정권은 4·19혁명으로 붕괴되었지만 그 전리품은 보수정치인들이 차지하면서 이병도는 허정 과도정권에서 4개월간 교육부 장관을 맡았다. 이때 그는 학생들이 정치민주화와 친일파 청산으로 나가는 것을 극력 저지했고, 교원노조 활동을 극력 방해했다. 1961년 5·16 군사쿠데타가 발생하자 이병도는 『최고회의보』 창간호에 「5·16군사혁명의 역사적 의의」라는 글을 기고하여 쿠데타를 합리화시키는데 기여했다."[36]

이병도는 또한 이승만 정권 때 방첩대장으로서 수많은 인사들을 죽음으로 몰고간 김창룡 묘지명도 이에 대해 김삼웅 전 관장은 이렇게 썼다.

---

36 김삼웅, 「이병도의 행적과 그의 역사관」, 『역사와 융합』 제1호, 2017. 12. 152쪽.

「(이병도는)그후 조선총독부 직속의 조선사편수회에 들어가 일본 인들이 조선총독부의 관점에 맞춰 한국사 전체를 왜곡하는 작업에 종사했다.

이병도는 이런 친일전력 때문에 해방 후 진단학회에서 제명 운동이 벌어졌다. 그러나 이승만 정권이 반공정책을 추진하고 1950년 6·25 한국전쟁으로 반공 이데올로기가 한국사회를 뒤덮으면서 기 사회생해 학계의 원로로서 승승장구했다. 이병도는 반공을 명목으로 수많은 민주 인사까지 공산주의자로 몰아 학살한 육군 특무대장 김창룡의 묘갈명을 썼다. 이 묘갈명에서 이병도는 "간첩오렬 부역자 기타를 검거 처단함이 근 2만5천 명. 전시 방첩의 특수 임무를 달성하였다."라고 2만5천명의 사람을 죽인 것을 큰 업적인 것처럼 칭송했다.」[37]

허정 과도내각이나 장면 내각이 4.19혁명의 숭고한 희생을 제대로 살리지 못하고 무너진 근본원인에는 이런 잘못된 역사관에 있었다. 1960년 대한민국 학술원 회장에 선임된 이병도는 이듬해 1961년 서울대학교 교수직에서 정년퇴직한 뒤 국민대학교 학장, 성균관대학교 대동문화연구원장을 맡는 등 각종 명예를 이어갔다. 나아가 1972년 진단학회 평위원회 의장에 이어 (재)민족문화추진회 이사와 이사장을 맡아 사망할 때까지 재임하였고 1980년부터 전두환 정부에서 8년간 국정자문위원을 맡기도 하였다. 수상실적도 화려했는데, 학자로서는 드물게 충무무공훈장을 받았고, 서울시문화상, 문화훈장대한민국장, 학술원상, 인촌문화상, 5·16민족상 등을 수여받았다. 해방 이후 미 군정, 이승만 정권과 박정희·전두환 군사정권은 이 친일 식민사학자가 조선총독부에서 배운 친일 역사관을 설파하기에 더없이 좋은 무대였다. 이병도에 대한 비판은

37 김삼웅, 「이병도의 행적과 그의 역사관」, 『역사와 융합』 제1호, 2017. 12. 152쪽.

백범 암살이 김창룡 지시였다는 안두희의 자백에 대한 동아일보 1996년 10월 23일자 보도. 이병도는 일본군 헌병 오장 출신으로 수많은 독립운동가를 살해한 김창룡을 찬양하는 비문을 썼다.

금기 중의 금기였다. 이병도뿐만 아니라 신석호에 대한 비판은 좌우를 막론하고 제도권에 몸담은 역사학자들에게는 감히 건드려서는 안 되는 성역이었다. 다른 분야에 대한 친일청산 목소리가 드높아도 역사학계만은 보수, 진보를 막론하고 이병도·신석호 찬양 일색이었던 이유가 여기에 있었다.

이병도는 1984년 수필집 『나의 인생관』을 출판하였고, 1989년 8월 10일 94세 일기로 생을 마쳤다.

그의 묘소는 현재 용인 이동면 천리의 노루실 뒷산(174번지)에 있으며, 묘비는 그의 제자이자 서울대 국사학과 명예교수 겸 대한민국학술원 회원인 한우근(韓㳓劤)이 지었다. 한우근은 고인이 '근대사학의 개척자'로서 "실증사학을 도입하여 한국근대사학의 기반을 견고히 다져 학문의 객관성을 견지함으로서 새로운 사학발전에 기틀이 되었다"고 칭송했다. 나아가 그의 "엄격한 학풍과 불굴의 탐구정신은 후학의 사표가 되며 학계의 귀감이 될 것"이라며 그

"높은 업적과 지대한 공로는 영원히 빛날 것"이라고 적었다. 2012년 『두계이병 도전집』의 편찬을 주관한 편집위원인 민현구 고려대 명예교수도 "엄격한 사료 비판과 실증을 토대로 한 독자적인 학문 세계를 구축한 것이 바로 두계사학의 본령"이라 평가하였다.

그러나 '엄격한 사료비판과 실증'의 상징처럼 칭송되어온 이병도의 역사학 은 민족사학자들로부터 실제 사료와는 다른 내용이자 실증과는 더욱 거리가 멀다는 비판을 받고 있다. 실제 사료와는 달리 한국사의 무대를 반도사관에 따라 한반도 안으로 축소시켰으며, 나아가 식민사학자들의 논리를 그대로 따 라 일제 식민지지배를 정당화시키는데 앞장섰다는 비판이다. 대표적인 것이 한사군의 위치비정에 관한 것이다. 그의 논문 중 「낙랑군고」(『한국고대사연 구』, 1985)에서 낙랑군 수성현을 황해도 수안으로 비정했는데, 이는 그의 스승 격인 이나바 이와기치의 논리를 그대로 따른 것이었다. 이병도의 논리는 다음 과 같다.

> 수성현(遂城縣)...자세하지 아니하나, 지금 황해도 북단에 있는 수
> 안(遂安)에 비정하고 싶다. 수안에는 승람 산천조에 요동산(遼東
> 山)이란 산명이 보이고, 관방조(關防條)에 후대 소축(所築)의 성이
> 지만, 방원진(防垣鎭)의 동서행성의 석성이 있고, 또 진지(晉志)의
> 이 수성현조에는-맹랑한 설이지만-'진대장성지소기(秦代長成之所
> 起-진나라때 장성이 시작된 곳이다)'라는 기재도 있다...(중략)...그
> 릇된 기사에도 어떠한 꼬투리가 있는 까닭이다.[38]

즉, 낙랑군 수성현과 황해도의 수안군이 같은 수(遂)자를 썼고 황해도에 요동산이 있으며 작은 석성이 있다는 이유만으로 낙랑군을 황해도 수안으로

---

38 이병도, 『한국고대사연구』, 박영사, 2001, 148쪽.

비정한 것이다. 자신조차 '맹랑한 설'이라 평한 것처럼 실증사학과는 거리가 먼 '맹랑한 주장'이 아닐 수가 없다. 황해도 수안을 낙랑군 수성현으로 비정하는 것은 중국의 1차사료를 조금만 찾아보면 말 같지도 않은 식민사학의 주장임을 쉽게 알 수 있음에도 이병도는 이나바 이와기치의 학설을 무조건 따랐던 것이다.

『국사대관』에 실린 위치비정에 따르면, 이병도는 고구려 북쪽에 현도군이 있고 남쪽 대동강 유역에 낙랑군이 있으며, 그 아래 황해도 유역에 대방군이 있다고 하였다. 이병도는 대방군의 대방현을 황해도 봉산군으로 단정했는데, 그 논리 또한 실증과는 거리가 멀어도 한참 멀다.

> 고려사 지리지 황주목(黃州牧)조를 보면 '황주목, 본 고구려 동홀(冬忽)'이라고 하여 그 밑에 분주에 '우동어홀(于冬於忽)'이라 하였다. 여기 '우동어홀'의 동어(東於)와 둔유(屯有)의 음이 서로 근사한데......곧 같은 말의 이사(異寫, 달리 적은 것)가 아닌가 생각된다. 하여튼 둔유현이 지금의 황주에 해당하리라고 생각되는 점은 비단 지명상으로 뿐만 아니라 또한 실제 지리상으로 보더라도 적중하다고 믿는 바이다. [39]

이병도가 황해도 황주를 둔유현이라 본 근거는 동어와 둔유의 음이 비슷하다는 이유 하나뿐이다. 나아가 그는 대방군의 7현 중 하나인 열구(列口)현을 황해도 은율군으로 보았는데, 그 이유는 황해도 은율군이 고구려시대의 '율구(栗口)' 혹은 '율천(栗川)'이니 "율구는 열구(列口)와 음이 거의 같고 율천도 열수(列水)를 달리 적은 것으로 볼 수 있기 때문"이라는 것이었다. 단지 현재 지명의 음이 비슷하다는 이유만으로 위치를 비정하여 한사군을 굳이 한반도

---

39 이병도, 『한국고대사연구』, 118-119쪽.

내에 존재했다고 단정하는 이병도의 주장은 《사기》와 《한서》등 중국 고대사서들의 기록들과는 완전히 배치되는 억지에 불과하다. 무서운 일은 오늘날 중국의 공식 지도들은 '한국 사학계의 태두'인 이병도의 주장에 따라 한반도 내륙까지 만리장성을 연결해 놓았다는 사실이다.

고조선과 한사군이 한반도 내에 있었다는 그의 주장에 대해 많은 학자들이 반론을 제기했다. 문정창(文定昌)·김정학(金廷鶴)와 윤내현(尹乃鉉) 등을 꼽을 수 있는데, 특히 윤내현 교수는 고조선의 강역이 이병도의 주장처럼 지금의 평안남도 일대가 아니라 하북성 난하까지였으며 낙랑군을 비롯한 한사군도 이 일대에 있었다고 수많은 사료로 논증했다. 러시아 학자인 U.M 푸틴은 중국 고대사서와 최근의 북한연구, 동아시아 출토유물들을 근거로 고조선 지역이 고인돌로 대표되는 거석문화의 특징을 갖고 있으며, 중국의 영향이 아닌 독자적인 문화를 형성했다고 주장했다. 북한 학계는 1961년에 이미 고조선은 한때 하북성 일대까지 차지했던 대국이며 낙랑군을 비롯한 한사군은 한반도 북부가 아니라 요동반도에 있었다고 논증했다.

이병도의 연구가 일본 스승들이 만든 식민사학을 벗어나지 못한 채 오히려 더 '합리적으로 수정하였다'는 주장은 1966년 서울대 사학과 전임교수가 된 김용섭(金容燮)의 회고록에도 잘 나타나 있다. 그는 일본 식민사학자들이 한국 전래의 고대사 체계를 부정하고, 고대사회의 출발이 중국의 식민지로부터 시작되었다는 논리에 이병도 자신이 확신하였다고 보았다. 즉 이병도는 한국사회가 "청동기시대를 거치지 않고 철기시대로 들어온 일종의 변칙적 발전을 한 사회"라고 확신하였고, 따라서 한사군 이전의 한국사회를 미개사회로 파악한 반면, 철기문화를 들여온 한사군을 높이 평가하게 된 것이라는 지적이다. 그러면서 김용섭은 이병도가 해방 후 일본 천황사상이 잘 보존되어 있는 천리대학(天理大學)을 방문했을 때 일본 극우파 종교인 천리교(天理敎) 도복을 입고 예배에 참석하였다는 일화를 전하면서, 그의 제자들인 서울대 교수들이 김용섭 교수에게 "이제 민족사학을 그만하자"고 권유하더라는 일화까지 전했다.

고조선의 중심지를 평양으로 볼 것인가, 한반도 밖의 요동으로 볼 것인가는 이후 설치된 한사군의 위치와 고구려□부여 등 열국시대의 개막과 직결되어 한국고대사의 체계를 전면 수정해야 하는 문제이다. 나아가 한민족의 뿌리와 정체성을 되찾고 남북한의 동질성을 확인할 수 있는 미래의 문제이기도 하다.

한반도 중심의 반도사관과 식민지 근대화론의 뿌리를 가진 식민사관을 극복하는 일은 이병도를 넘어서야하는 후대 역사학자들에게 매우 시급하고도 중요한 일이라 하겠다. 그러나 이병도의 학문은 이미 학문이 아니라 그의 제자 역사학자들에 의해 일종의 교리, 즉 도그마로 자리잡았다. 이병도의 역사관은 이미 이성의 영역을 벗어나서 신앙의 영역으로 자리잡았다. 2016년 두 차례에 걸쳐서 『역사비평』이 「한국고대사와 사이비역사학」이라는 주제로 젊은 역사학자들의 논문을 싣는 특집을 게재했는데, 이 특집의 내용은 한마디로 "조선총독부 조선사편수회의 역사관은 영원히 우리를 지배하신다"는 것이자 "이병도 선생님은 영원한 우리의 스승이시다"라는 것이라고 말해도 과언이 아니었다. 그간 『역사비평』은 진보계열의 역사잡지로 알려져 있었기에 당연히 식민사학을 비판할 것으로 알았던 여러 인사들이 큰 충격을 받았다. 그러나 『역사비평』은 한국사회에서 식민사학을 해체하는 것이 얼마나 지난한 과제인가를 잘 말해주었다.

이병도의 친일 논란은 그가 조선사편수회에 근무한 것에서 연원한다. 그가 조선사편수회로 부임한 일자는 『조선사편수회 사업개요』에 따르면 1925년 8월 8일로 알려져 있다. 이병도는 조선사편수회에 간 것은 이케우치 히로시

(池內宏)의 권유와 추천에 따른 것이라고 여러 차례 밝혔다. 이병도는 히케우치 히로시와의 인연을 다음과 같이 회고했다.[40]

> "당시 한국인으로서 국사에 뜻을 둔 이는 이능화, 최남선, 이중화, 안자산, 문일평, 황의돈, 권덕규 등 제씨였다. 나는 이들과의 교유에서 자극을 받기도 했으나 내게 직접 간접으로 큰 격려와 영향을 준 것은 일본 와세다 대학의 쓰다(津田左右吉) 박사와 도쿄제국대학의 이케우치 박사였다. 이분들은 일본 사학계의 권위로서 특히 쓰다 박사는 내 은사의 한 분이요, 사학뿐 아니라 중국사상사의 대가이기도 해서 재학시절부터 지도를 받은 바 많았다. 이케우치 박사에게는 직접 강의를 받지 않았지만, 당시 한국사연구에 최첨단을 걷던 분이었다. 이 두 분이 나를 사랑해서 그들의 역작이 실린 『만선지리역사보고』와 『동양학보』 등을 보내주어서 거기서 배운 바가 적지 않았다."

이병도는 당시만 해도 친일로 전향하기 전의 육당 최남선이나 이능화보다 쓰다나 이케우치 같은 일본인들에게 더 끌렸다. 일본인들과 가까이 지내야 이후 출세에 도움이 될 것이기 때문이었다.

조선사편수회 측으로서도 일본인 중심의 이 기구에 한국인으로 일본 대학에서 한국사를 전공했으며, 웬만한 일본인 학자들보다 더 열심히 식민사관을 신봉하고 있는 온건한 젊은 학자가 절실했을 것이다. 양자의 이해가 맞아떨어져 이병도는 주저하지 않고 조선사편수회에 들어갔다.

조선사편수회에서 그가 맡은 일은 『조선사』 편찬 부문에서 제1편 (신라통일 이전), 제2편 (통일신라), 제3편 (고려시대) 등 앞부분 저술에서 촉탁인 이마

---

40 이병도, 「나의 삼십대」 『풀뭇간의 쇠망치』, 휘문출판사, 1971, 35쪽.

니시 류 (今西龍, 1875~1932)를 주임으로 모시고 보조했다. 편찬부문의 뒷부분은 제4편 (조선시대 전기), 제5편 (조선시대 중기), 제6편 (조선시대 후기) 등이지만 사료가 많고 발간 책 수도 많아 담당자의 수가 많았다.

이병도는 이마니시 류의 지시를 받아 관련 사료를 수집하거나 편년체로 정리하는 일을 하였을 것이다. 관계 기록에 의하면, 제1편과 제2편 초고는 다른 경우보다 2년 빠르게 1930년에 완성되는데 이병도의 손길이 미쳤을 것이다.

이병도는 조선사편수회에서 만난 일본인 식민사학자들에게 많이 배우고 큰 자극을 받았다. "단군은 가공인물"이며, "『삼국사기』 초기기록은 모두 가짜"라는 이마니시 류는 교토제국대학 교수로 경성제국대학 교수를 겸하면서 조선사편수회 촉탁직을 맡아 편찬사업 추진의 중심에 섰던 인물이다. 보성전문 출신에 와세다대 출신의 이병도에게 동경제대 출신에 경도제대 교수였던 이마니시 류는 넘을 수 없는 산이었다. 물론 식민사학의 틀 내에서 사고하는 한 그랬다.

이나바 이와키치(稻葉岩吉, 1876~1946)는 고등상업학교 부설 외국어학교에서 중국어를 배우고 북경에 체류하다가 1904년 러일전쟁이 발생하자 통역으로 종군하면서 군과 인연을 맺었다. 그는 1909년 만철조사부에 들어가서 만주와 조선의 역사지리를 조사하면서 역사학에 처음 접하게 되었다. 그는 1915년 육군대학 교관이 되었다가 1922년 총독부 조선사편찬위원회 위원 겸 간사가 되었다. 조선총독부가 이나바를 조선사편찬위원회 간사로 채용한 것은 일제에는 조선사편찬이 일종의 군사작전과 같은 개념이었기 때문이다. 그는 조선사는 반도사로 보면서 한국사는 만주사에 종속되어 있다는 만선사(滿鮮史)를 강조하는 전형적인 식민주의 사학자였다. 이나바는 낙랑군 수성현이 황해도 수안이라는 황당한 주장을 펼쳤는데 이병도는 해방 후에도 그의 주장을 충실하게 따랐고, 지금도 남한의 강단사학자들은 그의 주장을 따라서 낙랑군 수성현을 황해도 수안이라고 주장하고 있다.

구로이타 가쓰미(黑板勝美, 1874~1946)는 동경대 교수로서 고문직을 맡아 이 편찬사업을 정책적으로 기획하고 그 진행상황을 감독했는데, 이병도에게 구로이타 가쓰미를 만나는 것은 큰 영광이었을 것이다. 구로이타 가쓰미는 "한국병합은 임나일본부의 재연"이라고 주장하는 식민사학자로서 이병도는 그의 이런 역사관에 큰 영향을 받았다. 구로이타 가쓰미의 제자였던 후지타 료사쿠(藤田亮策, 1892~1960)도 이병도와 조선사편수회에서 함께 근무했는데, 그는 경성제국대학 교수로 있으면서 조선사편수회 일을 함께 보았다.

그밖에 중진급은 아니지만 세노 우마쿠마(瀨野馬熊), 나카무라 히데타카(中村榮孝) 등 일본인 한국사학자 여러 사람들과도 동료로서 함께 근무했다.

한국인으로서는 홍희(洪熹)가 수사관으로서 사료 수집의 책임을 맡고 있었다. 전우(田愚)의 제자로 유학자인 그는 한문이 능했기에 한문에 서툴렀던 일본인 식민사학자들에게 중한 대우를 받았지만 이병도가 그와 긴밀하게 교류한 흔적은 찾을 수 없다.

그에 비해 이능화는 총독부 사무관으로 편수회 위원직을 맡아 편찬사업에 참여한 인물로서 홍희와 마찬가지로 이병도와 연령차가 컸지만, 그와 각별히 친하게 지내며 많은 도움을 주었다.

이병도는 조선사편수회에서 일본인 식민사학자들을 만나 많은 영향을 받았다. 이병도에게 조선사편수회 근무가 각별한 의미를 지니는 것은 여기에서 한국고대사 연구를 결심했다는 점 때문이다. 그가 맡은 일은 앞에서 살핀 바와 같이 고대와 고려를 다루는 제1편, 제2편, 제3편이었는데, 특히 삼국시대까지를 다루는 제1편의 3권은 편년체의 큰 틀을 따르면서도 사료 중심의 책으로 묶기로 하여『조선사료』(제1권),『일본사료』(제2권),『지나(支那)사료』(제3권)의 체제를 갖추게 되었다.

이에 따라서 이병도는 고대와 고려를 분담해서, 특히 제1편의 편찬과 관련해 한국, 일본, 중국의 관련 사료를 조사 수집하는 가운데 한국고대사에 새로운 흥미를 느껴 그것을 또 다른 연구과제로 삼기에 이르렀다.

그는『삼국사기』와『삼국유사』중심의『조선사료』(제1권) 편찬도 흥미롭지만 특히 중국 역대 정사 뿐 아니라 그 밖의 여러 서책들로부터 다양한 한국사 관련 기록을 뽑아『지나사료』(제3권)을 편찬하면서 한국고대사에 대한 관심을 넓히며 식민사학에 종사하겠다는 연구의욕을 북돋울 수 있었을 것이다.

이미 대학 졸업논문을 통해 한국고대사의 일단을 훑어보았던 그는 편찬 사업을 통해 편찬의 대상이 되는 모든 사료의 대체적 윤곽을 더듬어 보면서 일본인 스승들의 기대에 부응해야겠다는 결심을 다짐했을 것이다.

이병도는 1927년 5월 조선사편수회 편수관 보직을 사임하고 물러났다. 그의 사퇴 이유는 분명치 않다. 이병도 자신은 '일본인과 마음이 맞지 않아', '도저히 견딜 수 없어서'라는 막연한 이유를 들고 있지만 정확한 이유는 알 수 없다. 조선사편수회에 함께 근무하였던 나카무라 히데타카는 병으로 사직했다고 기술한 바 있다. 그러나 그가 일본인들과 특별히 불화했던 것 같지는 않고, 건강 문제도 그 전년에 늑막염으로 인한 고생에서 아주 벗어나 있었던 것이다.

그렇다면 그가 사임하는 정확한 이유는 무엇일까. 그것은 아마도 그 무렵 편수회의 인사방침과 관련해 이병도가 일본인 학자들에게 밀리는 정황 때문이었던 것 같다. 구체적으로 살피면 그보다 여러 해 후배인 동경대 출신의 나카무라 히데타카는 1926년 5월, 이병도보다 1년 늦게 촉탁으로 부임했다가 이병도 사임 7개월 뒤에 수사관으로 임명된 것이 자극을 주었을 것이다. 수사관

젊은 날의 이케우치 히로시. 이병
도가 존경할만한 인격자라고 높였
던 식민사학자다.

보인 이병도는 자신이 수사관으로 승진하지 못하
리라는 기류를 감지하고 사퇴했을 가능성이 크
다.

역시 동경제대 출신으로 더 후배인 스에마쓰
야스카즈는 1927년 5월 이병도가 사임하기 17일
전에 촉탁으로 임명되었다가 그가 사임하자 즉시
제1편, 제2편, 제3편의 편찬을 맡았고, 이듬해 3
월에는 수사관보가 됨으로써 소임, 직위 모두 이
병도의 것을 계승하였다. 그는 조선인으로 어느
일본인 학자보다 열심히 식민사관을 공부했지만
조선사편수회에서 후배인 일본인 학자들에게 밀리는 듯한 분위기가 조성되자
사임했다고 여겨진다. 그러나 그는 조선사편수회 자체와 척을 지고 싶지는 않
았다. 그는 수사관보직에서는 물러났지만 동시에 촉탁으로 발령받아 계속 조
선사편수회에 근무했다. 그는 그 이유에 대해 자료 이용의 이점 때문이라고
변명하고 있다.

이병도는 당시의 상황을 다음과 같이 기록에 남기고 있다.

"이 해에 중추원 건물 안에 조선사편수회가 설립되고 관제가 발
표되었다. 위원에는 동경대의 구로이타, 주임 수사관에는 이나바,
촉탁에는 이마니시였다. 이때 경성제대도 설립되어 이마니시는 경
도제대의 교수로서 경성제대의 교수를 겸하고 또 편수회의 촉탁
을 맡았던 것이다.
동경제대의 이케우치 교수로부터 '그대가 학구생활에 전념하자면
학교(중앙고)보다는 조선사편수회에 취직하는 것이 좋을 터이니

의향 여하이냐?'하는 서신을 받았다. 국사에 관한 사료와 연구가
모두 일인의 독점물로 되어 있는 때이므로 그들과 어울리지 아니
하면 사료는 물론 자극조차 받기 어려움을 생각하고 마침내 이케
우치 교수의 추천으로 거기에 취직, 처음에는 수사관보로 있다가
일인학자들과 뜻이 맞지 아니하여 퇴직을 간청하였더니 무급 촉탁
으로 가끔 와서 사료나 이용하라는 것이었다. 여기에 나는 다행으
로 여기어 자유로운 분위기에서 연구, 논문을 쓰기 시작하였다.
일본 사학계에 진출하여 동대 중심의 「사학잡지」에 논문다운 논문
을 발표한 것이 「묘청의 서경 천도운동에 대하여」(일문), 「진번군고」
(일문), 「현도군 급 임둔군고」(2회), 역시 동대 중심의 「동양학보」에
발표한 것이 「고려 삼소고」, 「권양촌의 입학도설에 대하여」(병일문,
2회)이었다.
이러한 논문들은 모두 먼저 이케우치 박사에게 보내어 그가 좋다
는 코멘트를 받아야 실리곤 하였다. 이상은 대개 1927~30년까지
발표한 것인데 그 중의 「진번군고」는 일본학계에 한 센세이션을 일
으켰을 뿐더러 중국학계에도 주목을 일으키어 북경에서 발간하
는 우공잡지에 전문 역재되었다. 이밖에 조선사편수회 중심인 「청
구학총」에도 단편적인 논문을 여럿 게재하였고, 특히 동경대의 명
예교수로 조대에 출강하던 市村讚次郞 박사의 고희기념 논문집에
기고한 「소위 기자팔조교에 대하여」(일문)란 논문도 비교적 호평을
받았다.[41]

　　이병도가 "일본학계에 한 센세이션을 일으켰을 뿐더러 중국학계에도 주목"
을 일으켰다는 「진번군고」는 무슨 내용인가? 한사군의 하나인 진번군에 대해

41　이병도, 「성기집」, 301-302쪽.

서는 관련 사료가 극히 미비하다. 그래서 그 위치에 대해서는 대략 압록강 북쪽에 있었다는 북방설과 황해도나 강원도, 경기도, 충청남북도에 있었다는 남방설이 혼재되어 있다. 이병도는 물론 식민사학자답게 남방설을 주장했다. 한사군이 한반도 남쪽 깊숙한 곳까지 들어와 있었다고 한국인 혈통의 학자가 주장했으니 일본학계와 중국학계에서 크게 환호한 것이었다. 이것이 이병도에게는 큰 자랑거리였던 것이다.

이병도는 해방 후 자신의 식민사학에 대한 비판을 의식해서 다음과 같은 말을 남긴 바 있다.

> "세상에 자기 나라 자기 민족을 사랑하지 않는 사람이 어디 있는가.
> 그러나 사실 자체를 왜곡 또는 은폐함으로써 역사를 미화해 2세
> 를 잘못 교육시킨다면 그 것은 애국이 아니라 오히려 매국적 행위
> 가 된다."[42]

나라 팔아먹은 이완용이 자신의 행위가 애국이라고 강변했다는 일화가 저절로 생각나지 않을 수 없다. 해방 후 이병도가 집필한 개설서를 조동걸의 글을 통해 살펴본다. 해방 후 이병도 역사학 행보의 일면을 살펴볼 수 있을 것이다.[43]

> 이 책은 미군 군정청에서 진단학회에 교과서 편찬을 의뢰하여 진
> 단학회에서 활동하던 이병도, 김상기가 편찬한 것이다. 군정치하
> 의 국정 교과서였다. 진단학회에서는 1945년 해방이 되자, 건국준
> 비위원회와 손잡고 그 해 9월 10일부터 국사 교사에 대한 강습회

---

42 이병도, 「역사왜곡은 인생을 왜곡하는 일」, 『성기집』, 273쪽.
43 이병도, 김상기 저 『국사교본』 (서울: 진단학회, 군정청 문교부: 1946: 국판: 177면).

를 개최하면서 교과서 편찬을 준비하고 있다가 미군정청에 교섭하여 국사 교과서를 편찬했다. 그에 따라 군정청 교과서로 『국사교본』의 출간을 보게 된 것이다.

내용을 보면 1920년대 문화사학자의 관점이 반영된 느낌을 주고 있다. 따라서 사회경제문제는 제도의 범위에서 처리하고 있다. 시대구분도 그 때와 크게 다르지 않고 상고, 중고, 근세, 최근으로 정리했다. 1920년대 문화사학인 황의돈, 장도빈, 안확 등의 저술에 비하여 고려나 조선시대를 초기, 중기, 후기로 구획하여 정리한 점이 다르다. 그러나 급하게 편찬하고, 또 공동저작이기 때문이겠지만 문화사학의 특징인 역사적 이상사회의 추구나, 역사에 대한 발전적 관점이 서술내용에서 발견되지 않는다.[44]

필자 조동걸은 위 글에 다음과 같은 주(註)를 남겼다.

"손보기 교수의 증언에 의하면, 이 책은 이완용과 송병준의 매국행각에 대하여 서술을 완화하거나 삭제하여 사용 중단 사태가 일어났고, 진단학회 총무 조윤제는 친일파 회원 제명문제를 제기, 심상치 않은 물의를 일으켰다고 한다."

이병도, 『조선사대관』(동지사: 1948: 국판: 501면) 서문에 보면 해방 다음 달부터 저술을 시작한 것으로 상세(上世)와 중세(中世)의 내용은 종래의 학설을 수정 보완한 것이 많다고 했다. 그것은 저자의 전공시기에 역점을 두었다는 의미가 된다. 상대사와 중세사(고려)는 4기로 구분하고 근세사(이씨조선)는 3기로 나누었다.

---

44 조동걸, 『현대한국사학사』, 나남출판, 1998.

내용에서 '참고'란이 설치되어 있는데 개설에서 설명하기 번잡한 자료, 사화, 전설 등을 소개하여 자신의 견해를 자세하게 피력하고 있다. 그것도 고려 이전의 서술에 편중되어 있다. 간혹 '연습'란이 설치되어 있는 것으로 보아 대학 교재로서 저술한 것 같다. '최근'이라고 하여 식민지시기에 대한 서술을 시도했는데 501면 중에 5면에 불과하다.

시대구분은 상대사, 중세사, 근세사, 최근으로 구분했는데 그것을 보면 구한말 이래 많은 사서를 볼 수 있는 상고, 중고, 근고, 근세 등의 시간 단위 구분방식이나 저자가 관여한 『국사교본』(1946)의 방식에서도 탈피하여 새로운 시대구분을 시도한 것 같다.

『조선사대관』의 새로운 시도는 그 '총설'의 첫마디에서 "역사는 과학이다"라고 선언하고 역사는 순환적인 자연현상과 달리 "변화적이요 진보적이요 발전적인 것이므로" 항상 새로워가는 과학이라는 것이다. 이병도가 역사를 '과학'이라고 선언한 것은 무슨 까닭일까? 바로 식민사학이 과학이라고 강변하기 위한 것이었다. 해방 이후에도 식민사학이 옳다고 말할 수 없으니 식민사학을 '과학'이라고 우겨서 마치 객관적인 사실을 서술한 것처럼 독자들을 호도한 것이다. 이는 식민사학을 실증사학이라고 우겼던 남한 강단사학계의 행태와 완전히 같은 것이다.

2. 이병도 사학의 위상과 영향

'두계사학'이라고 불린 이병도의 역사학은 남한 강단사학계에는 하나의 학설이 아니었다. 그의 주장은 그대로 교리였고, 도그마였다. 비교적 진보사학자들이 모인 집단으로 알려진 『역사비평』에서 2016년 두 차례에 걸쳐서 「한국고대사와 사이비역사학」이라는 특집을 실으면서 이병도의 식민사관을 비판하는 민족사학을 '사이비역사학'으로 매도한 것에서 남한 강단사학자들이 좌우 구분 없이 이병도를 거의 신으로 떠받드는 행태를 잘 알 수 있다. 이들 젊은 학자들이 『역사비평』에 "조선사편수회 역사관은 한국사회를 영원히 지배하신다."는 내용의 논문들을 실자 『조선일보』는 "국사학계의 무서운 아이들"이라고 칭찬했고, 『한겨레신문』·『경향신문』·『한국일보』 등에서 한국사의 판도라도 바꿀 대학자라도 나온 것처럼 대서특필했다. 그런 기사 중의 하나인 『경향신문』(2016년 4월 11일자) 기사를 보자. 기자가 이병도에 대해서 질문하자 안정준은 "이병도 선생이 기초적인 연구를 다 해놨는데 거기서 기본적인 걸 따른다고 우리가 이병도 선생 학파가 되는 거고 식민사학자가 되는건가?"라고 답했다. 이병도 학설이 식민사학이라는 사실에 대해서는 수많은 지적이 있어왔다. 또한 『친일인명사전』에도 오른 반민족행위자다. 이병도 학설을 따르면 당연히 식민사학자이고 "이병도 선생 학파"가 되는 것이다. "이병도 선생 학파"라는 말에서 이병도에 대한 무한한 존경심이 그대로 묻어난다. 이들의 말은 "이완용 선생의 기본적인 것을 따른다고 내가 이완용의 정치적 노선을 지지하는 것인가요?"라는 말과 같은 것이다.

　이 무서운 아이들의 이런 행태는 이 아이들을 가르쳤던 스승들에게서 연유한 것이다. 이들은 이병도 학설을 따르는 것이 출세의 지름길이라는 사실을 잘 알고 있다. 실제로 『경향신문』의 이 좌담회 때만 해도 직함이 "기경량 강원대 강사, 연세대 박사과정 안정준, 성균관대 박사과정 위가야" 등이었는데, "이병도 선생님은 영원한 우리들의 스승이시다"라고 『역사비평』에 쓰고 난 후 곧바로 기경량은 카톨릭대 교수, 안정준은 서울시립대 교수로 채용되었다. 바로 이런 학습효과가 이병도 사학을 신앙의 경지로 끌어올린 원동력이다.

여기에서는 역사학자들이 남긴 이병도에 대한 평가를 중심으로 그의 제
자들이 남긴 평가를 통해 그의 학문편력과 학문적 영향을 살펴보려고 한다.

『한국의 역사가와 역사학』을 통해 본 이병도 사학

한영우는『한국의 역사가와 역사학』하. 라는 책을 통해 처음으로 역사가
로서의 이병도에 대해 기술하고 있다. 그는 그나마 이병도에 대한 가장 최소
한도 비판을 했는데「이병도의 사학사적 위치」에서 다음과 같이 이병도를 평
가하고 있다.

> "이병도는 우리나라 지식인들이 좌와 우, 항일과 타협으로 양분되
> 던 1920년대부터 우파 계열의 학인으로서 타협주의 노선을 따르
> 면서 역사학의 전문성을 제고하는 데 앞장서온 인물이다. 그는 일
> 본에서 사학을 공부한 최초의 유학생으로 귀국 후에는 조선사편
> 수회에 참여하여 오직 자료수집과 연구 활동에만 전념했고, 1934
> 년부터 근대적 학술전문지인『진단학보』발간을 주도하면서 일평
> 생 학자로 일관했다.
> 이와 같은 그의 독특한 생애는 지식인으로서의 양식에 충실하지
> 못했다는 한계를 지니고 있으나, 역사학이 근대적 학문으로 나아
> 가기 위해 반드시 거쳐가야 될 고등문헌비판의 방법론과 역사학
> 의 전문화의 길을 열어놓은 공로는 크다고 하지 않을 수 없다. '역
> 사를 위한 역사'와 '역사학의 전문화'라는 과정을 밟지 않고 근대역
> 사학의 발전을 생각할 수 없다면, 이병도는 바로 서양에서 그러한
> 과정을 열어놓은 19세기 초의 독일 사학자 랑케에 비유될 수 있다.

그러나 지식인의 양심과 학자로서의 전문성이 동시에 요구되었던 일제 강점기와 해방 후의 특수한 시대상황 속에서 학자로서의 전문성에만 치중해 왔던 그의 인생관과 시국관은 자연히 그의 학문이 국민 속에 살아 숨 쉬는 생기 있는 역사의식을 고취하지 못하게 한 것도 사실이다.

더욱이 1950년의 6.25 이후 민족주의자와 사회주의 계열의 학인들이 자취를 감춘 상황에서 이병도의 사학은 독보적 위치를 차지하고 막강한 영향력을 과시하였으나, 1960년의 4.19 이후로 그의 영향력은 급속히 줄어들기 시작하였다. 사관과 학자적 전문성을 함께 갖추려는 새로운 학풍이 일어난 것이다.

역사의식과 역사방법론(특히 실증적 방법론)을 '체(體)와 '용(用)'의 관계로 비유할 수 있다면 이병도사학은 '체'의 역사학이 아니라 용의 역사학을 발전시키는데 큰 공을 세웠다고 할 수 있다."[45]

한영우는 최소한 무서운 아이들보다는 이병도에 대해서 약간의 비판을 가하고 있다. 그러나 이병도의 학문에 대해 "고등문헌비판" "역사학의 전문화" 등으로 평가한 것은 사태를 호도하는 것이다. 앞서 살펴본 것처럼 낙랑군 수성현을 황해도 수안군으로 비정한 것이나 둔유현에 대해 우동어홀 등의 발음을 가지고 우긴 것 등은 '고등'은커녕 '저등' 문헌비판의 영역에도 속하지 못하기 때문이다. 또한 이병도는 "역사학의 전문화"를 시킨 것이 아니라 항상 정권의 입맛에 맞는 역사학을 추구했다는 점에서 역사학을 정치, 그것도 식민, 혹은 군사독재 정치에 종속시켰다고 비판해야 맞다. 그나마 그의 친일사학에 대해서도 가장 최소한도의 비판을 가하고 있는 점은 평가할만하다.

---

45 한영우, 「이병도」, 『한국의 역사가와 역사학』 하, 창작과비평사, 1999, 265-266쪽.

한영우는 또 "이병도는 94세의 생애 중 60여 년간을 학자생활로 일관한 순수 역사학자이면서도 어떤 사관을 표방한 일이 없었다. 그렇다고 어떤 사관을 특별히 비난하거나 비판하지도 않았다. 그는 엄밀한 문헌고증에 바탕을 두고 사실(史實)을 사실대로 밝히는 것이 역사학자의 임무라고 믿고 있었다. 그리고 그 신념은 일평생 변함없이 지속되었다"라고 한 평가도 사실과 다른 것이다. 이병도는 조선사편수회 시절부터 시종일관 식민사관을 주창했다. 다만 해방 후에는 식민사학이라는 말을 실증사학이라는 말로 대체해서 객관적인 것처럼 위장했을 뿐이다.

더욱이 한영우는 또 이병도를 이렇게 평가했다.

"근대역사학의 아버지로 불리는 독일사가 랑케가 '역사를 위한 역사'와 '있는 사실 그대로의 역사'를 표방하면서 역사를 철학으로부터 독립시켜놓은 것처럼, 우리나라 사학사에서 역사를 완전히 독립된 학문으로 정착시킨 이를 꼽는다면 아마 이병도를 첫째로 들어야 할 것이다. 그는 우리나라의 랑케와 같은 존재였다.

랑케의 사학이 메이지유신 이후 일본에 들어가 쓰다(津田左右吉) 등에 의해 고등문헌비판 사학으로 발전하고, 이병도가 다시 그 영향을 받아 한국의 고등문헌비판사학의 단서를 열었다고 할 수 있는데 이는 우리나라 근대사학이 반드시 거쳐야 할 단계였던 것이 사실이다. 더욱이 일제 강점기의 간난했던 시대조건에서 독립운동과 병행하여 사학을 하는 역사가들이 대개는 아마추어 수준을 크게 벗어나지 못했던 것과 비교할 때 이병도사학은 그 문헌취급 방법에서 한 단계 위에 있었던 것이 사실이다."

한영우가 이병도를 랑케에 비유한 것은 랑케에 대해서 몰랐거나 사태를 호도하기 위한 것에 불과하다. 앞서 설명한 것처럼 랑케는 독일 민족주의 역사학자였고, 특수성을 강조했던 역사학자였다. 랑케의 제자 리스에게 배운 일본인 학자들이 랑케의 실증사학을 일본 제국주의 역사학으로 변질시킨 것이다. 쓰다 소키치를 비롯한 일본인 식민사학자들은 사료를 제 멋대로 재단하면서 한국사를 반도사에 틀로 가두었다. 한영우는 마치 독립운동가들의 역사학을 "아마추어 수준"이고 이병도의 역사학을 "한 단계 위"로 평가했지만 이 역시 사태를 호도하는 변설에 불과하다.

서양의 랑케사학을 오류가 없는 지선(至善)의 역사학이라고 보는 시각도 문제이려니와 앞서 설명했듯이 일제가 표방한 이른바 실증주의 역사학은 실제 랑케의 역사학과는 거리가 있는 역사학이라는 점, 그리고 뒤에서 언급하겠지만 이병도의 역사학이 실증주의를 표방하기는 했지만 실제로는 그렇지 못하다는 점을 도외시하고 있는 것이다.

한영우의 주장을 조금 더 들어보자.

"그(이병도)가 역사학자로 활약했던 1920년대에서 1980년대까지는 그야말로 이념의 홍수 속에서 민족주의와 사회주의가 양극구도를 이루었고, 많은 역사학자들이 그 주의를 내걸고 치열한 현실투쟁을 전개하던 때였다. 그러나 이병도는 한 번도 이념과 현실투쟁에 몸을 던진 일이 없었고 초지일관 문헌고증의 외길만을 걸어왔다. 이러한 그의 독특한 경력과 학문자세가 이념과 사관을 중요시하는 학자들에게는 미더운 시선을 끌지 못한 것도 사실이다. 그러나 바로 그 점 때문에 이병도의 학문생활에는 한시의 단절도 없었

고, 순수학자의 면모란 저런 것이구나 하는 좋은 본보기를 후생들
에게 가르쳐주었다고 할 수 있다."[46]

이 역시 이병도의 친일행위를 옹호하는 변설에 불과하다. 이병도는 "한 번
도 이념과 현실투쟁에 몸을 던진 일이 없었고 초지일관 식민사관의 외길만을
걸어왔다"고 말하면 맞는 말일 것이다.

우리는 한영우의 다음 글을 통해 이병도사학에 대한 학계의 견해의 일단
을 읽어 볼 수 있다.

> "이병도 사학은 그 방법론의 세련성에 비하면 문제의식이 뒤떨어져
> 있음을 부인할 수 없다. 그것은 강렬한 실천적 문제의식을 지닌 민
> 족주의 역사가나 사회주의 역사가 어느 쪽과도 거의 교류가 없이
> 일본인 고증학자의 지도와 영향 하에서 학문생활을 꾸려온 그의
> 경력과 관련이 있다. 이병도사학의 문제의식은 독립정신을 고취한
> 다거나 계급의식을 고취하기 위해서 혹은 역사발전에 대한 신념에
> 서 출발한 것이라기보다는 그 자신이 항상 표명해왔듯이 일본인
> 과의 학문적 경쟁의식이 더 큰 동기유발 요인이었다. 다시 말해 우
> 리가 흔히 말하는 식민주의 역사학과 정면대결이 아니라 일인 사
> 학의 큰 테두리 속에서 한국인의 능력을 보여주고자 하는 동참적
> 경쟁의식이라 할 수 있다."

이병도는 시종일관 일본인 식민사학자들의 견해를 충실하게 추종했지 단
한 번도 일본인 식민사학자들과 "학문적 경쟁의식"을 가진 적이 없다. 경쟁의

---

46 한영우, 「이병도」, 258-259쪽.

식이 있었다면 앞의 「진번군고」에서 말해주는 것처럼 일본인들도 놀랄만큼 식민사학을 적극 전개했다는 점이다.

이병도의 역사연구 가운데 '고대사 연구'는 매우 중요하다. 이병도의 역사관에 대해 정리한 한영우의 아래 글이 곧 남한 강단사학 주류의 견해를 대표한다는 의미에서 이를 정리해 볼 필요가 있다.

"이병도의 고대사 연구에서 가장 주목되는 것은 한사군의 위치와 삼한 문제에 대한 일련의 연구이다.

한사군의 위치에 대해서는 조선후기 학인들 사이에서도 많은 논란이 있어왔고, 일제 강점기 일본인 학자 사이에서도 의견의 통일을 보지 못했던 난제였다. 이병도는 낙랑이 지금의 평양이라는 통설에는 이의를 갖지 않고 받아들였으며, 현도를 퉁가강 방면의 고구려 지방으로, 임둔을 함경남도 지방으로, 진번을 자비령 이남 한강 이북으로 각각 비정하는 견해를 제시했다. 이중에서 낙랑, 현도, 임둔의 위치에 대한 고증은 대체로 안정복, 한진서 등 조선후기 남인학자들의 주장과 비슷하나, 진번의 위치에 대한 비정은 특이하여 학계의 주목을 크게 받았다.

이병도의 한사군 연구는 당시 신채호, 정인보 등 민족주의 역사가들이 한사군의 허구성을 주장하면서 그 위치를 만주지방에 비정하던 것과는 대조적이며, 결과적으로 한사군의 중심지가 한반도에 있음을 재확인하는 것이 되었다. 어쨌든 그의 학설은 오늘까지도 우리 학계의 통설로 받아들여지고 있다.

다음에 이병도가 심혈을 기울여 쓴 것은 삼한의 위치와 그 변천과정이었다. 원래 삼한 문제에 관해서는 조선후기 학자들간에 많은 연구가 있어 첫째, 삼한의 위치는 한강 이남이며 둘째, 삼한의 주민은 중국에서 주대(周代)부터 파상적으로 이주해와 이미 준왕이 남쪽으로 내려오기 전에도 마한이 있었으며 셋째, 마한은 경기 충청 전라도로서 그 중심지는 익산(목지국)이며 진한은 낙동강 동쪽의 경상도지방, 그리고 변한은 경상남도의 해안지방이라고 각각 비정하는 것이 통설처럼 되었다.

이에 대하여 이병도는 매우 다른 견해를 제시했는데, 그 요지는 이렇다. 준왕이 남천하기 전에 이미 한강 이남에는 진국이 있었는데, 그 중심지는 지금의 직산으로서 그 지역을 월지국이라고 불렀다. 위만에게 나라를 빼앗긴 준왕은 지금의 광주지방으로 내려와 한왕(韓王)이라고 하였는데. 이는 소위 준왕의 성이 기씨(箕氏)가 아니라 한씨(韓氏)인 까닭이다. 기자는 우리나라에 온 일이 없으며, 소위 기자조선은 토착인 한씨가 세운 국가에 지나지 않는다. 준왕이 내려와 한왕을 자칭한 이후로 모든 한강 이남의 유이민들이 한이라는 명칭을 쓰게 되었는데, 경기 충청 전라도 지방의 한을 마한이라 하고, 마한의 동북지방 경기도(한강유역)에 있던 것이 진한이며, 경상도지방의 한이 변한이라 불렀다.

이상과 같은 삼한에 대한 새로운 연구는 조선후기 이래의 통설을 뒤집은 파격적 해석으로서 특히 진국의 존재를 확인한 것은 큰 수확으로 받아들여지고 있다. 그러나 진국의 위치나 삼한의 위치에 대한 비정은 많은 의문점을 지니고 있어서 학계의 호응을 얻지 못하였다.

한편 기자동래설을 부인하여 한씨조선설을 주장했던 이병도는 위만에 대해서도 그가 상투를 틀고 왔다는 사실에 주목하여 조선족일 것으로 해석하였다.

이병도의 고대사 연구에는 이밖에도 임나일본부설을 부인하는 등 일본 학계와는 다른 모습이 많이 보이고 있으며, 우리나라 상고사의 전개과정을 토착사회의 자체적인 발전과정으로 이해하려는 노력이 주목된다."

한영우는 이병도가 마치 새로운 학설을 주창한 것처럼 상황을 호도하고 있지만 이병도 학설은 조선총독부의 반도사관에서 한 치도 벗어나지 않는 것이다. 한사군에 관한 이론이나 삼한에 대한 이론도 모두 그렇다. 조선총독부가 교시한 반도사관의 틀 내에서 약간의 견해 차이가 있는 것을 마치 학설상에 큰 차이가 있는 것처럼 호도하는 것에 불과하다. 이러한 이병도의 역사관의 진위문제는 다음 장의 '이병도 역사관의 비판에서 살펴보게 될 것이다.

『역사가의 유향』을 통해 본 이병도 사학

『역사가의 유향』(진단학회, 1991)은 1989년 이병도가 타계한지 2년 후 '두계 이병도 선생 추념문집'으로 꾸며진 것으로 그 제자들이 중심이 되어 이병도의 생애와 학문에 대한 글을 모아 간행되었다. 따라서 제자들의 글을 통하여 이른바 이병도 사학의 역사관과 학계 내에서의 이병도 사학의 위상과 영향력의 일면을 엿볼 수 있으리라 생각된다. 이 책은 서문에서 그 취지를 다음과 같이 밝히고 있다.

"두계선생은 주지하는 바와 같이 일제암흑기에 어려운 여건 아래 한국사의 연구에 뜻을 두어 커다란 업적을 내시는 한편 동지들을 규합하여 진단학회를 설립, 한국문화의 연구에 획기적인 기틀을 마련하셨다.

해방 이후에는 새로운 한국사학의 수립에 선구적 역할을 담당하셨고, 더 나아가 우리나라의 학문과 교육의 발전을 위하여 크게 이바지하셨다. 이러한 선생의 발자취와 학문적 성과는 격동 속에 전개된 우리 현대사의 한 장면이 동시에 학술사의 귀중한 장을 이루는 것이라고 말할 수 있다.

그러므로 선생과 교우관계를 가졌던 원로 기숙(耆宿:늙어서 덕망과 경험이 많은 사람)과 선생의 훈도를 받은 후학들, 그리고 그 밖에 선생을 가까이에서 접할 수 있었던 학술 문화 교육계의 인사들이 두계 선생을 회억하면서 그 풍모와 학문에 대한 여러 가지 이야기를 써 주시고 그것들을 종합한 이 책은 단순한 추념문집으로서뿐만 아니라 또 하나의 생생한 역사 기록으로서의 의미를 지닌다고 하겠다. 여기에는 30편의 신고(新稿) 이외에도 이 책의 취지와 부합된다고 여겨지는 기왕의 글들을 수집(蒐輯)하여 실었다. 두계 선생과의 대담이나, 두계 선생을 위한 생전의 좌담회 기록을 되살려 게재한 것도 마찬가지 뜻에서였다.

이 추념문집은 우리 현대사학의 개척자요, 일세의 석학이요, 만인의 사장(師丈:스승이자 어른)이던 두계 선생의 진솔한 모습을 보여주고, 앞으로 두계 선생을 이해하고자 하는 이들에게 여러 가지 사실을 알려줌으로써 값진 구실을 할 수 있으리라고 확신한다."

아래에 『역사가의 유향』에 나타난 후배, 제자들의 추모글 가운데 대표적인 것을 정리하여 이병도의 역사관, 그의 위상과 영향력의 일단을 살펴보고자 한다.

이기백의 「두계선생의 학문」을 살펴보자. 이기백은 1942년 와세다대학 사학과에 입학해 일본군 학병으로 나갔다가 일제 패망 후 서울대 사학과를 졸업하고 이화여대를 거쳐 서강대 교수로 근무했다. 그는 이병도의 학술서로 먼저 『역주 삼국사기』를 꼽으면서 이렇게 말했다.

이기백. 이병도의 역사관을 충실하게 추종했다.

> "이 『역주 삼국사기』는 본문에 엄밀한 교정을 가한데다가, 정확한 번역을 하였고, 또 주(註)는 단어의 해석이 아닌 역사적 주석이었다는 특징을 가진 것이다. 이러한 점에서 이 책은 지금껏 역주작업의 모범이 되고 있다."

이병도가 역주한 『삼국사기』는 1977년 을유문화사에서 2권으로 완성되었는데, 주류학계에서는 환영을 받았지만 번역, 주석 등에 논란 또한 많은 책이기도 하다. 실제로 원로 사학자 이재호 교수는 이병도의 역주 『삼국사기』는 숱한 오역이 있다고 지적했다.

이병도는 해방 뒤인 1948년 국사개설서인 『조선사대관』을 출간했는데 이후 『국사대관』, 『한국사대관』으로 이름을 바꾸면서 여러 차례 증보되었다. 이기백은 이 책에 대해 "선생은 학술지에 새 논문이 발표될 때마다 그 성과를 받아들여 즉시 이 개설책에 반영하도록 하였다."라고 하고, "개인이 저술한 본격적인 첫 번째 개설서인 이 책은 이를 참고하지 않는 지식인이 없을 정도로 널리 읽히었다"라고 평가하고 있다. 그러나 이 개설서 역시 일제 식민사학을 그대로 추종하는 저서에 불과하다.

이기백은 다음으로 "선생의 중요한 연구분야의 하나는 우리나라의 풍수도참설이었다. 이에 대하여는 이미 일제 강점기에 『진단학보』에 개별적인 논문을 많이 발표하여 왔었다. 그것을 고려시대를 중심으로 체계적으로 상세히 살펴본 것이 『고려시대의 연구』(을유문화사, 1948)였다."라고 말하고 있다. 이기백은 "흔히 사람들은 선생이 우리나라 고대사를 전공한 학자로 알고 있다 … 이러한 고대사를 집대성한 것이 1976년에 출판된 『한국고대사연구』였다 … 이고대사연구의 간행은 제자들이 늘 종용해 오던 것이지만, 선생은 오랫동안 미루어 왔었다. 그 이유는 단순한 논문집이 아닌 체계적인 고대사가 되도록 배려를 한 때문이었다 … 선생의 고대사 연구가 역사지리에 국한된 것으로 생각하는 경향이 있으나, 정치 사회 문화의 다방면에 걸치고 있음을 그 목차만 보아도 곧 알 수 있는 일이다."[47] 라고 칭찬하고 있다.

특히 이기백은 『한국고대사연구』를 소개하면서, "그 결과 한사군의 위치에 대한 가장 신빙할 수 있는 설로서 학계에 받아들여져서, 현재로서는 교과서에서도 그대로 좇고 있는 정설이 되다시피 하였다."라고 말하고 있다.[48] 이병도의 한사군설이란 한사군이 한반도에 있었다는 것으로서 이 역시 조선총독부가 반도사의 시각에서 한국사의 시작을 식민지로 만들어 놓은 것을 그대로 추종한 것에 불과하다.

『한국고대사연구』는 이병도 고대사의 대표적인 저술이다. 이병도는 이 책의 '자서(自序)'에서 '일정시대의 이야기지만 나의 새로운 문제의 제시와 새로운 학설이 연달아 발표되자, 모 일본인 학자는 나에게 「반역아(反逆兒)」라는 우숨

---

47 이기백, 「두계선생의 학문」, 『역사가의 유향』, 101-102쪽.
48 이기백, 「두계선생의 학문」, 111쪽.

의 말을 한 일도 있었다."라고 기록하고 있다. 앞서 그에게 '반역아'라는 웃음의 말을 한 인물이 식민사학자 이나바 이와기치라고 소개했는데, 이나바 이와기치도 놀랄만큼 식민사학에 충실했기 때문이다.

또한 "간혹 세간에는 이러한 비설(鄙設)에 대해서 반대를 시도하는 이도 있는 모양이나, 반대를 하기 위한 반대에는 이를 받아들일 수 없다. 반론, 반박에는 그럴듯한 충분한 논거와 이론이 서야 한다."라고 말했다. 이는 이병도 자신이 『한국고대사연구』가 많은 비판을 받고 있다는 사실을 알았다는 증거가 되겠으나, 다음 장의 '이병도 역사관의 비판'에서 자세히 살펴볼 것이다.

이외에도 이기백은 이병도의 대표적인 저술로 『한국유학사』(아세아문화사, 1987)를 들고 있으며, 일반이 이해하기 쉽도록 쉽게 풀어쓴 책으로는 『두계잡필』(일조각, 1956), 『내가 본 어제와 오늘』(신광문화사, 1966), 『두실여적』(박영사, 1975), 『성기집』(정화출판문화사, 1983) 등을 소개하고 있다.

강진철의 「두계선생의 성품과 학문의 일면」을 살펴보자. 강진철은 일본의 게이오의숙대학(慶應義塾大學) 사학과를 나와 서울대 및 동아대, 고려대학교 등에서 교수로 근무했다.

> "선생께서 떠나신 지 벌써 햇수로는 3년째로 접어들지만 기억에서
> 사라지기는커녕 생전의 인상은 더욱더 선렬(鮮烈)하게 내 가슴속
> 에서 약동한다. 그만큼 두계선생은 나에게는 잊지 못할 소중한 분
> 이다. 앞으로도 선생의 모습은 내 뇌리에서 떠나는 일이 없을 것이
> 다."

강진철은 이어서 이병도와의 인연을 이야기 한다.

"과거 약 반세기 동안 나는 비교적 가까이에서 두계선생을 모셔왔다. 연령상으로는 21년의 연장이므로 부집(父執:아버지의 친구)에 해당하는 존장이었는데, 연령차와는 아무 상관없이 나에게는 늘 소탈하게 대해 주셨다. 직접 강연(講筵)에 열석한 일이 없기 때문에 직계의 제자라고는 말하기 어려울지 모르나 정리상으로 봐서 나는 두계교실의 생도임을 자처하고 싶다.

선생으로부터 입은 은혜는 막중하다. 내가 다소라도 연구자로서 성장할 수 있게 된 것은 오로지 선생의 은덕이라고 해서 과언이 아닐 것이다. 학문상의 교화나 지도는 말할 나위도 없고, 일신상의 사생활에 이르기까지 항상 두터운 애호를 받아 왔다. 이미 지나간 과거지사지만 6.25동란 직후 나는 한동안 절망적인 역경의 늪 속을 헤매고 있었다. 친구는 고사하고 가까운 친척들도 나를 기피하여 외면을 하려고 드는 판국이었는데, 선생께서는 한결같이 나에게 격려와 비호의 온정을 베풀어 주셨다. 선생을 생각할 때마다 나는 이러한 은의(恩義)를 잊지 못한다."[49]

강진철은 이병도와 사적인 관계에 대해서 극찬하고 있다. 강진철의 말을 계속 들어보자.

"나의 연구생활은 두계선생의 지도 내지는 영향 밑에서 출발했다고 해도 과언이 아니겠는데, 결국 나는 두계학풍의 충실한 계승자가 되지 못했다. 나는 이른바 실증사학과는 적당히 거리를 두면서 선생의 안목으로는 오히려 이단시 될 수도 있을 법한 사회경제사학의 방향으로 내가 걸어가야 할 학문의 진로를 선택하였다. 실

---

49 강진철, 「두계선생의 성품과 학문의 일면」, 『역사가의 유향』, 115쪽.

증사학이야말로 근대적 역사학이 성립하는 과정에서 반드시 거쳐야 할 필수적 단계라는 점에서 관해서는 이의의 여지가 있을 수 없었는데, 해방 직후의 역사가 운동하는 뜨거운 열기는 나로 하여금 실증주의사학의 추종자로서 조용히 남아 있는 것을 허용하지를 아니하였다. 솔직히 말해서 두계선생과 나 사이에는 이런 정도의 학문적 입장-억지로 좀 거창하게 말한다면 '사관'의 차이 같은 것이 있었다. 그러나 이런 문제로 인해서 선생이 나를 약간이라도 멀리했다던가, 또 내가 선생에게 다소라도 불편한 심정을 느껴 본 일은 전혀 없었다."

강진철은 1980년 『고려 토지제도사연구』라는 저서를 내놓았다. 고려 전시과(田柴科)제도에 대해서 저술한 역작이다. 그런데 이런 연구를 강진철은 '실증사학'과 배치되는 '사회경제사학'으로 이해하고 있는 것이다. 아마도 강진철은 실증사학을 아무런 사관이 없는 사학으로 오해하고 그런 표현을 한 것으로 이해된다.

강진철은 특히 이병도의 『한국유학사』(민족문화추진회, 1987)에 관심을 갖고 이를 소개하면서, 이에 대한 자신의 견해를 솔직하게 피력하고 있다. 이 책의 서평을 쓴 것도 강진철이었다. 본문에는 그 서평의 일부가 초록되어 있어 이병도의 『한국유학사』를 쉽게 접근할 수 있게 해 준다.

"이 저술(『한국유학사』)은 철저히 관계 문헌을 섭렵해서 그 내용을 소화한 다음, 저자가 터득한 선유들의 사상 철학을 자기 나름대로의 방법으로 다시 걸러서 그 정수를 체계화한 것이다. 저자는 이 저술을 집필하는 과정에서 그가 이용할 수 있는 문집이나 기타 자료는 거의 완벽하게 널리 읽고 조사해서 이 책을 엮은 것으로 알고 있다. 구순을 넘긴 저자가 옛날에 초록한 자료의 글귀를 다시 확인하기 위하여 수차 규장각 문고를 방문했다는 이야기는 알 만한 사람은 다 알고 있다. 누가 읽어도 이 저술의 내용은 백 살을 바라다보는 노인의 필치로 여겨지지 않을 만큼 신선한 감각을 풍겨주고 있는데, 그것은 바로 이 저서 속에 노쇠를 단호히 거부하는 저자의 왕성한 학문정신이 깊이 침투되어 있기 때문일 것이다. 문헌학적인 조사 방법에 있어서는 철학사 내지 사상사로서는 최고의 수준에 이르렀다고 해서 과언이 아니다.

그런데 결례를 무릅쓰고 망촉(望蜀)의 소원을 늘어놓는다면 몇 가지 아쉬운 점이 없지도 않다. 나는 사상사 철학사 분야에 대해서는 전혀 백지의 문외한에 속하는 서생이지만, 우리나라 유학사의 연구에 있어서는 반드시 짚고 넘어가야 할 해묵은, 그러면서도 늘 새롭기도 한 절대적인 과제가 하나있는 것으로 알고 있다.

그것은 다름이 아니라 우리나라 유학의 학통이 왜 주자학 신앙 일변도로 응결되어 병리적일 만큼 편집된 경직 상태에서 다른 모든 사상적 유파를 '사학(邪學)' 이단으로 몰아치우는 교조주의적인 독선에 빠져, 그러한 학문적 광신이 한말의 망국에 이르기까지 요지부동으로 지속되었을까 하는 문제다.

이런 일은 동양 3국 중에서도 중국이나 일본에서는 볼 수 없는 한국 고유의 기현상이었다. 어떤 자는 이 문제를 민족의 에토스와 결부시켜 설명하려고 시도하였고, 또 어떤 자는 당시의 정치적 사회적 구조와 결부시켜 설명하려고 시도하였다. 나는 그 어느 쪽으로 부터도 충분히 납득할 수 있는 설명을 얻지 못했다. 이박사의 유학사를 손에 쥐었을 때 나는 은근이 이에 대한 명쾌한 설명을 얻으려니 하고 기대하였는데, 나의 기대는 반드시 충분하게 보답되지는 못했다. 이박사는 양명학이 제대로 활발히 전개되지 못하고 실학이 일부 선각자들의 논의에 그쳐 크게 결실하지 못한 이유를 일방적인 주자학 신봉의 학문 풍토와 결부시켜 해설하였다. 물론 그렇게 보는 해석이 옳기는 하겠는데, 막상 주자학의 배타적인 전존(專尊)체제가 요동없이 견지된 기본적인 원인이 어디에 있었느냐에 관해서는 다른 학설사적인 서술의 부분이 극히 밀도가 높고 정치한 것에 비해서 약간 이 설명이 아쉬운 듯한 느낌이었다. 실학의 문제에 대해서도 조선 후기의 거대한 사회 경제의 변동이라는 시각을 통해 접근의 방법을 좀더 확대하였더라면 하는 아쉬움이 없지가 않다."[50]

강진철은 이병도가 주자학 유일사상 체제를 비판하지 않은 배경에 대해서 모르고 쓴 것일까? 경상남도 함안 출신의 강진철이 이병도가 조선 후기 주자학을 절대선으로 떠받들었던 노론(老論)의 적자라는 사실을 몰랐을 개연성은 크지 않다. 그나마 강진철은 자신의 관점을 가지고 이병도에 대해서 '아쉽다'는 한 마디라도 할 수 있었던 학자였다.

다음으로 윤무병의 「두계선생과 사적답사」를 보자. 윤무병은 대부분의 강단사학자들이 그렇듯이 먼저 이병도와의 학문적 인연을 밝히고 있다.

"두계선생은 내가 학문상으로 섬긴 은사이실 뿐만 아니라 나의 인생에 대한 행로를 정해 주신 은인과도 다름이 없는 분이었다. 나는 처음에는 서울대학교 박물관에서, 그리고 그 후로는 국립중앙

---

50 강진철, 「두계선생의 성품과 학문의 일면」, 128-129쪽.

박물관에서 인생의 절반을 보낼 수 있었는데 이 두 직장에 취직할
수 있도록 길을 열어 주신 분이 두계선생이셨다."

윤무병의 글을 읽으면 해방 이후 서울대학교는 물론 국립중앙박물관 등
의 모든 역사학 관련 자리는 이병도가 결정하는 것이었다. 이병도를 거의 신
으로 섬기는 윤무병은 이병도의 '화장실 영감 역사학'에 대해서도 아무 문제의
식 없이 글로 서술하고 있다.

"지금도 기억에 남는 재미있는 일화가 하나 있다. 그것은 저 유명
한 '현도군 환도설'에 대한 것인데 이 문제를 놓고 선생님은 많은
심사숙고를 거듭하였으나 해결의 실마리를 얻지 못하고 있었던
차에 하루는 뒷간으로 들어가서 용변을 보고 있는 동안에 갑자기
영감이 떠오르는 것처럼 문제가 해결되었노라고 얼굴에 웃음 띄우
시면서 그 내력을 들려주시었다."

강단사학자들의 이병도에 대한 칭송을 들으면 전체주의 지도자에 대한
수하들의 충성구호가 자연히 떠오른다. 화장실에서 영감이 떠올랐다고 자랑
스레 말하는 이병도나 그것을 글로 옮겨 칭송하는 윤무병이나 일반적인 상식
으로는 이해가지 않기는 마찬가지다.
윤무병은 하북 위례성에 대한 이병도의 주장에 대해 다른 견해를 피력하
기도 하였다.

"6.25를 겪고 나고 그로부터 20여 년이 경과된 후의 일이지만 당시
학술원장으로 계셨던 선생님은 연로하신 데도 불구하고 위례성

문제를 해결하기 위한 목적으로 다시 한 번 북한산록 일대를 탐사하시게 되었다. 그러나 유적상으로는 새로운 발견이 없었으므로 선생님은 진흥왕순수비와 장의사지 등 신라 관계의 고대유적들이 집중해 있는 세검동 지역을 들어서 본 위례성 즉 하남 위례성지로 간주할 수밖에 없다는 결론을 내리시게 되었다. 이 논문은 학술원에서 발간하는 『인문사회과학』제13집에 「위례고」라는 제목으로 실렸다. 그때 주신 별쇄본은 지금도 소중히 간직하고 있으나 다만 외람된 일이지만 선생님의 이 주장에 대해서는 그대로 따르기가 두렵다는 생각을 가지고 있다.[51]

그나마 이병도의 주장을 그대로 따르기가 '두렵다'는 말에서 일말의 양식을 본다.

유원동의 「역사지리학 바탕으로 고대사 정립」을 보자. 유원동은 서울대 사학과를 나와서 충남대학교 교수로 근무하면서 대학원장, 총장 직무대리를 역임했다. 유원동은 이병도의 우리 사학계에 있어서 학문적 위상에 대하여 다음과 같이 말하고 있다.

"두계는 우리나라 사학계에 있어서 금세기 초부터 닥쳐 온 근대적
학풍으로서의 역사학을 올바로 받아들인 학자들 중에서도 가장
선구자적 역할을 맡은 분이었다."[52]

또한 한사군과 관련해서 이렇게 말하고 있다.

---

51 윤무병, 「두계선생과 사적답사」, 『역사가의 유향』, 134쪽.
52 유원동, 「역사지리학 바탕으로 고대사 정립」, 『역사가의 유향』, 143쪽.

사학잡지. 도쿄대 발행의 사학 잡지에 논문을 싣는 것이 친일 학자들에게는 큰 영광이었다.

"「현도군 及 임둔군」 등 고대의 한사군에 대한 독창적인 역사지리에 관한 연구를 일본(『사학잡지』 40-41, 1929~1930)에 발표하였다. 이것은 재래의 일인 학자들의 학설 - 조선전토에 긍한 한사군설 - 을 근본적으로 비판하고 실제문헌과 실지답사를 통하여 그와 같은 획기적인 논문을 발표하였던 것으로 후학들의 지대한 도움이 되었을 뿐 아니라 그 논문으로 인하여 한사군의 위치가 새롭게 고정되었던 것이다. 두계는 평소 지도를 받았던 일본의 유명한 학자였던 시라토리(白鳥庫吉)과 시촌찬차량 그리고 동경대의 이케우치(池內宏)과 은사였던 쓰다(津田左右吉) 등의 조언을 많이 참작하였던 것으로 알고 있다."

이병도가 시라토리, 이케우치, 특히 스승인 쓰다 소우기치의 영향을 많이 받았음을 확인해 주고 있다.

이기동의 「두계사학의 일면」을 살펴보자. 이기동은 서울대학교 사학과를 나와 동국대학교 교수로 있었고, 한국학중앙연구원장을 역임했다. 그는 대학에 입학해서 들은 이병도의 강의를 다음과 같이 기억하고 있다.

"수업시간이 되면 선생은 매양 『국사와 지도이념』을 들고 강의실에 들어오셔서 책을 읽어 내려가시며 간간이 해설을 붙이는 형식으로 강의를 진행하셨다. 언어학적 방법에 입각하여 원시집회소의 명칭이나 고조선의 국호를 풀어 나가시는 강의 내용은 매우 독특하다고 생각되었다. 뒤에 알게 된 일이지만, 이것은 선생의 독자적인 고대사 연구업적의 일부였었다. 그런 만큼 선생으로서는 실로 득의의 강의였다고 할 수 있다.”

책을 읽어나가면서 하는 강의를 '득의의 강의'였다고 극찬하고 있다. 그런데 이병도의 언어학적 방법론은 많은 비판을 받았다. 앞서 설명한 것처럼 낙랑군 '둔유'를 언어학적으로 분석하면서 '우동어홀'에서 '우'와 '홀'은 마음대로 빼버리고 가운데 '동어'와 '둔유'가 같은 발음이라고 주장하면서 황해도로 비정한 것은 코미디에 가깝다고 할 것이다. 그러나 이런 코미디가 이기동 같은 강단 사학계의 주류들에게 이르면 '득의의 강의'로 추앙되는 것이다. 이기동이 이렇게 극찬하는 근본 이유는 이병도의 학계 위상 때문이었다. 이기동은 이렇게 말했다.

“사실 나는 당시 선생이 집필하신 진단학회의 『한국사』 고대편을 집에서 읽고 있었고, 그 내용 중에는 여러 가지 궁금한 점도 없지 않았으나 용기를 내서 직접 선생께 여쭈어 볼 자신이 없었다. 이는 나의 소심성 때문이기도 했겠지만, 그만큼 선생은 우뚝이 높은 자리에 계셨던 것이다.”[53]

이기동은 궁금한 것을 이병도에게 직접 '여쭈어 볼 자신'은 없었다. 그러나 이병도에 대한 비판에는 앞장 서 방어했다. 이병도의 역사관에 대한 비판은 해방 직후부터 꾸준히 있어왔다. 그러나 이병도는 미 군정, 이승만 정권, 허정 과도내각, 박정희 정권 내내 정권의 비호를 받았기 때문에 그에 대한 비

53 이기동, 「두계사학의 일면」, 『역사가의 유향』, 148-149쪽.

판은 공론화되지 못했다. 그런데 이기동은 이병도가 5공 정권에 의해 탄압받은 것처럼 호도하고 있다.

> "1970년대 후반부터 기승을 부리기 시작한 이른바 재야사가들의 기성 국사학계에 대한 비판이 제5공화국이 들어서면서 부쩍 그 기세를 더해 갔기 때문이었다. 일부 일간지에서는 이를 역사학계의 상고사 논쟁이라고 미화하고 부추기기까지 했으나, 기실 선생에 대한 매도에 다름 아니었다. 선생은 바야흐로 그들의 첫 번째 '타도 대상'이었다. 선생이 그토록 애착심을 쏟았던 학술원이 5공 정부의 일부 야심가들에 의해서 '개혁'을 강요당하고 이로써 장년(長年)에 걸쳐 동 회장직을 맡으셨던 선생이 일선에서 물러나지 않을 수 없게 된 것은 선생의 일대 통격(痛擊)이었음에 틀림없었다고 생각된다. 선생이 재야사가들의 공격 표적이 되고, 나아가 그것이 한국상고사 연구의 질곡이 되었을 때, 이를 마음 속 깊이 안타까워 한 것은 사학계 인사들의 공통된 심정이었다고 생각된다."[54]

이병도는 1960년부터 1981년까지 학술원장으로 재임했다. 전 세계 어느 나라 학술원을 한 사람이 20년 이상 장기 재임할 수 있을까? 그것도 식민통치를 겪은 나라에서 식민지배에 앞장 선 학자가 숙청당하는 대신 학술원장을 20년 이상 재임할 수 있었을까? 이 모든 것은 이병도가 모든 정권과 결탁한 덕분이라고 볼 수밖에 없다. 더구나 이병도는 1980년부터 전두환 정부에서 8년간 국정자문위원을 역임했다. 그런 이병도를 5공 정권의 희생자로 만들어 마치 올바른 역사관을 추구하다가 탄압받는 지식인으로 둔갑시킨 것이다. 조

---

54 이기동, 「두계사학의 일면」, 151-152쪽.

선총독부 식민사관을 해방 이후 지금까지 정설로 유지하는 노하우가 담긴 글이라고 할 수 있다.

다음은 국민대 교수였던 김두진의 「역사학은 냉엄, 정확, 과학적이어야 한다」를 살펴보자. 김두진은 이병도의 학부 강의에 대해 회고하고 있는데 일제식 수업의 한 단면을 보는 것 같다.

> "두계선생님과 나의 첫 인연은 대학입학 후 교양국사 강의를 수강함에서 비롯되었다. 그때 나는 솔직히 말해서 선생님의 강의에 별로 감동을 받지 못했다. 수강생들이 거의 200명에 달하는 대단위 강의인 데다가, 당시 70 고령이셨던 선생님은 두툼한 돋보기를 끼셨으며, 다시 손에는 돋보기를 드시고 계속해서 선생님께서 쓰신 논문을 불러 주셨다. 학생들은 강의시간이 끝날 때까지 받아쓰는 일이 한 학기 내내 계속되었다. 선생님께서 불러 주신 강의의 내용은 『국사상의 지도이념』(일조각) 속에 거의 고스란히 들어 있었다. 한 학기를 거치는 동안 선생님에 대한 기대감은 무너져 버린 셈이다."

그러나 이병도의 강의에 대한 뜻밖의 평가는 곧 이은 대학원 강의를 극찬하기 위한 극적인 도구에 불과하다. 김두진은 "학부 시절과는 달리 대학원 강의를 수강하면서 나는 솔직히 두계선생님에 대한 존경심으로 스스로 머리가 숙여지고 말았다"라고 말하고 있다. 학부 때와는 달리 대학원 때는 이병도에게 조금이라도 잘못 보이면 논문도 통과되지 않을뿐더러 대학교수나 국가기관의 연구원 자리도 얻을 수 없었다. 김두진에게도 그런 위험한 순간이 없지 않았다.

"역사연구에 객관적 인식이 대단히 중요하다는 사실을 깨닫게 되는 계기는 … 일제 때 일본인 학자들의 연구업적을 정리함으로부터였다 … 작업을 진행해 가면서 일본인 학자들의 자의적인 해석에 울분을 느끼면서부터 나는 오히려 식민사관의 정체를 진솔하게 알려는 호기심을 가지게 되었고, 그런 호기심이 커가는 만큼 일본인 학자들이 행한 한국사 날조에 대한 울분은 쌓여갔다. 그런 울분은 『만선역사지리 연구보고』에 게재된 논문을 정리할 때에는 폭발적이어서 어떤 것은 책장을 찢어버리고 싶은 충동을 느끼게 했다."[55]

김두진이 이때 일본인 학자들이 쓴 것을 찢어버리고, 즉 식민사학을 본격적으로 비판하는 길을 걸었다면 어떻게 되었을까? 두계 이병도 학파로부터는 이단아가 되었겠지만 식민사학을 바로잡으려 했던 민족사학자로 자리매김했을 것이다. 그러나 그런 일은 발생하지 않았다. 바로 다음 글이 이렇게 이어진다.

"지금 생각해 보니 책장을 찢지 않고 넘긴 것이 대견하고 다행스럽다. 그 당시로서는 뒤에 다시 누군가 이 논문을 읽고 같은 울분을 느낄 것이라는 데서 충동을 참았는데, 한편으로 역시 냉엄한 자세로 역사연구에 임할 때 결코 그것은 찢어서 소득될 것이 없었다."

---

55   김두진, 「역사학은 냉엄, 정확, 과학적이어야 한다」, 『역사가의 유향』, 154쪽.

책장을 찢는 것이 중요한 것이 아니라 거기 담긴 식민사관을 타파하는 것이 중요한 것이었다. 그러나 김두진은 책장도 찢지 않았고, 이병도의 식민사관을 타파하려는 노력도 하지 않았다. 다시 이병도의 품으로 돌아가고 말았다.

> "여기에 두계선생님이 역사연구는 냉엄해야 함을 강조한 의미를 발견할 수 있었다. 식민사학을 직시하여 실증적인 문헌고증과 그 다음 침략적 감정이 깃든 부분을 정확하게 가려내기 위해서는, 식민사학의 만행에 대한 울분을 폭발시키는 것만으로는 소용이 없다. 역사연구에 객관적인 태도를 넘어서서 냉엄함을 강조한 두계선생님은 실증적인 방법으로 한국측 문헌을 비판하여, 그것의 윤색되어진 부분을 바르게 복원하는 작업에 심혈을 기울였다. 이런 면에서 선생님은 결코 일본인 학자들과는 역사연구의 방향을 달리했다."[56]

김두진의 말대로 이병도는 냉엄한 자세로 김두진이 분노했던 『만선역사지리 연구보고』같은 일본측 문헌이 아니라 '한국측 문헌을 비판'하고 '그것의 윤색되어진 부분'을 '바르게 복원'하는 작업에 심혈을 기울였다. 즉 일본측 문헌은 고등문헌비판에 의한 것으로서 모두 맞는 것이고 한국측 문헌은 냉엄하게 비판해야 하는 것이었다. 그러다보니 '객관적인 태도를 넘어서서 냉엄함'을 가져야 한다는 무슨 소리인지 알 수 없는 말까지 등장하는 것이다. 『역사가의 유향』에 이병도 헌사를 쓴 강단 사학자들은 이병도가 식민사학으로 비판받고 있다는 사실을 익히 알기에 약간의 비판적 태도를 취하는 듯하다가 결국 이병도 식민사학의 따뜻한 품으로 안겼다.

---

56 김두진, 「역사학은 냉엄, 정확, 과학적이어야 한다」, 『역사가의 유향』, 155쪽.

김두진은 당시 『조선일보』에 게재되어 논란이 되었던 단군조선의 실체에 관한 이병도의 글에 대해서도 논평하고 있다.

"두계선생님의 방대한 학문적 업적은 전혀 읽어보지 못한 사람들에 의해 감각적으로 평가되는 경우가 많다. 일전 어느 일간지에 기고한 고조선에 대한 논술이 사회학적 방법으로 쓰여진 것을 가지고, 선생님의 결론이나 학풍이 바뀐 것으로 보도된 적이 있다. 단군신화나 고조선에 대한 선생님의 연구는 이미 그런 방향에서 논술되어 있음을 유념하여야 한다. 두계선생님의 학문적 업적은 현 한국사학계의 밑거름이 되었음을 주목해야 할 것이다."

이병도는 1986년 10월 9일자 『조선일보』에 "단군의 역사적 실존"이라는 제목의 글을 발표하였는데, 이를 두고 이르는 말이다. 이를 두고 이병도가 단군을 신화가 아니라 실존인물로 인정했다고 여러 이야기가 있었는데, 그런 것이 아니라는 뜻이다. 즉 이병도는 자신의 식민사학적 견해를 바꾼 적이 없다는 반박인 셈이다.

호서대 교수 유영박의 「내가 본 두계선생님의 학문」을 살펴보자.
유영박의 추모글은 이병도 역사학의 학문적 위상으로부터 시작한다.

"선생님 곁에서 계속 한 세대를 넘겨 모시고 학문을 배우며 지켜왔다. 따라서 선생님께서 논문을 쓰시고 저서를 간행하시는 모든 연구생활 과정에 참여하여 온 터이므로 두계선생님의 학문에 관하여 말하려 한다면 자신있게 할 수 있을 것 같은데 막상 적으려 하니 쉽게 써지지 않는다. 그 까닭은 여러 가지가 있는 중에서도 먼저 선생님께 감히 외람을 범할까 두려운 마음이 앞서기 때문이고, 또 하나는 40년을 모시고 지냈으면서도 어느 한 부분도 쉽사리 거론하기 어려울 만큼 두계선생님의 학문은 지고한 경지에 있기 때문이다. 선생님의 학문을 우선 한 마디로 표현하자면 끝이 없이 전개되는 바다의 수평선같이 넓고 한없이 깊으면서 해가 뜨면서 가장 먼저 빛을 받는 이 세상 제일 높은 산봉우리의 위치만치 높다고 할 수 있다."[57]

한쪽에서는 이병도 사학을 식민사학이라고 비판하고 심지어 1차 사료와는 정반대의 결론을 내놓기 일쑤인 그의 학문에 대해서 조롱까지 하는데, 유영박은 어느 종교의 광신자가 교주에게 바치는 헌사 이상의 찬사를 부끄러움도 모르고 늘어놓았다. 마치 인간이 아니라 전지전능한 신에게 바치는 기도문 같다. 유영박은 이어서 두계사학의 본질이라는 장에서 이렇게 말했다.

"선생님께서는 첫째, 선현들의 무지와 잘못을 비롯하여 간악한 일제가 우리나라 역사를 악랄하게 왜곡해 놓은 것을 바로 잡는 일에 우선 심혈을 기울이셨다 … 그리하여 일제의 어용사학이 저지른 방대한 과오를 깨끗이 청산하였다. 둘째 마르크스주의 역사학 이론의 도입으로 저지른 한국사연구의 과오를 바로 잡는 일이었다 … 도리어 한국의 진정한 모습과 체취가 사라져 형해화된 잘못된 역사를 선생님께서는 오직 연구논문과 저서를 통해서 마르크스주의 역사이론의 모순과 결함을 바로 잡으셨다 … 위에서 지적한 두가지 사항은 과학적 실증주의에 의한 순수역사학인 두계사학의

57 유영박, 「내가 본 두계선생님의 학문」, 『역사가의 유향』, 158쪽.

기본을 이루는 내용이기도 하다. 두계선생님의 모든 학설은 지금
세계학계가 그대로 수용하고 그 업적을 각기 적용하여 연구하고
있다."

유영박은 팩트조작도 서슴지 않는다. 이병도가 "일제의 어용사학이 저지
른 방대한 과오를 깨끗이 청산했다"면 지금껏 식민사학이라는 비판이 계속될
리가 없다. 유영박은 이병도로부터 사료를 조작해도 괜찮다는 사실을 배워서
인지 사육신이 유응부가 아니라 김문기라고 우겼다. 사육신은 생육신 남효온
의 저서에서 비롯된 것이다. 정조 때 국가에서 단종에게 제사를 모실 때 어정
배식단에서도 사육신에는 유응부가 포함되어 있는데, 유영박은 과거 이병도
가 중앙정보부장 김재규의 청을 받고 유응부를 김문기로 바꿔치기 하려했던
수법을 그대로 사용하고 있는 것이다.

지금까지 살펴본 이병도에 대한 제자들의 평가는 이른바 두계사학이 학
문이 아니라 도그마임을 말해준다.

3. 이병도 역사관에 대한 비판

이병도의 고대사관은 많은 비판을 받아 온 것이 사실이다. 그러나 저술
이나 논문 형태로 비판된 것은 생각보다 많지 않다. 여기에서는 이병도의 역
사관, 특히 고대사관을 비판한 저술과 논문 가운데 대표적인 3편을 정리하여
소개하고자 한다. 문정창의 『이병도 저 한국고대사연구평』(백문당, 1976)과 이
도학의 「이병도 한국고대사 연구의 '실증성' 검토」(『백산학보』제98호, 2014), 임
찬경의 「이병도 한사군 인식의 형성과정에 대한 비판적 검토」(『국학연구』제18

집, 2014)가 그것이다. 이병도의 고대사관에 대하여 비판한 저서나 논문은 위의 3종을 제외하면 찾아보기 어렵다. 고대사의 대표적인 역사학자의 저술과 논문이 그동안 학계에서 전혀 비판을 받거나 논쟁의 대상이 되지 않았다는 것이 과연 그의 학문적 위상을 말해주는 것일까?

문정창(1899~1980) 선생. 일제 때 군수를 역임한데 대한 죄책감으로 남은 평생을 국사를 바로잡는데 바쳤다.

　　먼저 문정창이 집중하여 비판한『한국고대사연구』는 이병도의 대표 저술로 그의 고대 사관을 조명해 볼 수 있는 책이다.『한국고대사연구』는 학계의 찬사를 받으면서 등장했다. 그러나 동시에 많은 비판을 받은 것도 사실이다. 문정창의『이병도 저 한국고대사연구평』(백문당, 1976)은 최초로 이병도의 저술을 비평한 책이라 할 수 있다.

　　다음으로 이도학의 이병도 역사관 비판은 그의 논문「이병도 한국고대사의 '실증성' 검증」,『백산학보』제98호, 2014 를 통해 역사학계 차원에서는 최초로 제기 되었다. 이도학의 비판을 통해 앞으로 이른바 '이병도 학설'의 비판이 계속될 것으로 생각된다. 이도학의 비판 요지는 그의 〈국문초록에 잘 요약되어 있어 조금 길지만 전제하였다.

　　"한국 실증사학의 비조로 일컬어지고 있는 이병도 사학의 중심적인 논고를 검토해 보았는데, 그 결과 이병도가 제기한 역사지리 비정의 많은 부분은 후학의 호응을 얻지 못했다. 이병도가 득의에 찾던 삼한 중 진한의 위치 비정은 말할 것도 없고, 풍납동토성=사성설 등 숱한 논고들이 현금에 와서 무너져 내리고 말았다.

이병도의 역사지리 비정의 특징 가운데 하나가 음상사(音相似)에 의한 비정이었다. 방증 정도의 방법론을 핵심 근거로 삼은 결과 오도(誤導)된 결론을 도출하였다. 이병도는 음상사를 과도하게 사용한 관계로 논지의 핵심 요체가 된 경우가 많았다. 그로 인해 훗날 고고학적 방법론과 같은 새로운 자극이 발생하면 의외로 쉽게 논지가 붕괴되고는 했다.

이병도 사학은 견고해 보이지만 의외로 허술한 면이 적지 않았다. 그럼에도 두계의 한사군 비정만은 적어도 한국의 강단 사학에서는 통설로 자리 잡고 있다. 이 점 기이하게 느껴질 정도이다.

해방 이전은 물론이고 해방 이후에도 적어도 남한 사학계에서는 한사군의 위치에 대한 새로운 비정은 거의 시도되지 못하였다. 대신 그 역할은 소위 재야사학자들의 몫이 되고 말았다.

가령 연나라 장수 진개가 고조선을 침공하여 진출한 계선(界線)을 박천강으로 설정했고, 평양에서 출토된 진과(秦戈)를 토대로 전연시대에는 그 후 어느 때 대동강까지 진출한 것으로 간주한 이병도 설은 여전히 미검증 상태라는 점이다.

필자(이도학)는 이병도 사학 중 역사지리 분야에 대한 평가를 의뢰받고 집중적인 분석을 시도한 후 고심 끝에 내린 결론은 이병도 사학에서 '실증'은 없다는 것이다."

또한 임찬경의 이병도 역사관의 비판은 「이병도 한사군 인식의 형성과정에 대한 비판적 검토」, 《국학연구》 제18집, 2014에서 정리하였다. 임찬경은 이병도 역사학의 근본적인 문제, 즉 만선사관과의 관계, 역사연구 방법론 등에 대해 중점적으로 비판하였다.

이러한 비평서들은 이병도의 역사관을 조명하여보고 비판하는데 주요한 단서를 제공하게 될 것이다. 본문에서는 이병도의 역사관에 대한 위 3인의 비판을 1)고조선 문제, 2)한사군 문제, 3)삼한 문제, 4)고대 지명비정 문제, 4)역사연구 방법론 등의 주제별로 분류하여 정리하고자 한다.[58]

고조선 문제

먼저 고조선 문제에 대해 문정창은 이병도의 주장을 다음과 같이 가. 단군조선의 실체, 나. 기자조선의 실체, 다. 위만조선의 위치, 라. 위만의 국적문제로 나누어 비판하고 있다. 다음은 여기에 대한 문정창의 비판이다.

단군조선의 실체

가) 이병도는 『한국고대사연구』의 시작을 「단군의 설화」로 시작하고 있다. 단군조선은 우리 민족 최초의 국가로 우리나라 문헌과 중국의 문헌이 다같이 '왕검 조선', '개국하니 이름이 조선이다', '처음 조선이라 칭했다' 등과 같이 실존적 국가로서 존재해 왔던 것이다. 그럼에도 불구하고 이병도는 한국 고대사의 서장을 '단군 설화'로 시작하면서 그 실존을 부인하고 하나의 설화로 격하시켰다. 민족의 기원을 흐리게 하는 이러한 역사 기술은 일제 식민사학자인 이마니시 류(今西龍)의 논리를 그대로 답습한 것이라 할 수 있다.

4천년 역사인 우리나라에 단군조선을 신화 또는 설화라고 하는 사람은 없었다. 1910년 국권피탈 이후 군국 일본은 경찰과 헌병을 동원하여 전국의 서점, 향교, 개인의 서재 등을 샅샅이 뒤져 『삼국사기』를 제외한 모든 사서와 자주적인 사상이 들어있는 문헌 20여만 권을 찾아 불살라 버렸다.

이마니시 류(今西龍)는 일찍이 순암 안정복이 사용하였던 『삼국유사』를 입수하여 기이 제1권 제1, 고조선기 上의 '환국(桓國)'의 '국(國)'자를 인(因)자

---

58 위 3인의 주장에 대해 필자의 개별적 논평은 차후에 다시 정밀하게 정리될 것을 기약한다.

로 변조하여 "『삼국유사』 고조선기에 환인, 웅녀 등이 있으니, 단군조선은 하나의 신화로 역사 사실이 아니다"라고 강변하면서 그것을 논문으로 하여 모교인 경도제대에서 학위를 받았다.

이마니시 류가 이와 같이 단군조선을 신화로 돌리는 데는 뚜렷한 목적이 있었다. 즉 그의 이러한 억지 주장은 당시 일본 육군참모본부가 광개토태왕의 비문을 개작하여 이른바 '임나일본부의 남한지배설'을 연출하려는 것과 병행하여 이루어진 것이다. 이들은 4천년의 한국 역사를 2천년으로 깎아 내려 북은 중국의 한사군이 지배하였고, 남은 왜국에 의해 예속시키려 하였던 것에 다름 아니다.[59]

나) 이병도가 단군조선을 취급하는 태도에 또 하나 이마니시 류와 닮은 것이 있다. 그것은 '환웅이 무리 3천을 이끌고 태백산 신단수 아래로 내려왔으니 이것이 곧 신시(神市)다'라는 구절, 이것을 다루지 않았다는 것이다.

태고 시기 한 국가에서 3천명이라는 병력은 대단한 숫자라고 할 수 있다. 이 구절은 단군조선이 정복국가였음을 말해주는 역사적 사실인 것이다. 이마니시 류는 침략사관을 만들기 위해 이 기록을 누락하였다. 이병도는 '무리 3천명'에 대해 아무런 설명도 없었다.[60]

다) 이병도는 단군조선의 국도인 아사달을 신, 구 양 아사달로 규정하면서 신아사달이 황해도 안악, 구아사달이 평안도 평양이라 했다.[61]

그런데 『위서(魏書)』는 단군왕검이 처음 도읍한 곳을 아사달이라 하고, 이에 주를 달아 일명 '무엽산(無葉山)' 또는 '백악'이라 했다. 북위의 역사를 기술

---

59 문정창, 『이병도 저 한국고대사연구평』, 백문당, 1976, 13-14쪽.

60 문정창, 『이병도 저 한국고대사연구평』, 14-15쪽.

61 문정창, 『이병도 저 한국고대사연구평』, 38쪽.

한 위서가 말하는 백악은 고기가 말하는 '백악산 아사달'의 그 백악산이다. 그 백악의 소재지가 만주 길림성 남부의 백두산임을 『위서』 물길전이 자세히 밝혔다. 또한 일명 '무엽산'이라 했는데, '무엽'이란 나무가 없다는 말로 이 산의 상부는 기온이 한랭하여 나무가 자라지 못한다는 것이다. 이 산맥은 남으로는 함북 성진 동북 변까지 1천여 리 뻗어 있고, 북으로는 흑룡강성에 이르기까지 1천 5백여 리에 이르는 데, 그 한 지맥(支脈)을 예부터 완달산(完達山)이라 불렀다.[62]

라) 이병도는 고기의 기록 중 '요임금의 즉위 50년 경인이다'라는 구절을 다음과 같이 설명하였다. 1) 단군조선의 건국을 당요에 구한 것은 무엇일까 … 史的 의식과 민족적 자존심에 유래된 것이니 우리의 역사적 발족이 중국의 그것과 같이 구원하다는 것이다.[63] 2) 다른 하나는 『상서』 요전의 '分命羲仲 宅嵎夷日暘谷'에 근거를 가진 것인가 하는 생각이다.[64]

이에 대한 두 가지 해설을 정리하면 다음과 같다.

고기를 쓴 선현들은 단군조선이 요(堯)와 동시에 건국하였으므로 '여고병립(與高倂立)'이라 한 것이다. 다만 그곳에 달린 주(註)가 단군조선이 건국된 해를 경인년(庚寅年)이 아닌 정사년(丁巳年)이라고 했는데 그 때문에 요의 건국 연대와 약간의 차이가 난다. 기록은 후대의 것으로 중국의 기년에 요의 즉위가 무술년이 되어 있다고 하더라도 그것 자체를 우선 검토해야 할 것이다.

요나라의 건국에는 피비린내 나는 전쟁이 10여 년간 계속되었다. 이러한 상황에서 요나라의 건국연대는 다소 차이가 날 수 있을 것이다. 대만의 역사

---

62 문정창, 『이병도 저 한국고대사연구평』, 15-20쪽.
63 문정창, 『이병도 저 한국고대사연구평』, 34-35쪽.
64 문정창, 『이병도 저 한국고대사연구평』, 35쪽.

교과서에는 요(堯)나라의 건국 연대를 단군조선의 건국연대와 마찬가지로 서기전 2,333년으로 잡고 있다.

『진서(晉書)』 왕희지전에 따르면 '堯舜 北面之道'라는 구절이 나오는데 이는 요와 순이 그 누군가에 조공을 했다는 말이다. 즉 요순이 제후국이었다는 말과 다름 아니다. 천자는 남면하고 제후는 북면하여 제후가 천자에게 조공하는 것이 고대사회의 예법이었다.[65]

기자조선의 실체

가) 이병도는 『신당서』 고구려전의 기자신(箕子神)과 가한신(可汗神)을 잘못 해석하여 '기자 가한(可汗)을 기자 대왕(大王)으로 풀이하고 싶다'라고 했다. 또한 기자의 성을 한씨라 하고, 또한 그 소위 '기자조선'을 '한씨조선'이라 잘못 인식하였다.[66]

청나라 강희제는 "사가들이 한(汗)의 참된 뜻이 군장(君長)임을 모르고 어음(語音)이 같다하여 잘못 번역한다. 그러한 중에서도 어리석고 저속한 자는 그것을 더욱 잘못 해석하여 한(韓)을 사람의 성(姓)이라 한다."(『만주원류고』 권수卷首 유지諭旨)

이병도는 汗, 可汗을 만주어와 몽골어를 기준으로 하였는데, 이미 고구려 때부터 사용되었던 말이다. 즉 汗은 몽골과 만주가 고구려의 한(汗)을 계승한 것으로 이해해야 한다. '고구려 가한신(可汗神)' (『당서』 고구려전)

중국의 모든 사서에 나타나는 숙신, 조선, 환(桓), 간(馯), 한(韓), 한(汗), 간(干), 한(罕) 등 우리 말 '한'은 모두가 알타이어계족 일반의 대인(大人), 부족장, 군장, 국가원수 등에 관한 존호이다. 이리하여 이 한, 가한의 칭호가 기록

---

65 문정창, 『이병도 저 한국고대사연구평』, 18-20쪽.
66 문정창, 『이병도 저 한국고대사연구평』, 54쪽.

상 고구려 연대부터 그 계열의 후대 국가들(북위, 거란,회골,몽골,철륵등)에의하여널리사용되었다.[67]

이병도는 한(韓)을 조선왕 준의 성(姓)으로 착각하고, 그 나라 이름을 '한씨조선'이라 했는데 이는 근본적인 오류가 된다. 이는 앞에서 살펴본 대로『만주원류고』에서 이미 청 강희제의 유지(諭旨)에서 말한 바가 있는 웃음거리일 뿐이다.[68]

위만조선의 위치

이병도는 위만조선의 위치를 평안남도 평양 게머리 나루터에 끌고 오기 위해 여러 설을 늘어놓았다. 우리 고대 사학의 발전을 저해하는 두 가지가 있으니, 하나는 조선사편수회가 10년의 작업으로 내놓은『조선사』고대편이며, 다른 하나는 그것을 합리화, 정설화하기 위하여 도리이 류조(鳥居龍藏), 세키노 다다시(關野貞) 등이 만들어 낸 이른바 '낙랑유적(樂浪遺蹟)'이다.

『조선사』제1편 제3권은 중국관계 사료를 모집하되, 그들의 침략사관에 거슬리는 것은 일체 수록하지 않았다. 이는 독자들의 시각을 한정하는 것으로 어느덧 거기에 빠져들게 만드는 것이다. 그러한 증거로 해방 후 오늘날까지 다음의 구절을 논하는 학자가 없음을 알 수 있다.

"요동군은 진나라에서 설치했는데 유주에 속하였으며 현이 18개이다."

"험독(險瀆)에 대하여 응소가 말하기를 조선왕 위만의 도읍지이다. 물이 험한 곳에 의지하여 세웠으므로 험독이라 불렀다. 신찬이 말하기를 왕검성은 낙랑군 패수의 동쪽에 있다. 이곳이 곧 험독이다. 안사고가 말하기를 신찬의 말이 옳다."

---

67 문정창,『이병도 저 한국고대사연구평』, 35-38쪽.
68 문정창,『이병도 저 한국고대사연구평』, 40쪽.

이병도는 평양 게머리 나루터 한 구릉에 있는 토성을 위만의 왕험성이라 하고 지도까지 그려 놓았는데, 『한서』 지리지 요동군조의 '물이 험한 곳에 의지하여 세웠으므로 험독이라 불렀다'는 구절을 보았으면 헛되이 지도까지 그리지는 않았을 것이다.[69]

한편 이러한 '고조선의 문제'에 대하여 이도학은 '위만의 국적 문제'에 대하여 이병도가 위만의 국적을 '연인(燕人)으로 본데 대하여 이를 비판하면서 그 근거를 다음과 같이 제시하였다.

즉 사마천은 『사기』에서 위만의 국적을 '연인(燕人)'으로 규정하였는데, 그렇다면 위만은 중국인 이주자들에 의해 지배되는 정권이 된다. 이와 달리 두계는 「衛氏朝鮮興亡考」에서 위만의 국적을 고조선인으로 간주하였다. 논거는 『사기』 조선전과 『삼국지』 동이전 한조에 근거한 것이다. ① 연 땅은 한족 이외에도 예맥 계통의 사람들이 섞여 살던 곳이다. ② 위만이 조선에 올 때 상투를 틀고 조선옷을 입었다. ③ 준왕이 처음부터 국경 수비대의 중책을 맡을 만큼 신임이 두터웠다. ④ 국호를 여전히 조선으로 하였고, 토착인 출신으로 높은 지위를 차지한 자가 많았다.[70]

그러나 위의 견해는 다음과 같은 반론이 제기된다. ①은 위만의 국적을 연나라 사람임을 반박할 수 있는 직접적인 증거가 되기 어렵다. ②의 경우는 귀소본능이기 보다는 일종의 고조선의 질서 체계에 잘 순응하겠다는 복속의 례에 불과하다. ③은 신임의 발로라기보다는 역(逆) 이이제이책(以夷制夷策)인 것이다. ④는 위만은 취약한 유이민 집단을 기반으로 한 관계로 토착세력과 연합정권을 구성한 증거이다. 따라서 이와 같은 증거는 채택될 수 없다.[71]

---

69 문정창, 『이병도 저 한국고대사연구평』, 40-41쪽.

70 이도학, 「이병도 한국고대사의 '실증성' 검증」, 『백산학보』 제98호, 2014, 111쪽.

71 이도학, 「이병도 한국고대사의 '실증성' 검증」, 111-112쪽.

『삼국지』동이전 한조의 기사에 보면 위만이 고조선으로 망명할 때 '추결만 이복(魋結蠻夷服)'이라고 한 사실을 살필 수 있다. 이에 대해서는 일찍이 두계 가 깊은 관심을 가진 바 있다. 즉 "위만 등 연나라의 망명집단이 고국에 들어 올 때 본연의 자태를 나타내기 위해 그와 같은 복식을 하고 왔다는 것이다. 그 는 방망이처럼 생긴 상투를 튼 위만이 중국인이 아니라 한국인이라 했던 것이 다. 그런데 진시황릉의 병마용의 군인들은 모두 방망이처럼 불뚝 솟은 상투 를 틀었다. 또한 전한시기 지금의 광동, 광서지역에 살던 남월의 종족들이나 운남, 귀주, 사천 지역에 살던 서남이의 모든 종족이 같은 머리 차림이었다. 그 렇다면 추결을 한 위만이 고조선인임을 알려주는 지표가 될 수 없는 것이다.

여기서 말하는 추결은 '북상투'라는 뜻인데, 이는 아무렇게나 튼 상투로 머리를 뒤로 늘어 땋은 편발(변발)을 말하는 것이다. 위만이 틀었던 '추(魋)'는 고조선의 두발 형태로 여진의 두발과 부합한다. 여진의 조상이 고조선 시기의 숙신이다. 이런 점에서 고조선은 숙신과의 연관성이 보이며 이러한 고조선의 종족적 계통이나 문화적 기반은 한족과는 판이하게 구분된다.[72]

한사군 문제

한사군 문제에 대하여 문정창의 경우 가. 한사군의 위치, 나. 낙랑군의 위 치, 다. 임둔군의 위치, 라. 현도군의 위치로 분류하여 조목조목 이병도의 역 사관을 다음과 같이 비판하였다.

한사군의 위치

---

72 이도학, 「이병도 한국고대사의 '실증성' 검증」, 112-116쪽.

한사군의 위치에 대해 이병도는 한사군을 한반도에 끌어들여 106쪽에 달하는 지면을 할애하여 지도상에 다음과 같이 배정하였다.(이병도, 『한국고대사연구』, 98쪽)[73]

평안북도 현도군
평안남도 낙랑군
황해도 진번군
함경남도 임둔군

그런데 한사군의 중심은 위만조선의 왕검성이며, 왕검성과 한사군은 상호 관련이 있어 왕검성의 소재를 밝혀내면 그 위치가 명백해 진다.[74]

낙랑군의 위치

가) 이병도는 평안남도 대동군 대동강면 토성리에 자리한 토성을 위만조선의 왕검성이라 하고 또한 그곳을 한 무제가 설치한 낙랑군 조선현이라고 다음과 같이 강조했다.

"성내에는 군청, 현청을 비롯하여 관리의 주택과 기타 존엄건물들
이 있었던 모양이다. 토성은 동서가 약 750m, 남북이 약 630m, 면
적이 약 396,605㎡ 가량되는 소규모의 도성으로 그 내부에서 약간
의 가옥지, 포장도로, 구지(溝址)가 발견되고 기타 초석, 와당, 전,
봉니, 철편, 전화(錢貨), 전범(錢范), 동철촉, 영락(瓔珞), 소옥(小玉)
등이 출토되었다. 특히 와당에는 '낙랑예관' '낙랑부귀' 등의 명문

---

73 이하 쪽 수로 기재
74 문정창, 『이병도 저 한국고대사연구평』, 47~48쪽.

이 있고, 봉니에는 '낙랑태수장' '낙랑대윤' '낙랑우위' 기타 'O邯長印' '점제장인' '長岑장인' '증지장인' '昭明丞인' '불내좌위' '수성우위' '前莫좌위' '邪頭昧OO' 등의 각문이 있는 것이 무수히 출토되었다." (141쪽)

이병도의 이 설은 1913년 일제 식민사학자인 세키노 다다시(關野貞)가 꾸며낸 억측에 이병도 자신이 말을 보태어 만들어낸 부회요 위작이다.

이병도는 세키노 다다시가 게머리 나루터에 위치한 '망명, 부로한인(俘虜漢人)'들의 수용소로 보이는 토성을 위만조선의 왕검성으로 꾸며낼 때의 광경을 세키노 다다시 자신이 다음과 같이 자세히 설명하고 있음을 알아야 할 것이다.

"대정 2년(1913) 9월 23일 대동강변의 토성을 답사하였다. 과연 토축의 성벽이 상존할 뿐만 아니라 그 내부에서 한식(漢式)의 와편(瓦片) 십 수개를 채집하였다.

30일, 우리는 평안남도 내무부장 시노다 지사쿠(篠田治策)씨와 함께 평양세관의 작은 기선을 타고 대동강을 내려가 신발견의 토성을 보고 다수의 한식 와당을 채집하였다. 이 지점이 낙랑군 시대의 고적 산포(散布)지역의 중심점에 위치한 것, 강변의 풍경이 아름다운 승지(勝地)인 것, 한 대의 양식을 가진 다수의 기와 파편과 벽돌조각을 얻은 것 등의 예로 이곳이 한 대 낙랑군의 치지(治址)였으리라고 추상(推想)하고 의외의 발견에 크게 기뻐하였다."

세키노 다다시는 그가 토성을 발견했을 때의 출토품이 와편과 벽돌조각 뿐이라 했는데, 이병도는 수많은 종류의 유품이 쏟아져 나왔다고 했다.

지금까지 문헌과 내외의 학자들이 거의 다 현재의 평양을 낙랑군 치소라 하였는데, 뜻밖에도 그 낙랑군의 치소가 다른 곳에서 발견되었다.[75]

이병도는 토성의 면적이 396㎢로 낙랑의 군치로 적절한 것으로 말했다.(141~142쪽) 그러나 서울 여의도의 면적이 2,867㎢ 라는 것을 알고 말하는 것인가.[76]

나) 이병도는 평양 시내에서 출토된 '진과(秦戈)'를 들고 나와 진의 세력이 이 지방에 미쳤다고 했는데,(75쪽) 진의 세력은 오늘의 산해관 서쪽 창려지방에 자리한 갈석산 이동에는 미치지 못했다. 『사기』 진본기에 그러한 사실이 명백히 드러나 있다.

또한 그는 압록강 유역과 청천강 유역에서 출토된 명도전 기타 여러 종류의 유품을 증거로 하여 연의 세력이 이 지방까지 미쳤다 했다. 전연은 번조선을 토벌한 후 남만주 금주 1백리 북방인 의주(양평)에 방어성을 쌓고 그 서쪽의 땅에 머물러 있었다.

출토된 진과(秦戈), 명도전 등은 진시황 연간에 회대지방으로부터 민족이동에 따라 수많게 이주한 조선족의 유품일 것이다. 진시황이 만리장성을 축조할 때 중국 본토 내에 거주하는 조선족은 크게 탄압받으면서 회대지역에 있던 조선인들이 동쪽으로 대이동하였다. 유품에는 원주민의 것, 점령자의 것, 포로로 끌려온 자의 것, 여행자의 것 등등 여러 가지가 있다는 것을 알아야 할 것이다.[77]

---

75 「낙랑군시대의 유적」《고적조사 특별보고서》 제4호, 1927년 3월 조선총독부 발행.

76 문정창, 『이병도 저 한국고대사연구평』, 48~49쪽.

77 문정창, 『이병도 저 한국고대사연구평』, 50~51쪽.

다) 이병도는 황해도 봉산~황주지방이 공손강이 설치한 대방군 땅이었다고 하고 그 증거로 사리원역 동남방 1 km 지점에서 출토된 대방태수 장무이(張撫夷)의 전(塼)을 들었다.(125쪽)

고구려 미천왕이 그 14년(313) 9월 대방군을 공격했을 때 포로로 잡혀 와서 살다가 사망한 어양(漁陽) 사람 대방태수 장무이의 무덤에서 출토된 '장무이 전(塼)'을 황주지방 대방군설의 증거로 내세운 이병도의 발상에 아연하지 않을 수 없다.

소위 '장무이 전에 새겨진 글을 보면, 장무이가 어떤 처지에 놓여 있었던 자인가 알 수 있다.

"미천왕 14년(313) 9월 남으로 대방을 침략하였다." (『삼국사기』)

장무이 전문(塼文)의 내용
"하늘이 소인을 낳아 군자를 공양하게 하시다
천인(千人)이 벽돌을 만들어 부모(장무이)를 장사하노라
사또 대방태수 장무이여
슬프다 대인(大人)이여, 문득 백성을 버리셨다
백성들이 슬퍼하여 밤낮 편안하지 못하나이다
길이 현궁(玄宮, 무덤) 곁에서 원통한 마음 다할 바를 모르나이다."

이는 대방태수 장무이가 세상을 떠났을 때 함께 끌려온 1천여 명의 대방 군민이 그의 죽음을 슬퍼하며 지은 것이다. 이 각문 중에 '태세 무신년'은 고국원왕 18년(348)이며, 조 주부(趙 主簿)는 고구려 5등관으로 포로수용소 관리로

추정된다. 즉 '조주부의 허가를 얻어 이 벽돌을 만들었기에 그에 경의를 표한다.' 라는 내용이다.

황해도 사리원에서 이와 같이 장무이 전이 출토된 그 자체가 황해도가 대방군이 아니었다는 반증이 되는 것이다. 즉 황해도 황주가 대방고지였다면 사리원역에서 전쟁 포로가 되어 끌려온 대방태수 장무이의 전이 출토될 리가 없지 않은가.

황주가 대방군이 아니었다는 또 하나의 증거는 『위지』 왜인전의 다음 구절이다.

> "왜인은 대방 동남 대해 가운데 있다 … 대방군을 떠나 왜에 이르는 길은 해안선을 따라, 한국(韓國)을 지나, 남쪽으로, 동쪽으로 구야한국(狗邪韓國)에 도달하는데 7천리 길이다."

이 기록은 '대방군의 대해 중에 일본이 있다'는 것이며, 일본으로 가려면 대방군청 소재지에서 출발하여 해안선을 따라 한국 땅을 지나 북쿠슈 하가현에 자리한 구야한국에 도달하게 되는 것이라 했다. 황해도가 곧 한국 땅인데 또 무슨 한국 땅을 지난다는 말인가.[78]

임둔군의 위치

이병도는 임둔군의 위치를 함흥 북쪽이라고 역설하고 지도에 표시하였다.(98쪽) 이병도 자신이 강릉을 예(濊)라 했으니, 예 땅에 설치된 임둔군도 마땅히 강릉지방으로 끌고가야 할 일이 아닌가. 과거 8백년간 이 나라 지식인들이 비판 또는 의심없이 강릉을 '예'라고 신봉해 온 것은 김부식의 다음과 같은 기록에 따른 것이다.

---

78 문정창, 『이병도 저 한국고대사연구평』, 51-53쪽.

"남해왕 16년(19) 2월 북명(北溟) 사람이 밭을 갈다가 예왕(濊王)의
인장을 주워서 바쳤다."(『삼국사기』)

북명 사람이 예인(濊印)을 주웠다고 하여 그곳이 곧 『위지(魏志)』상의 예
(濊)라고 단정할 수는 없는 것이다. 김부식의 쓸데없는 글이 8백년간 이 나라
사학의 화근이 되어 왔던 것이다.

임둔군은 무제가 한사군을 설치한 지 22년 만에 폐지되었고, 반고의 『한
서』조차 이것을 그 지리지에 게재하지 않았다. 무슨 이유 또는 필요로 그러
한 임둔군을 한반도에 끌고 와서 민족사를 오염시키려는 것인가.[79]

현도군의 위치

가) 이병도는 현도군의 위치가 세 차례 이동했다고 하고 다음과 같은 억
측을 벌였는데, 현도군의 이동은 1차에 끝났다.

제1차 압록강의 중, 상류에서 동가강 유역 (187쪽)
제2차 중부 만주 봉천성 홍경지방 (170쪽)
제3차 중부 만주 무순지방 (170쪽)

이병도는 이제 현도군의 역사를 전하는 것이 아니라 조작을 시도하는 것
이다.

위만조선을 토멸한 한 무제는 위만의 강역이 되어 있었던 요동반도=옥저
땅에 현도군을 설치했다.

---

79 문정창, 『이병도 저 한국고대사연구평』, 53-54쪽.

"현도군. 무제 원봉4년(서기전 107) 열다 … 응소가 말하기를 옛 진
번의 고국(故國)으로 현이 셋이다.

고구려현 : 요산(遼山)은 요수가 시작되는 곳이다. 서남으로 흘러
요대에 이르러 대요수로 들어 간다. 응소는 옛 구려호(句麗胡)라
했다.

상은대(上殷台). 서개마 : 마자수는 서북으로 흘러 염난수로 들어
간다. 서남으로 흘러 서안평에 이르러 바다로 들어간다. 2개의 군
을 지나 흐르니 2천 1백리가 된다." (『한서』 지리지 '현도군')

『한서』 지리지의 이 현도군의 위치는 요동반도에서 의무려산 동쪽에 이동
한 후의 것이다. 중국 사서에 의하면 한 무제가 처음 옥저=산동반도에 설치한
현도군은 그 후 23년간 그곳에 존재하다가 지방 정권의 공격을 받아 쫓기어
서북쪽으로 달아나 역시 위만조선의 영지(領地)였던 진번 땅에 들어가 진번군
을 폐지하고 현도군을 설치했다는 것이다.

이병도는 『한서』『후한서』『삼국지』『수경주』『자치통감』 등에 나오는 기록
들 (문정창, 『이병도 저 한국고대사연구평』 60~61쪽 참조) 이 자기가 꾸며낸 위
의 기록에 맞지 않는다 하여 이 기록을 남긴 사가(史家)들을 크게 비난했는데,
그 요점은 다음과 같다.

현도, 옥저설의 장본인 『삼국지』의 기록을 의문시 한다.

"『삼국지』의 기재(記載)는 필시 찬자(撰者)의 어떠한 착각과 오해에 의한
두찬(杜撰)이라고 볼 수밖에 없다."(166쪽)

역도원의 설은 『한서』 지리지 현도군조 및 『수경』에 보이는 현도군치의 '고
구려현(遼山)'을 Proper의 고구려로 오인하고, 또한 이곳(요산)을 당초부터의
현도군 소재지로 거듭 오해하였다.(162쪽)

고구려현에 요수(遼水)와 요산(遼山)이 있다 한 것은 후위시기(477~513)의 인물인 역도원에서 시작된 것이 아니다. 그 3백여 년 전 전한 말의 유수(劉秀)도 고구려현에 요산과 요수가 있었다고 기록하고 있다.

중국의 하북성부터 열하성 남부지방은 황제 때부터 조선족과 한족의 격쟁지이며, 이러한 격쟁이 한나라 대에 이르러서는 한나라의 동방진출로 더욱 격화되었다. 쌍방의 공방전이 치열해 지면서 점차 동진(東進)하던 한나라는 그 모든 지명을 점차 동(東)으로 이식시켰다.

한나라의 지명을 가장 대규모적으로 동방에 이식시킨 자는 선제(宣帝)의 지절(地節) 연대(서기전 69~66)와 왕망의 地皇 연대 였고, 다음이 공손강, 다음이 당나라 고종 연대였다. 이리하여 패수, 평양, 요산, 요수, 요동 등의 지명이 여러 곳에 생겨나게 된 것이다.

이병도는 현도군의 최초 위치를 압록강 중상류와 동가강 유역이라 했는데(187쪽) 한 무제가 처음 설치한 현도군의 위치는 옥저 땅이었다. 그런데 이병도는 이미 함경남도 함흥을 옥저라 역설하고 지도에 까지 그려 넣었으니 동가강 유역을 옥저, 즉 초기의 현도군 땅이라 할 수 없는 일이 아닌가.[80]

나) 이병도는 자신의 '현도=홍경, 무순'설을 세우기 우하여 일제 식민사학자들의 설을 끌어들였다.

그러나 20세기 벽두부터 일본국의 식민사학자들은 중국사의 바탕을 구찰(究察)하지 아니하고 교치(僑置)된 후대의 지명을 가지고 그 보다 먼 앞날의 일을 논하는 등 숱한 과오를 범하였다.

이병도는 와다 세이(和田淸) 박사가 '자기의 의견과 마찬가지로 집안현 통구를 Proper의 고구려라 하다(163쪽) 했는데 만일 와다 씨가 그러한 견해를 가졌다면 그것은 커다란 착오였다.

80 문정창, 『이병도 저 한국고대사연구평』, 59-62쪽.

집안현 통구는 『후한서』 동옥저전이 말하는 북옥저, 즉 치구루(置溝婁)로 북옥저가 고구려의 영유가 된 것은 고구려 시조 10년이다.

"또한 북쪽에 옥저가 있으니 일명 치구루이다. 남옥저로부터 8백리
    에 있다." (『후한서』 동옥저전)

이병도가 흥경을 제2의 현도군 땅이라 한 것은 『대청일통지』의 다음 구절에 의거한 것 같은데 그것은 일통지의 잘못이다.

"흥경은 시조가 창업한 땅으로 한나라가 처음 현도군을 세운 곳이
    다." (『대청일통지』 권36 발상승지)

"성 북쪽에 고구려 고성이 있다. 한나라 원봉 4년에 조선의 땅에
    현도군을 처음 설치했다." (위와 같은 책)

청나라 강희제의 명을 받은 『대청일통지』와 『만주원류고』의 편자들의 업적은 높이 평가되나 뜻밖에도 그들은 동옥저전 상의 '동빈대해(東濱大海)'를 한반도의 동쪽 바다로 착각하고 옥저를 한반도의 동쪽 해안에서 구하는 나머지 백두산을 단단대령(單單大嶺)이라 했다.
『대청일통지』 봉천부조에 '해성, 개평, 복주 등지를 옥저라고 하였음도 기억해야 한다.[81]

다) 20세기 벽두부터 일제 식민사학자들은 진수(陳壽)가 과장적으로 기록해 놓은 '동임대해(東臨大海)'를 근거 없이 한반도 동해로 망각하여 현도태수

---

81 문정창, 『이병도 저 한국고대사연구평』, 62-68쪽.

왕기(王頎)가 조선해(朝鮮海)에 까지 도달했다고 여러 가지 환상적인 기행문을 남겨 놓았다.

그런데 동옥저전과 관구검전은 '옥저를 지나 다시 1천여리를 가서 숙신의 남계(南界)에 이르렀다.'라고 기록하고 있다.

대청일통지(大淸一統志). 강단사학자들은 사료를 자의적으로 해석해 해방 후에도 식민사학을 정설로 만들었다.

함경남도 함흥 땅을 옥저라고 주장한 다면, 함흥 동쪽 어디에 1천여 리의 땅이 있으며, 그 1천여리 저쪽에 환도산(丸都山)이 있다는 말인가. (正始六年 復征之 宮遂奔買溝 儉遣太守王頎追之 過沃沮千有餘里 至肅愼氏南界 刻石紀功 刊丸都之山 銘不耐之城, 『삼국지』 위서, 권28 관구검전 참조)

이병도는 홍경을 초기의 현도군이라고 그토록 강력히 주장하면서 그가 그려낸 '삼국도(三韓圖)'(269쪽)에서는 역시 함흥지방을 옥저라고 표시했다.

우리 고대 사학에 8백년 이래 고질적인 오류가 셋 있다.

그 하나는 한사군과 밀접한 관계를 갖는 평양=한 낙랑군설이요,

그 둘은 함흥=옥저설이며,

그 셋은 한 대의 요동군 치소인 양평(襄平)이 봉천성 요양(遼陽)이라 칭하는 점이다.

이제 본고는 위만조선의 왕검성이 요동군 험독현이었다는 점, 옥저가 요동반도였다는 점, 요동군의 치소인 양평이 남만주 금주의 북방 170리 지점에 위치한 의주였다는 점을 자세히 밝혔다.

현도군의 위치가 남만주 광녕평야 서북쪽 흑산(黑山) 지방임을 알려주는 사실은 『한서』『위략』 등 중국 사서와 『삼국사기』의 기록을 통해 살펴볼 수 있다.

- 요동군의 북단이 열하성 남쪽에 위치한 의무려산 언저리 북진(北鎭)이라 한 점
- 현도군은 요동군 치소인 양평=의주에서 4백리 동북쪽에 떨어져 있다한 점
- 현도군이 요(거란)의 동경인 요양과 열하성 의무려산 남쪽에 자리한 북진과의 사이에 위치해 있다 한 점
- 현도군의 치소인 '고구려현'은 고주몽의 졸본부여의 국도인 흘승골성과 연접해 있다 한 점[82]

라) 이병도는 후한 안제(安帝) 초기에 제3의 현도군을 무순지방에 설치하였다 했는데(159쪽), 이는 사실이 아니다.

후한 안제 시대에는 제2의 현도군이 고구려와 선비의 공격을 받아 망했다. 제3의 현도군이 설치된 것은 순제 연대이며, 제3의 현도군 또한 의무려산 동쪽에 위치한 제2의 현도군 땅이었다.

한나라가 현도군을 다시 설치하기까지 무수한 사연이 담겨져 있다. 서기전 37년 의무려산 동쪽 졸본부여에서 입국한 고구려는 그 40년 만에 요동반도 위나암성으로 도읍을 옮겼다. 『삼국사기』는 위나암성이 '산수가 깊고 험하

82 문정창, 『이병도 저 한국고대사연구평』, 68-71쪽.

며 땅이 오곡이 잘된다.'라고 했으니 이러한 지리적인 조건을 갖춘 곳은 요동반
도 개평성이다.

위나암성은 또한 암반지대라 했으니 위나암성은 당 태종의 요동진출 때
이름난 백암성이기도 했을 것이다. 그로부터 10년이 지난 후 고구려는 의무려
산 동쪽에 위치한 한나라 현도군 고구려현을 공격하여 빼앗았다.

다시 14년이 지난 해 후한의 요동태수가 대병력을 이끌고 고구려를 공격
했다. 대무신왕이 역부족으로 위나암성에서 농성하였다. 한나라 군사가 첩첩
히 에워싸고 수 십일이 지난 후 고구려 신하 두지(豆智)가 위나암성에 물이 풍
족하다는 계책을 내어 한나라 군사가 물러갔다는 것이다.(『삼국사기』 고구려
대무신왕 11년조 참조) 이 전투에서 고구려는 10년 전 얻은 고구려현을 빼앗
긴 것으로 보인다.

그로부터 20년이 지난 해 고구려가 공세로 나와 한나라를 압박하여 마침
내 우북평, 어양, 상곡, 태원을 점령했다.(『삼국사기』 고구려 모본왕 2년조 참
조)

다시 60년이 지난 후 고구려 태조왕은 한나라에 사신을 보내 '현도군을
고구려에 반환하라.' 라고 했으나 한나라가 듣지 않았다. 고구려가 공격을 개시
하였다. 현도군을 탈환하기 위한 태조왕의 공세는 10여년간 계속되었는데 이
를 항상 가로 막는 자가 부여왕자 위구태였다.

후한은 그 후 선비의 진출로 곤경에 빠졌으며 이 무렵 현도군이 망한 것
으로 보이는데, 그것이 고구려의 공격에 의한 것인지, 선비의 공격에 의한 것인
지는 알 수가 없다.[83]

---

83 문정창, 『이병도 저 한국고대사연구평』, 71-74쪽.

마) 이병도는 집안현 통구(通溝)를 현도군 치소라고 하고, 또한 현도군 고구려현을 졸본부여와 동일시하여 여러 가지 설을 벌였는데(354~5쪽) 이는 잘못된 것이다.

집안현은 고구려현도 아니요, 졸본부여도 아니었다.

집안현 통구는 『후한서』 고구려전이 말하는 북옥저(일명 치구루置溝婁)로, 북옥저는 고구려 장수 부위염(扶尉猒)에게 멸망했다.

열하성 동남부 의무려산 동쪽에 자리한 구려(句麗)는 단군조선 이래의 지명으로, 『규원사화』에 의하면 구려의 국조(國祖)는 부소(夫蘇)이며, 졸본부여는 해모수(解慕漱)가 건국한 나라다. 따라서 구려와 졸본부여는 출자(出自)가 다르며, 서로 땅이 인접해 있지만 동일한 땅은 아니다. 그러므로 현도군과 고구려현이 후한의 소유가 된 후에도 고구려 왕들은 졸본부여에 행차하여 시조묘에 제사를 지냈던 것이다. (『삼국사기』 고구려 신대왕 3년조 참조) [84]

한편 한사군 문제에 대하여 임찬경의 경우 이병도의 저서 『조선사개강』에 나타난 한사군 인식을 중심으로 이병도의 학설을 다음과 같이 비판하였다.

가) 1923년 10월 5일 연재된 「조선사개강」의 소재목은 '한사군의 치(置), 폐(廢)'로서 한사군의 설치와 폐지에 대해 개략적으로 서술한 것이다. 이병도는 한의 무제가 서기전 108년에 현재의 평양 일대에 있던 조선은 물론 그 주위의 졸본, 옥저, 예맥 등을 정치적으로 복속시키면서 한반도의 북부를 4대 구역으로 나누어 한사군을 설치했다고 인식했다.

이병도는 위만의 조선이 차지하고 있던 평안과 황해 및 경기도의 대부분 지역에 낙랑군이 설치되었고, 동쪽으로 이병도 집필 당시의 행정지명 중 강원도의 대부분 지역에 임둔군이 설치되었으며, 함경남도 지역에 현토군이 설치

---

84 문정창, 『이병도 저 한국고대사연구평』, 74-75쪽.

되었고, 평안북도와 그 북쪽의 동가강 유역에 그곳의 원래 지명에 따라 진번군이 설치되었다고 서술하였다.

이병도의 한사군 인식에 따르면, 서기전 108년 이후 한강 유역과 그 이북에서부터 압록강 중류와 동가강 일대가 모두 한의 지배영역, 곧 식민지가 된 것이다.[85]

이러한 한사군 인식은 이병도가 처음 밝힌, 독창적인 관점은 결코 아니다. 「조선사개강」의 한사군 인식은 당시 한반도의 영구적 점령을 역사적으로 정당화시키려는 일제의 식민사관 논리에 따른 한사군 서술을 이리저리 짜깁기해 놓은 것에 지나지 않는다.

실제적으로 「조선사개강」에 나타난 이병도의 한사군 인식은 '만선사관'을 기획하여 형성시켰고, 그 사관에 의한 조선사를 재구성하려 했던 시라토리 구라키치(白鳥庫吉)의 인식을 복사한 것과 같은 정도라고 평가할 수 있다.[86]

엄격하게 분석하면, 「조선사개강」 서술의 바탕도 만선사관에 의거한 것과 크게 다르지 않다. 실제로 「조선사개강」의 서론 부분에서 이병도는 '만선'이란 용어를 직접 사용하면서 조선 상고사의 성격에 대한 자신의 관점이 '만선사관'을 따르고 있음을 서술하고 있다.

그가 "고대 조선에서 만주의 역사와 조선반도의 역사를 분리시킬 수 없다."라는 논리는 만선사관의 핵심 논리라고 볼 수 있다. 만선사관에 의한 '만선사학'은 만주지역의 역사인 '만주사'와 조선반도의 역사인 '조선사'를 합해서 만들어진 개념이었다. 그러므로 만선사관에서는 만주와 조선반도의 역사를 하나의 역사단위로 인식하였던 것이다.[87]

---

85 임찬경, 「이병도 한사군 인식의 형성과정에 대한 비판적 검토」, 《국학연구》 제18집, 2014, 229쪽.

86 임찬경, 「이병도 한사군 인식의 형성과정에 대한 비판적 검토」, 230쪽.

87 임찬경, 「이병도 한사군 인식의 형성과정에 대한 비판적 검토」, 231쪽.

만선사관은 1905년 러일전쟁 직후 이론 근대 역사학으로서의 동양사학을 개척한 인물로 평가되고 있는 시라토리에 의해 주장된 것으로 이것은 일제의 만주 진출을 앞두고 창안된 역사인식이었다. 처음에는 시라토리를 중심으로 만선역사지리조사실의 이케우치 히로시(池內宏), 야나이 와타리(箭內亙), 이나바 이와키치(稻葉岩吉) 등이 만선사 연구를 주도했다.

만선사 연구는 지리적인 문제를 중심으로 정치사나 대외관계사가 주류를 이루었다. 이것은 중국과 대립하면서 만주와 조선 지역을 실질적으로 통치하려 했고, 또 통치하고 있던 일제의 의도에 부합하는 역사연구였다.

이병도가 이러한 만선사관에 의거하여 1923년 『조선사개강』을 서술하였음은, 당시 이병도의 역사 연구가 만선사관에 포섭되었음을 의미하며 이병도가 곧 일제 식민사관을 추종하게 됨을 의미하는 것으로 볼 수도 있다.[88]

나) 만선사관에 의하면 고조선은 곧 기자조선과 위만조선만을 가리키는 것으로 이해된다. 만선사관에서는 대체로 단군신화가 인정되지 않았고, 그에 따라 단군조선의 존재도 부정되었기 때문이다. 심지어 만선사관에 의한 조선사 서술에서는 고조선이란 명칭은 거의 사용하지 않고 기자조선과 위만조선으로 각각 구분하여 서술하는 것이 일반적이었다.

기자조선에 대해서도 중국인들이 한반도 서북부 지역으로 이주해와 국가를 세웠다는 역사적 사실을 반영하는 전설로서 '기자 전설'을 이해할 뿐 기자가 실제로 조선이란 국가를 세웠다는 전설은 부정하였다.

또한 만선사관에서는 위만이 연에서 망명해왔다는 『사기』 조선열전의 기록은 대체로 신뢰하여 위만을 중국인의 국가로 인식하고 있었다.[89]

---

88 임찬경, 「이병도 한사군 인식의 형성과정에 대한 비판적 검토」, 231-232쪽.
89 임찬경, 「이병도 한사군 인식의 형성과정에 대한 비판적 검토」, 232쪽.

1923년 10월 4일에 연재된 「조선사개강」에서 한 항목이 '한인(漢人) 국가의 흥망과 한사군의 설치 및 폐지'이다. 이곳에서 이병도는 춘추전국 시기에 평양 일대에 나라를 세운 기씨와 그 이후 한나라 시기에 이 지역으로 망명하여 기준의 나라를 빼앗은 위만의 조선 모두를 한인의 국가로 설정하여, 조선의 고대사를 서술하였다.

그리고 뒤이어 10월 5일 연재한 「조선사대강」에서 서기전 108년 위만의 조선은 한의 무제에게 멸망되면서 한반도 중부 이북과 압록강 북쪽의 동가강 유역 및 그 동쪽의 두만강 일대에 한사군이 설치됨으로써 이들 지역 모두는 한의 식민지가 되었다고 서술하였다 이러한 내용의 역사서술은 당시 식민사관에 의한 조선사 서술의 전형적인 것이었다.[90]

다) 「조선사개강」에 나타난 이병도의 인식에 따르면 한반도의 조선사는 그 출발부터 '한인 국가에 의한 식민지의 역사' 그 자체인 것이다. 춘추전국 시기 무렵 한반도의 북부에 나라를 세운 기씨와 그 뒤를 이은 위만, 그리고 위만을 멸망시키고 설치한 한사군 등 한반도의 고대사는 곧 한인에 의한 식민지의 역사 그 자체인 것이다. 「조선사개강」 제3장의 제목 자체가 "한인 국가의 흥망과 및 한사군의 치, 폐" 였음은 당시 이병도의 역사 인식의 진면목, 즉 일제의 식민사관을 그대로 받아들여 조선사를 서술하려는 학문적 식민성을 그대로 반영하는 것이었다. 「조선사개강」에 나타난 이병도 역사인식의 식민성은 당시 일제가 조선사와 관련하여 한중일 삼국에 유포시키던 식민사관 논리에 다름 아니다.[91]

---

90 임찬경, 「이병도 한사군 인식의 형성과정에 대한 비판적 검토」, 233쪽.
91 임찬경, 「이병도 한사군 인식의 형성과정에 대한 비판적 검토」, 233쪽.

라) 이병도의 『조선사개강』은 일찍이 춘추전국 시대에 이미 한인의 국가가 평양 일대를 중심으로 한반도 북부 지역을 점거하였고, 한인의 국가인 기씨조선과 위만조선의 뒤를 이어 한무제의 한사군이 평양 일대를 중심으로 한반도의 중부 이북과 압록강 중류 이북의 동가강 일대를 다시 지배하였다는 이러한 고대사 서술로서 그 내용 자체가 일제 식민사관의 '타율성론'에 철저하게 부합되는 것이었다.

이병도의 『조선사대강』 중에서 고대사를 서술하는 관점은 아래에서 이만열이 지적하는 바와 같은 '한국사의 타율성론'에 포섭되었음은 누구도 부정하지 못할 것이다.

> "타율성이론은 한마디로 말하면, 한국사의 전개과정이 한민족의 자주적인 역량에 의하여 자율적으로 이루어졌다고 하기 보다는 외세의 간섭과 압력에 의하여 타율적으로 이루어졌다고 설명되는 것이다. 다시 말하면 한국의 수천년 역사는 중국, 몽골, 만주와 남쪽의 일본 등 이웃한 외세의 침략과 압제 속에서 비주체적으로 전개되어 왔다는 것이다. … (중략) …
>
> 자주적인 모습을 부정하고 애써 타율적인 초점에 맞추려고 한 한국사, 특히 고대사의 모습은 뻔한 것이었다. 한국사는 태고적부터 북쪽은 중국의 식민지로서, 남쪽은 일본의 영향 아래에서 시작되었다는 것이다. 즉 북쪽은 기자, 위만, 한사군 등의 중국 세력이 지배하였고 남녘은 신공황후의 정벌을 전후하여 수세기간 일본의 지배하에 있었다고 하는, 소위 일본의 '남방경영설' 내지는 '임나일본부설'을 안출해내었던 것이다."[92]

---

92 이만열, 『한국근대역사학의 이해』, 275~276쪽.

위에서 이병도의 「조선사개강」에 나타난 한사군 인식이 만선사관을 주창한 시라토리의 한사군 논리를 그대로 복사한 것에 지나지 않는다고 평가했었는데, 만선사관에 의해 작성된 대표적 논저 중의 하나인 『만주역사지리』를 살펴보면 이러한 평가가 크게 틀리지 않음을 분명하게 확인할 수 있을 것이다.

특히 『만주역사지리』 제1권 중에 실린 시라토리의 "제1편 한(漢) 대의 조선"에는 이병도의 한사군 인식과 거의 같은 위치 비정 및 지명 비정이 이루어지고 있음을 명확하게 확인할 수 있는 것이다.[93]

말하자면 이병도의 「조선사개강」에 나타난 한사군 인식은 일제의 침략적 식민사학 논리인 '만선사관'이나 '타율성론'을 추종하고 있으며, 구체적 위치 및 지명 비정도 역시 당시 일제의 연구 성과들을 그대로 답습하여 짜깁기해 놓은 것에 지나지 않는 정도의 것이었다.[94]

임찬경의 경우, 이와 같은 이병도의 『조선사개강』에 나타난 그의 역사관이 결국에는 '한사군 한반도설이 학계 통설이 되었다.'는 결과를 낳았다고 비판하고 있다. 이러한 한사군 문제에 대한 그의 비판은 다음과 같은 결론을 도출하고 있다.

가) 근거가 없는 한사군 한반도설이 이병도에 의해 이 땅에 정착하면서 그의 이론은 학자들 사이에 별다른 이론(異論)없이 통설, 정설로 받아들어진 이유는 무엇인가. 다음의 인용문을 살펴보자.

"한무제가 위만조선의 지배국이었던 평양 방면에 '낙랑군', 신천 방면에 '진번군', 덕원 방면에 '임둔군'을 둔 것이 서기전 108년으로 되어 있고, 조선 국외에 있던 통구 방면에 '현도군'을 준 것이 이듬해

---

93 임찬경, 「이병도 한사군 인식의 형성과정에 대한 비판적 검토」, 236쪽.
94 임찬경, 「이병도 한사군 인식의 형성과정에 대한 비판적 검토」, 236쪽.

로 되어 있습니다. 이 소위 한사군의 지리 고증은 원래 복잡해서 여러 설이 있을 줄 압니다만, 이병도 박사의 설이 이젠 별 이의 없이 받아들여지고 있다고 해야겠지요?"[95]

위의 인용문은 1971년 《신동아》에 연재되었던 '토론, 한국사의 쟁점'에서 사회를 맡았던 천관우가 한 발언이다. 이 토론회에는 한국 학계에서 역사학과 고고학 분야의 쟁쟁한 인사들이 참여하고 있다. 고병익, 김원룡, 김정배, 김철준, 양승우, 이기백, 전해종 등이 토론자로 참여했고, 전체 20여명의 토론자를 대표하는 사회는 천관우가 맡았다.

이 토론의 한사군 문제를 거론하는 자리에서 천관우는 "이병도 박사의 설이 이젠 별 이의 없이 받아들여지고 있다고 해야겠지요?"라고 질문하면서 20여명의 참가자들에게 한사군 문제에 관한 소위 한국사학계의 통설이 바로 이병도의 설임을 다시 한 번 확인시키고 있는 것이다. 이에 대해 참석자들은 천관우의 말처럼 누구도 "별다른 이의"를 제기하지 않은 채 '암묵적'으로 통설이자 정설로 굳혀지게 되는 것이다.[96]

나) 이병도의 한사군 한반도설은 그의 제자들에 의해 다시 한 번 정설로 굳혀지게 된다. 이기백은 자신이 계승한 이병도의 한사군 인식에 대해 정설로서의 위치를 재확인하는 입장을 거듭 밝히고 있다.

엄밀한 학술적 비판을 거치지 않은 채, 이병도의 설은 일본학자들의 한사군 관련 설보다 더 합리적인 것이라고 느낀다며, 다음과 같이 평가되고 있는 것이다.

---

95 천관우 편, 『한국상고사의 쟁점』, 196~187쪽.

96 임찬경, 「이병도 한사군 인식의 형성과정에 대한 비판적 검토」, 251쪽.

"일본학자들 중에 아직 한사군의 위치에 대해 선생님하고 의견을
달리하는 사람도 있는 것 같습니다만, 한국에서는 선생님의 설이
거의 정설이 되어서 교과서에서도 그렇게 다루어지고 있는데요.
지금 선생님께서 말씀하신 대로, 맨 처음에 낙랑군이 고조선의
본토에 설치되고, 현도군이 옛날 예맥 땅에 설치되고, 임둔국이 있
던 곳이 바로 임둔군이 되고, 진번국이 있던 곳이 진번군이 되고,
이렇게 그런 전통사회가 하나의 기본이 돼서 설치된 것이기 때문
에 일본학자들이 단지 중국역사책을 보고 거기에 적힌 중국과의
거리의 숫자를 기준으로 추측하는 것보다 훨씬 더 합리적인 설이
아닌가 그렇게 느끼고 있습니다만 … "[97]

이렇게 계승된 사승관계는 이병도의 『국사대관』(1948)에서 이기백의 『국사
신론』(1961)으로 비판없이 계승된 한사군 인식을 바탕으로 하며, 후학들에게
커다란 영향력을 미친 것으로 보인다. 문제는 이러한 계승 및 영향 관계에서
엄밀한 학술적 비판과 그로 인한 학술의 논리적 발전 흔적은 찾아보기 힘들
다는 점이다.

여하튼 오늘날 기존의 역사학계가 한사군 문제와 관련하여 이러한 학술
적 정체성을 극복하지 못하는 한계에서, 소위 이병도의 한사군 인식은 그 통
설로서의 권위를 계속 유지하고 있는 것이다.[98]

삼한 문제

---

97 「한국고대사의 제문제」, 『역사가의 유향』, 234쪽.
98 임찬경, 「이병도 한사군 인식의 형성과정에 대한 비판적 검토」, 256-257쪽.

다음으로 '삼한(三韓) 문제'에 대하여 문정창은 '삼한의 위치'를 새롭게 조명하면서 이병도의 『한국고대사연구』에 나타난 문제 인식에 대해 다음과 같이 비판하고 있다.

가) 삼한의 위치에 대해 이병도는 60면에 달하는 장문으로써 삼한을 취급했는데, 그는 삼한 문제의 핵심을 '진한(辰韓)'이라 역설하고(237쪽), 진국(辰國)의 중심지를 경기도 진위군 부용면 평궁리로 잡았다.(이병도, 『한국고대사연구』, 247쪽)

『양서』 『북서』 『통전』 등은 신라를 진한이라 했는데 경기도 진위지방을 진한이라 한 것은 이병도가 처음이다. 그는 진한의 위치 규명에 관한 방증으로 염사치에 관한 이야기를 끌어댔다.

염사치 이야기는 우리 역사학과 큰 관련이 있는 것은 아니지만 이것을 들고 나와 진한, 낙랑문제를 잘못 규정하는 경향이 있으므로 이를 밝히고자 한다.

염사치에 관한 이야기는 『삼국지』 위서 권 30 한전(韓傳)의 주(注)에 인용된 위략(魏略)의 이야기이다. 염사치는 하북성 왕검성에서 요동반도에 이주한 자의 후예이다. 출세하여 진한의 관리가 된 염사치는 고향으로 돌아가고 싶어 낙랑에 귀순할 생각으로 길에 올랐다가 도중에 채벌공으로 끌려온 한(漢)나라 사람들을 만나 이들을 이끌고 낙랑군에 귀순한다는 이야기다.

이병도는 이 기록을 통해 낙랑군 함자현을 황해도 서홍으로, 진한을 충청남도 아산만으로 잘못 이해하고 있는 것이다.(245쪽)

요동반도가 진한의 땅이었다는 것을 중국 사서에서 열거하면 다음과 같다.[99]

---

99 문정창, 『이병도 저 한국고대사연구평』, 75-79쪽.

지 명	내 용	전 거(典據)
개평현 盖平縣	本辰韓也	만주원류고
개주고성 盖州故城	辰韓, 反在朝鮮之東	대청일통지
금주 金州	本辰韓之也	성경통지
진주 辰州	본진한지야	만주원류고
개평현 盖平縣	周屬朝鮮地 遼以路通辰韓	요사 지리지
연해현寧海縣	周屬朝鮮界 辰韓地	요사 지리지
복주 復州	주속조선계 진한지	요사 지리지

나) 이병도는 '한(韓)'이『사기』와『한서』에는 보이지 아니하고『후한서』부터 나타난다고 했다.(249쪽) "한(韓)이 왜『전한서』에는 나타나지 아니하고,『후한서』부터 나타나느냐" 운운의 의문은 우리 고대 사학이 풀지 아니하면 안 될 수수께끼다.

중국 사서에서 한(韓)은 주(周)대의 한, 전국시대의 한, 한(漢) 대의 한, 세 개의 한이 있다. 주대와 전국시대의 한은 산서성 지방에 자리했는데, 이 두 시대의 한은 (화하계 華夏系,중국)의 것이었다. 한 대의 한은 조선족의 것인데, 중국 사서 상의 한이 가장 먼저 나타난 것은『삼국지』위서 한전에서 다음과 같은 구절이다.

"기준(箕準)이 연나라 망명자 위만에게 공격을 받아 정권을 탈취
 당하자 좌우의 궁인(宮人)들을 데리고 바다로 달아나 한(韓) 땅에
 거하며 스스로 한왕(韓王)이라고 했다."

중국 동북방에 '한'이 나타난 것은 제1차로 낙랑조선왕 준이 나라를 빼앗기고 나니, 그 아들과 어버이가 왕이라 할 수 없어 조선족 고유의 장(長), 즉 한(汗), 간(干), 한(韓_을 사용하게 되었다. 그로부터 80년이 지난 후 위만조선

이 멸망하니 위만조선의 땅이었던 수천 리 지역 내의 성주(城主)와 읍주(邑主)들이 모두 한(汗), 한(韓)이라 부르게 되었다.

『후한서』와 『삼국지』가 말하는 그 모든 한(韓)은 서부 남만주, 요동반도, 발해연안 등 사방 4천여리에 달하는 넓은 지역에 자리 하였던 조선족의 자치제 한(韓)이었던 것이다.

예부터 많은 선유와 사학도들이 『후한서』와 『삼국지』 상의 마한의 위치를 한반도 서해안으로 하여 지명 배치를 하고 있으나 그것은 착오다. 후한부터 위나라 시기까지는 백제가 엄존했는데 좁은 서해안에 또 무슨 50여개의 국가가 있었단 말인가.[100]

다) 이병도는 "한적(漢籍)들이 진국(辰國)과 진한(辰韓)을 혼동하여 '古之辰國也'라고 했다."고 했는데(244쪽), 그것은 이병도의 오류이다.

뿐만 아니라 이와 같은 그릇된 인식이 이병도로 하여금 그 소위 '우리 민족의 후진성설'이나 '전방사회와 후방사회설'(240쪽) 등을 만들어 내게 되는 것이다.

진한의 땅은 요동반도 지방이며, 요동반도 지방이 예부터 한국(桓=肅愼=朝鮮)의 근거지였음을 앞에서 누차 밝힌 바 있다. 한국은 단군조선 시기에 이르러 크게 발전하여 '삼왕 분통제(三王 分統制)'를 실시했다. 단군조선의 '삼왕 분통제'는 단재 이래 우리 고대 사학의 통설이다.

단군조선의 삼왕 통분제는 대왕의 소재지인 요동반도 지방을 진(眞)조선이라 하고 그 서쪽인 하북성 지방을 '번(番)조선', 남방인 한반도를 '막(莫)조선'이라 하였다. (신채호, 『조선상고사』 참조) 이것이 후일 진한, 변한, 마한으로 불리게 되는데, 진한은 또한 '日出 東方之處'라는 뜻으로도 풀이된다.

---

100 문정창, 『이병도 저 한국고대사연구평』, 79-81쪽.

본고의 이와 같은 사실은 이병도를 비롯한 이른바 실증주의 사학자라고 자처하는 자들만 모르지 대만대학 교수인 서량지 박사는 "은~주대의 조선족 활동 구역이 오늘의 조선반도, 요동반도, 산동반도, 발해만 연안, 하북성 동남부, 강소성 서북부, 안휘성 중북부, 호북성 동쪽 모퉁이까지 였다."라고 있으며,(서량지,『중국사전사회』, 267쪽) 강량부는 '고조선의 위치가 조선반도와 요동반도'라고 하였으며, 홍콩대학 교수 임혜상 씨도 같은 견해를 표명했다. (임혜상,『중국민족사』상권, 제1장 중국민족분류)[101]

　　라) 이병도는 '삼한도'를 그려 놓았는데,

- 함흥 이북의 함경도 전역은 옥저와 북옥저로
- 함경남도 영흥, 문천, 안변지방은 동예로(그러한 그는 무슨 이유에서인지 그의 지론인 강릉지방=예를 표시하지 않았다.)
- 평안북도 의주 동편에 위치한 천마산 이서~청천강 이북의 땅은 한 요동군으로
- 청천강 이남~평양~황해도 자비령 이북의 땅은 한 낙랑군으로
- 자비령 이남~예성강은 대방군으로
- 예성강 이남~충청남도 금강 이북의 땅은 진한으로
- 섬진강 이동~강원도 삼척은 변진으로
- 금강 이남~섬진강 이서~서해안 일대는 마한이라 하였다.
　그러한 서해안 일대의 땅에『삼국지』위서 한전이 말하는 마한 55국을 배정하여 표시해 놓았다.(269쪽)

101　문정창,『이병도 저 한국고대사연구평』, 81-83쪽.

지명 전시장 같은 이 그림은 이병도의 모호, 막연한 환상을 위해 시도한 하나의 그림이지, 역사 사실의 반영은 아니다.

첫째, 이 도면은 진한을 마한의 동북방 한 모퉁이에 배치했는데, 『삼국지』 위서 한전은 '진한은 마한의 동쪽에 있다'라고 했다.

둘째, 삼한의 면적을 '사방이 가히 4천리'라고 했는데 이병도가 말한 삼한의 땅은 고작 남북이 1천여 리이며, 동서가 700리 정도일 뿐이다.

『후한서』와 『삼국지』는 이 시기의 고구려 전역을 '사방 2천리'라고 했다. 사방이 4천이라면 하북성~서부 남만주~요동반도~한반도 북부까지의 광대한 지역이 된다는 것을 알아야 한다.

셋째, 이병도의 이 소위 '삼한도'는 삼한의 역사적 연대를 뒤죽박죽 만들어 놓았다. 즉 위로는 진(秦)대(서기전 250년)로부터 아래로는 조위(曹魏) 경초(景初) 연간(240년)까지의 5백년 사이에 등장했던 모든 '한(韓)'을 이 도표에 집어넣어 그 모든 한이 마치 동시대적인 것처럼 만들어 놓은 것이다.

넷째, 이병도는 『삼국지』 위서 한전이 전하는 '마한 55국'을 한반도 서해안 지방에 배치해 놓았는데, 그것은 커다란 오류라 할 수 있다. 『삼국지』가 말하는 마한 55국은 발해·연안의 땅과 요동 일대의 땅이라는 것을 여러 차례 언급한 바 있다.

다섯째, 이병도가 한반도에 자리했다고 표시한 땅의 실상은 다음과 같다.

- 요동군은 하북성 난하 북안~의무려산 언저리 북진까지
- 북옥저는 성경성 집안현 통구평야
- 옥저는 요동반도
- 낙랑군은 하북성 난하 서안~녕하 동안까지의 하구 지대에 자리한 조선현과 요동만에 빠져든 5백리의 평지

- 예는 난하 서안~백하 동안까지의 사이에 자리한 요서군 땅과
침몰된 5백리 평지
- 대방군은 낙랑군 둔유현 이남의 땅
- 진한은 요동반도[102]

한편 이러한 삼한 문제에 대하여 이도학은 이병도의 위치 비정에 대해서
다음과 같이 비판하였다.

가) 두계가 비중을 두고 언급한 위치 비정 가운데 하나가 삼한 문제에 관
한 논고이다. 「삼한문제의 신고찰」은 이미 1930년대 《진단학보》에 발표되었다.
두계의 삼한문제의 핵심은 삼한의 위치를 새롭게 비정했다는 것이다. 두계는
삼한의 위치를 다음과 같이 비정하였다.

삼한 중 진한은 지금의 경기도와 춘천 부근에까지 이르렀고, 마한
은 충청도와 전라도 전체를 포함하고, 변한은 경상도 전체에 뻗었
던 것입니다. 그러므로 신라는 변한의 일 소국인 사로에서 일어난
나라입니다. 『신,구당서』신라전에도 신라는 변한의 일종이라고 하
였지요.

그런데 이와는 달리 현행 통설은 마한은 경기 충청 전라 지방, 진한은 낙
동강 동쪽 경상도 지방, 변한은 낙동강 서남쪽 경상도 지방으로 지목하고 있
다.

두계의 제자인 이기백은 『한국사신론』 신수판에서 삼한의 위치를 다음과
같이 서술하고 있다.

---

102 문정창, 『이병도 저 한국고대사연구평』, 83-85쪽.

삼한의 위치에 대해서는 논의가 거듭되고 있는데, 종래 마한은 경기 충청 전라도 지방, 진한은 경상도의 낙동강 동쪽, 변한은 경상도의 낙동강 서쪽으로 생각되어 왔다. 그러나 진한을 한강 유역으로 비정하는 견해도 있다.

이에 대해 두계는 한 대담을 통해 자신들의 제자들조차 그렇게 심혈을 기울였던 삼한의 위치에 대한 자신의 설을 따르지 않음을 개탄하고 있다.[103]

나) 또한 두계가 『삼국지』동이전 한조에서 인용한 「위략」의 '진한(辰韓) 우거수(右渠帥)' 염사착(廉斯鑡)의 지배 지역을 충청남도 아산으로 비정한 사실을 살펴본다. 두계는 염사착의 '착'을 '치'로 발음하였다. 그러면서 '염사'는 읍명, '치'는 신지(臣智)의 지와 같이 장(長) 또는 수(帥)의 뜻이므로 염사치는 염사읍장의 의미로 간주했다. 그러나 염사착은 이미 우거수라는 지위를 가지고 있는 것이다. 염사치라는 두계의 자의적인 음가를 후학들이 맹종하고 있음은 물론이려니와 이후 두계는 염사착의 소속인 '진한 우거수'를 '마한 우거수'로 고쳤다. 그 이유는 자신이 설정한 진한의 남쪽 경계인 안성천 남쪽에 자신이 염사로 비정한 아산이 소재해 있기 때문이다. 두계는 '진한 우거수'가 자신의 설과 배치됨으로 '마한 우거수'로 해석하였다. 자신의 설과 배치된다고 원사료를 수정하는 두계학설의 한계가 보여 진다.[104]

고대 지명 비정

---

103 이도학, 「이병도 한국고대사의 '실증성' 검증」, 120-122쪽.
104 이도학, 「이병도 한국고대사의 '실증성' 검증」, 123-124쪽.

고대의 지명에 대한 위치 비정은 고대사에서 많은 논란을 가져왔다. 먼저 문정창은 고대사 위치에 대한 이병도의 학설을 가. 패수의 위치, 나. 양평의 위치, 다. 옥저의 위치로 나누어 비판하고 있다.

가. 패수의 위치

이병도는 평안북도 청천강을 낙랑군 패수라 했는데 (이병도, 『한국고대사연구』, 66, 71쪽) 이는 다음의 『사기』 조선열전을 보았으면 이해할 수 있는 일이다.

> "섭하가 패수에 이르러 조선 부왕 장을 죽이고 패수를 건너 새로 들어갔다. 좌장군이 패수 상의 군을 격파하고 곧 왕험성 아래에 이르러 서북을 포위하였다. 누선이 또한 달려와 성의 남쪽에 거하였다."

청천강을 패수라고 한 이병도는 자가당착적으로 그가 그려내 고조선 지도에서는 대동강 유역 게머리 나루터를 왕검성이라 표시했다.(99쪽) 이병도의 이런 주장은 이마니시 류(今西龍)의 망언에 따라 제기된 것으로 본다. 그는 이마니시의 다음과 같은 억지 주장을 받아들여 대동강을 열수(洌水)(142쪽), 청천강을 패수(浿水)라 하고 있는 것이다.

> "열구가 지금의 대동강임은 이미 아는 사실이다." (이마니시 류, 「浿水考」)

청천강이 패수였다면『한서』지리지가 '왕검성은 낙랑군 패수의 동쪽에 있다'라고 했으니, 청천강 하구에 자리한 안주(安州)가 왕검성이어야 할 것이 아닌가. 청천강을 낙랑군 패수라 한 이병도가 대동강 연안의 게머리 나루터 토성을 위만조선의 왕검성이라 했으니 이 무슨 자가당착인가.

청천강의 하류는 평저한 안주평야로 늪지대가 많은 등 언덕이 거의 없다. 이러한 곳에서 무슨 수로 누선을 띄우고 수전(水戰)을 벌일 수 있다는 말인가.

난하(灤河, 패수)는 멀리 내몽골 서북부에서 그 물줄기가 시작되어 먼저 2천여 리의 상도하(上徒河)가 되고 , 다음 그 중류에서 수많은 지류의 물을 모아 다시 2천여 리를 흘러내리는 대강하이다. 난하는 강 입구가 넓고 깊으며, 더욱이 그 동쪽 언덕이 높고 험하여 왕검성이 산과 물의 험지에 의거해 있었다. 따라서 조한(朝漢) 양국의 군대가 그와 같은 수전(水戰)이 가능했고 또한 우거(右渠)가 1년 동안이나 농성할 수 있었던 것이다.

한 대 이래 조선족의 국가와 한족의 국가와의 경계선을 흘러내리는 강하를 패수라 했는데, 그 패수가 한의 세력의 동방진출에 따라 다음과 같이 여러 차례 바뀌어 졌다.

대릉하(大凌河), 난하(灤河), 요하(遼河), 대동강(大同江)

대동강은 고구려를 토멸한 후대의 당나라가 평양에서 세력을 펴고 있는 동안에 잠정적으로 패하(浿河)라 한 것 같다. 이것을 그 5백 년 전의 한나라의 패수와 동일시하는 경향이 많았으므로『문헌비고』에서는 그것을 수정하기 위하여 다음의 기록을 남겼다.

"당나라 이후 모두 대동강을 패수로 삼았다. 그런데 사실은 그것
은 한나라 현(縣)의 패수가 아니다." [105]

나. 양평의 위치

이병도는 『사기』 흉노전의 "연나라 또한 장성을 쌓아 조양(造陽)으로부터
양평(襄平)에 이르렀다."에서 양평을 오늘의 봉천성 요양(遼陽)지방이라 했는
데((68쪽) 『사기』 흉노전이 말하는 양평은 요동군 의무려산 서남쪽에 자리한
의주(義州)(일명 고도성固都城)이다.

연장성의 동쪽 종점이 의주였음을 가장 명백히 한 자는 도리이 류조(白鳥
庫吉)가 편찬한 『만주역사지리』 부도(附圖)의 후위('後魏')대 만주도' 상의 위의
부분이다. 연이 축조한 그 소위 연장성은 그 길이 200리 정도였을 것이다.

연나라가 쳐들어와 탈취한 번조선은 그 강역이 위략이 말한바와 같이 2
천 여리에 달했는데, 서쪽으로는 오늘의 태항산을 한계로 하고, 북쪽은 음산
을 넘어 열하성 조양지방에 미치고, 동쪽은 발해요, 남쪽은 황하로 천연의 요
험지(要險地)였으며, 대보고(大寶庫)라 할 수 있다.

이 나라를 공자가 엮은 『춘추』는 '산융, 영지, 고죽'이라 하였고, 관중이 편
찬한 『관자』에는 '발조선(發朝鮮)'이라 하고, 유향이 쓴 「전국책」은 '연나라 동쪽
의 조선, 낙랑조선'이라고 하였고, 신채호. 최동 등 이 나라 사가들은 번조선
(番朝鮮)이라 한다.

"동이가 점차 강하여져 마침내 회대(淮岱)지역을 점거하고 마침내
중국 땅에 거하게 되었다."(『후한서』 권85, 열전 제75 동이전 서序)

---

105 문정창, 『이병도 저 한국고대사연구평』, 41-43쪽.

즉 중국 문헌 『후한서』에서 서기전 1,600년경 단군조선의 남후(藍侯)가 은 나라 영역인 회(淮), 즉 회수유역과 대(岱), 즉 산동성 지방을 공격하여 취하고 그곳을 기지로 하여 점차 중국의 본토에 진출하고 있다는 것이다. 회수유역은 중국 본토의 제1위의 대평원이며 가장 기름진 곳이요, 산동성 지방은 해안선 이 길고 굴곡이 많아 중국 제1위의 어염(魚鹽)의 생산지 인 것이다. 중국의 역 사는 이와 같이 단군조선인이 그 요지를 차지한 여건아래서 진행하는 것이다.

연장성의 동쪽 기점인 양평이 열하성 동남방에 위치한 의주인 줄 모르 고 종래의 일제 식민학자들의 낭설을 맹신하여 양평을 봉천성 요양지방이라 고 내세운 이병도는 이제는 연장성의 동쪽 기점을 봉천성 요양에까지 끌고 간 다.(68쪽)

그것이 가능한가. 열하성 조양과 봉천성 요양과의 거리는 6백리가 넘는다. 이 사이에는 대요하, 대릉하, 대주하 등 아홉 갈래의 강하가 유유히 흘러내리 는 대요녕 평원이 가로 놓여 있다. 더욱이 요양 서쪽에는 고구려 때 당 태종이 안시성에서 패퇴할 때에 크게 어려움을 겪은 2백리 거리의 늪지대가 놓여 있 다.

백번 양보하여 연나라 역왕(易王) 연간(서기전 280)에는 그러한 소택지가 없었다고 하더라도 아홉 갈래의 강하에 열 토막으로 잘려진 장성이란 것이 무 슨 방어 효과가 있단 말인가.[106]

다. 옥저의 위치

이병도는 동옥저와 남옥저를 함경남도 함흥지방이라고 하고, 북옥저를 함 경북도 경성지방이라고 했는데(228쪽) 이는 틀린 것이다.

첫째, 『후한서』와 『삼국지』의 기록에,

---

106 문정창, 『이병도 저 한국고대사연구평』, 44-47쪽.

"동옥저는 고구려 개마산의 동쪽에 있다. 동으로는 큰 바닷가이며, 북으로 읍루와 부여에 접하고, 남으로 예맥에 접하였다. 그 땅의 동서는 매우 좁고 남북은 길어 가히 천리가 된다. 토지가 비옥하고 산을 등지고 앞으로 바다를 안고 있다. 마땅히 오곡과 작물이 잘 된다." (『후한서』 권 85, 동옥저전)

　"동옥저는 고구려 개마산의 동쪽에 있다. 큰 바닷가에 거주한다. 그 지형은 동북으로 좁게 이루어 졌고, 서남으로는 길게 펼쳐져 있어 가히 천리가 된다. 북으로는 읍루와 부여에 접하고 남으로는 예맥과 접해 있다. 그 토지는 매우 비옥한데, 산을 등지고 앞으로 바다가 면해 있다. 오곡과 작물이 잘된다." (『삼국지』 위서 동이전, 동옥저전)

이병도는 함경남도 함흥이 동옥저라고 하는 근거로 함흥평야를 들었는데, 함흥평야는 동서가 100리, 남북이 90리 밖에 되지 않는다.

둘째, 『후한서』와 『삼국지』에 다같이 동옥저의 남단이 예맥의 땅과 접해 있다고 했다. 그런데 함흥평야 남쪽 어디에 예맥이 있는가.

설령 이병도가 말하는 바와 같이 강릉이 濊라 할 경우에도 함흥과 강릉의 거리는 1천리가 넘으며, 이 1천리 사이에는 철령, 금강산, 향로봉 등 태산준령이 연봉을 이루고 있다. 동옥저와 예 땅이 연접해 있다는 말이 성립되지 않는다.

셋째, 이병도는 동옥저전의 '고구려 개마산'을 함경남북도 지역에 널리 자리한 개마고원이라 했는데, 그것은 착각이다.

중국 사서들이 말하는 '東沃沮 在高句麗 盖馬山之東'은 동옥저의 땅이 바로 개마산과 육접(陸接)해 있다는 말이다. 그런데 개마고원은 백두산에서 동남으로 1천여 리를 뻗어 오다가 성진 북방에서 그치고 말았다. 이병도가 동옥저라고 칭하는 함흥평야는 개마고원 남단에서 1천여 리 남쪽에 떨어져 있는 곳이다.

『후한서』와 『삼국지』의 동옥저전에는 다음 네 가지가 뚜렷하다. 첫째, 동옥저는 고구려 개마산 동쪽에 있다. 둘째, 그 땅은 동서가 좁고 서남이 길되 그 길이가 1천여 리에 달해야 하며, 그 평야는 모두 바다에 면해야 한다. 셋째, 토지가 비옥하여 오곡이 잘 되어야 한다. 넷째, 그 좁고 긴 땅은 북은 부여와 읍루에 접해 있고, 남은 예맥과 연접해 있어야 한다.

대만 중등학교 교과서용 『최신 중국분성상도』를 펼쳐보면 요동반도 동쪽은 그 전역이 바다에 면해 있고, 또한 그 지형이 동북은 좁고, 서남으로 길게 뻗어 있는데, 그 길이가 1천여 리에 달한다. 이 지대는 평탄한 농경지여서 짙은 초록색으로 물들어져 있다.

동옥저전이 말하는 개마대산은 요동반도 척추산맥으로 중국 사서에서는 이 산의 명칭이 여러 차례 바뀌었다고 말하고 있다. 오늘의 천산산맥을 고구려에서는 개마대산으로 불렀던 것 같다.

『후한서』 동옥저전에 동옥저, 남옥저, 북옥저가 있는데 이 세 옥저는 모두 압록강의 중, 하류에 위치해 있었다. 즉 남옥저는 동옥저에서 건너다보이는 용천, 의주, 용강지방이었을 것이요, 북옥저는 의주지방으로부터 약 8백리 동북방에 떨어져 있는 봉천성 집안현 통구평야였다.

옥저라는 것은 요동반도의 삼면이 물에 막혀 있기 때문에 '저(沮)'라고 한 것으로 본다. [107]

---

107 문정창, 『이병도 저 한국고대사연구평』, 53-57쪽.

한편 이도학의 경우 이병도가 『한국고대사연구』에서 제시한 고대사의 실체와 위치 비정에 대해 다음과 같이 비판하고 있다. 즉 가. 부여와 동명에 대한 역사 비정, 나. 고구려·백제 지명의 위치 비정에 대해 정리하고 특히 고구려와 백제의 지명에 대해서는 보다 세밀하게 그 부당함을 열거하고 있다.

라. 부여와 동명

부여의 건국설화는 후한 때의 학자 왕충이 지은 『논형』 길험편에서 처음 보인다. 그 뒤 『삼국지』 동이전 부여조에 인용된 '위략'에도 보이는 내용이다. 그런데 두계는 동명이 부여의 시조가 아니라 고구려 시조로만 간주하였다. 그러한 전제하에 보았기에 탁리국(橐離國)은 고리국(槀離國)으로도 표기되고 있는데, 고리국은 고려, 즉 고구려를 가리킨다고 보았다. 그렇기 때문에 두계는 기록과는 정반대로 동명이 부여에서 도망하여 탁리국(고리국)에서 왕이 된 것으로 재해석되었다. (이병도, 『한국고대사연구』, '부여고')

그러나 두계가 바꾼대로 동명이 고구려 시조 주몽은 가리키지만은 않는다. 「천남산묘지명」을 통해 동명과 주몽은 서로 다른 인물임을 알 수 있다. 그리고 『삼국사기』 백제본기에 보이는 '백제 시조 동명'은 백제 왕실이 부여에서 나왔기에 부여로 씨(氏)를 삼았으며 백제 건국세력은 일관되게 자신의 출원지를 부여에서 찾았던 것이다.

두계의 논점의 핵심은 『삼국지』에서 고리국으로 표기한 데 근거하는데, 『후한서』 부여조에서는 색리국(索離國)으로, 『논형』에서는 탁리국으로 적혀 있다. 동명 설화가 최초로 수록된 『논형』이 탁리국으로 적혀 있으므로 고리국보다는 탁리국을 원형으로 보아야 한다. 그러므로 두계가 제기한 동명이 고구려의 기원이 되었다는 설을 수긍하기 어렵다.

또한 두계는 동예를 동부여로 비정하였다. 그러다 보니 동예의 중심지를 함경남도 안변이나 문천(文川) 방면까지 끌어 올리는 무리한 해석을 하고 있다. 게다가 종족의 정체성과 관련된 제의(祭儀)와 관련해 동예에서는 10월에 치러지는 무천(舞天)이 있다면 부여에는 12월에 치러지는 영고(迎鼓)가 있어 동예와 동부여는 서로 상이한 것이다.[108]

마. 고구려, 백제 지명의 위치비정

가) 평양 '동황성'에 대해 두계는 동천왕대의 '평양성'과 고국원왕대의 '평양 동황성'을 동일한 곳으로 간주하였다. 그는 본황성의 대칭으로 동황성의 존재를 인식했으며, 이를 평안북도 강계로 지목하였다. 그러나 '동황성'은 존재하지 않으며, 이는 평양 동쪽의 황성으로 이해해야 하는 것이다. 문제는 지금도 두계의 학설에 따라 '동황성' 운운하는 후학들이 있다는 것이다.[109]

나) 광개토태왕의 남방 경계에 대해 두계는 광계토태왕 시기의 국경을 다음과 같이 기술하고 있다.

> "남으론 예성강 유역에 이르고, 서으론 요하, 북으론 송화강, 동으로론 일본해에 극하였으니 고구려의 세력이 이만큼 강대하였던 것은 속일 수 없는 사실이다." (이병도, 『한국사』 고대편)

두계가 기술한 국경 가운데 유독 남쪽은 예성강 유역에 묶여 있다. 그러나 영락 6년 고구려가 점령한 지역 가운데 고모루성을 비롯하여 남한강유역

---

108 이도학, 「이병도 한국고대사의 '실증성' 검증」, 118-120쪽.
109 이도학, 「이병도 한국고대사의 '실증성' 검증」, 124-125쪽.

의 여러 성들이 포함되어 있는 것을 보더라도 광개토태왕이 점령한 남쪽 국경이 예성강유역까지라는 것은 타당하지 않다.[110]

다) 충주고구려비의 연호 확인 문제에 대해 충주고구려비는 연호가 확인되지 않았기 때문에 건립 시기가 명백하지 않다. 그러한 관계로 다양한 연대가 제기되었다. 그는 " … 또 나는 비액상에 분명히 '건흥사(建興四)' 세 자(字)의 횡서가 있는 것을 발견하였다. 이는 필시 '고려건흥4년'의 횡서인데, '고려' 두 자와 '년(年)' 자가 마멸된 것이라고 나는 본다."라고 단언하였다. 그러나 알고 보면 현몽(現夢)으로 확인했을 뿐이었다. 잠자다 꿈에서 보았다는 '건흥'이라는 연호 두 글자로 학문 운운 한다는 자체가 논거가 되지 않는 억지라 할 수 있다.[111]

라) 『삼국사기』 온조왕본기의 지리 비정에서 삼한의 일원인 마한 소국으로서 백제의 성장을 말하는 것이 통설이다. 그런데 삼한의 위치 문제와 백제의 성립에 대해 두계는 다음과 같이 서술하였다.

> "위례부락이 세력을 얻어 … 진한의 중심지인 백제(伯濟, 광주)를 취하여 또 후에 수도를 그곳으로 옮기어 국호를 백제(百濟)라고 고쳤던 …"

---

110 이도학, 「이병도 한국고대사의 '실증성' 검증」, 125-126쪽.
111 이도학, 「이병도 한국고대사의 '실증성' 검증」, 130-131쪽.

위의 글에서 두계는 백제 건국세력인 위례부락이 토착세력인 백제(伯濟)를 점령한 것으로 간주했다. 그러나 백제(百濟)와 백제(伯濟)를 일치시켜 보는 것이 통설이다.[112]

또한 두계는 백제를 '진한의 중심지'라고 규정하였지만 『삼국지』에서 보면 백제국은 마한의 일개 소국이다. 그러한 백제국을 두계가 마한이 아닌 진한의 일원으로 비정한 것은 앞에서 살펴본 대로 자신의 「삼한 문제의 신고찰」을 확신하기 때문이다. 즉 백제는 진한에서 일어난 나라라는 확신 때문에 두계설은 공감을 얻지 못하는 것이다.

『삼국사기』온조왕 본기 13년 5월조에 나타나는 낙랑과 말갈의 위치 비정도 문제가 있다.

"우리 나라의 동쪽에는 낙랑이 있고, 북에는 말갈이 있어 영토를 침략하여 옴으로 …"

두계는 『삼국사기』에 보이는 낙랑의 위치를 북으로 잡고, 말갈의 소재지는 동으로 설정하였다. (이병도, 『한국고대사연구』'위례고') 그러나 『삼국사기』의 기사를 보면 말갈은 한결같이 백제의 북쪽에 위치하면서 침범하는 것으로 되어 있다. 그럼에도 두계는 온조왕본기의 낙랑을 대동강 유역에 있다고 비정한 낙랑군과 일치시켜 해석하는 바람에 원사료의 위치를 임의로 고쳐 놓았음을 알수 있다. 『삼국사기』의 기록에 따르면 말갈의 백제 공격로는 일관되게 북에서 남으로 이어지는 루트를 따라 침공하는 것으로 되어 있다.[113]

---

112 이도학, 「이병도 한국고대사의 '실증성' 검증」, 133쪽.
113 이도학, 「이병도 한국고대사의 '실증성' 검증」, 134쪽.

마) 풍납동 토성은 사성(蛇城)이라는 설에 대해 두계는 풍납동토성을 『삼국사기』에 2회 등장하는 진성(鎭城)인 사성으로 비정하였다. 그는 풍납동토성을 백제 왕성으로 지목할 수 없는 근거로 몇 가지를 제시하였다. 이 때 그가 제기한 풍납동토성=사성설의 핵심은 풍납동토성[바람드리 성]과 사성[배암성]을 음상사(音相似), 즉 발음이 비슷하다는데 연결시키고 있다. 두계는 풍납토성이 한강변에 근접한 관계로 왕성으로 간주할 수 없을 뿐 아니라 배후 산성도 없기 때문에 가능할 수 없다는 논리다.

이러한 논리는 1964년 서울대학교 박물관장이었던 김원룡이 풍납토성을 발굴하면서 백제 때 사성으로 규정했던 이병도의 견해를 입증하려는 선에서 발굴이 이루어졌다. 이 후 풍납동토성=사성설은 확고한 정설로 굳혀졌다. 그러나 오늘날 풍납동토성을 사성으로 지목한 것은 두계의 명백한 오류로 밝혀졌다. 문제는 후학들이 두계의 견해를 맹종한 관계로 엄청난 후유증을 남기게 되었다는 것이다.[114]

바) 근초고왕 때 '이도한산(移都漢山)' 기사의 고증과 관련하여 근초고왕은 371년 평양성 전투 승전 직후 한산으로 천도하였다.(移都漢山) 두계는 '이도한산'을 "근초고왕은 군사를 이끌고 돌아와 수도를 한산하(漢山下)에서 한산(남한산성)으로 옮겼다 … 종래의 사서에서는 이 한산을 북한산으로 잘못 인식하여 북한산성에 천도한 양 기록하였으나 그것은 시정되어야 할 것이다."라고 하였다.

우선 백제가 고구려왕을 살해하여 기세등등한 시점에 보복이 두려워 남한산으로 천도했다는 정황은 적절치 않다. 더욱이 백제는 7년 후인 377년 근구수왕이 3만 병력을 거느리고 고구려의 평양성까지 쳐들어가기도 했다. 『삼

---

114 이도학, 「이병도 한국고대사의 '실증성' 검증」, 136-139쪽.

국유사』에는 이 사실을 '북한산으로 이도했다.'라고 기록하고 있다. 따라서 근초고왕대에 이도한 한산은 한수 이북을 가리킨다고 보아야 한다.[115]

역사연구 방법론 비판

한편 임찬경은 이병도의 역사연구 방법론에 대해 가. 발음의 유사성 문제, 나. 해석 방법의 문제, 다. 유적과 유물에 대한 이중적 논리 등 몇 가지 사안을 『조선사개강』에 나타난 사례를 통해 비판하고 있다.

가. 발음의 유사성에 의한 억측

가) 1923년의 『조선사개강』이나 그에 뒤이은 이병도의 한사군 관련 연구들에서 주요한 방법론이란 것은 발음의 유사성에 의해 고대의 지명을 억측하는 것에 다름 아니다. 『조선사개강』에 드러난 한사군 인식 중 다소 특이한 점으로 지적할 수 있는 것도, 결국은 졸본과 진번을 그 유사한 발음으로써 같은 지역으로 주장한 것에 다름 아니었다.

즉 이병도는 『조선사개강』에서 평안북도와 동가강 유역에 한사군 중의 진번군이 설치되었다고 서술했는데, 그 이유는 이병도가 졸본을 그와 유사한 발음인 진번으로 보았기 때문이었던 것이다.

이병도는 『조선사개강』에서 농안과 장춘 지역에 부여가 있었는데, 그 남쪽인 홍경 부근을 중심으로 부여의 일족이 세운 졸본국이 있었으며 이를 곧 진번국이라 인식했었다. 그런데 이병도가 졸본국을 진번국으로 인식한 것은 어떠한 사료나 연구결과에 근거한 것이 아니고, 단지 발음이 유사하다고 보았기 때문이었다. 즉 이병도는 "졸본부여의 지명은 진번이라고도 하는데 진번이나 졸본이나 발음이 비슷하므로" 한사군의 위치를 서술하면서 졸본국이 위치했었다고 인식한 동가강 유역의 진번군이 설치되었다고 설명한 것이다.

---

115 이도학, 「이병도 한국고대사의 '실증성' 검증」, 143쪽.

위의 「조선사개강」에서 이병도가 졸본과 진번의 발음이 유사하다고 한 것, 그리고 그 발음의 유사성에 따라 시기를 달리했지만 같은 지역을 표시한 지명이라고 본 태도는 결코 학술적이지 못하다고 평가할 수 있다.[116]

나) 1923년의 「조선사개강」에서 이병도는 졸본과 진번의 발음이 유사하다는 자신의 억측에만 근거하여 진번군이 동가강 유역의 졸본 지역에 있었다고 주장했었다. 그런데 1928년 《한빛》에 연재한 「고조선 사군 강역고」에서는 진번군이 동가강 유역에 있었다는 「조선사개강」의 관점을 전체적으로 수정하여, 이번에는 황해도 이남 및 한강 이북의 지역인 남방에 진번군을 위치시키고 있다. 이후 1930년 《사학잡지》에 일문(日文)으로 발표한 논문 「현토군 급 임둔군고」에 이르면, 현토군을 압록강 중류와 혼강 유역에 설치되었던 것으로 추정하고 있다.

그런데 문제는 이렇게 진번군과 현토군의 위치에 대한 자신의 관점이 변한 것에 대해 그 근거로 제시한 것은 아무것도 없다는 것이다. 단지 현토군을 압록강 중류와 혼강 일대로 추정하는 이유로써, 또 그 지역에 있던 환도와 현토의 발음의 유사성이란 억측만 제지하고 있을 뿐이다. 그러므로 현재 한국 역사학계의 소위 통설 혹은 정설이라고 그의 후학들이 지금까지 인정하는 이병도의 한사군 인식 중 현토군은 끝내 이병도의 억측에 의해 형성된 것에 불과한 것이라 할 수 있다.[117]

다) 고구려의 수도였다고 알려진 환도와 현토의 발음이 유사하여 고구려의 수도가 있던 혼강 즉 동가강 일대를 현토군이 설치되었다고 비정한 것은

---

116 임찬경, 「이병도 한사군 인식의 형성과정에 대한 비판적 검토」, 238쪽.
117 임찬경, 「이병도 한사군 인식의 형성과정에 대한 비판적 검토」, 239쪽.

학술적으로 억측에 불과한 것인데, 그 근거로 제시한 발음의 유사성도 어떻게 판단했는지 불분명하다.

이병도는 『한국고대사연구』에서 이에 대해,

> "여기서 우리의 머리에 떠오르는 것은 후일 고구려의 수도이었던 '환도' 그것이다. 현도와 환도는 결국 동음동어의 이사(異寫)로 볼 것이다 … 어떻든 현도(玄菟), 환도(丸都), 환도(桓都)는 모두 같은 말의 이사로 보지 아니할 수 없거니와 … 나의 현도 고구려설은 이러한 명칭상에서 고찰해보더라도 조금도 불합리한 점이 없음을 확신하는 바이다." (이병도, 『한국고대사연구』, 189~190쪽)

결국 이병도의 학설은 발음의 유사성 이외에는 아무런 근거를 제시하지 못하고 있으며, 그 발음의 유사성도 어떻게 도출된 것인지 전혀 밝히고 있지 않다는 데에 문제가 있다.[118]

나. 영감과 꿈을 통한 해석 방법

가) 이병도가 현도(玄菟), 환도(丸都), 환도(桓都)의 세 지명을 동일한 지역에 대한 명칭으로 연결시키는 근거는 유사한 발음 이외에는 별다른 사료가 추론의 근거로 제시되지 못하고 있다. 그의 이러한 발상을 추정해 보면 이병도 스스로가 밝힌 다음과 같은 글을 통해 어렴풋이 짐작할 수 있을 것이다.

> "지금도 기억에 남는 재미있는 일화가 하나 있다. 그것은 저 유명한 '현도군 환도설'에 대한 것인데 이 문제를 놓고 선생님은 많은 심사숙고를 거듭하였으나 해결의 실마리를 얻지 못하고 있었던

---

118 임찬경, 「이병도 한사군 인식의 형성과정에 대한 비판적 검토」, 342쪽.

차에 하루는 뒷간으로 들어가서 용변을 보고 있는 동안에 갑자
기 영감이 떠오르는 것처럼 문제가 해결되었노라고 얼굴에 웃음
을 피우면서 그 내력을 들려주시었다." (윤무병, 「두계선생과 사적
답사」, 『역사가의 유향』, 103~131쪽)[119]

나) 이병도 고대사 연구에 대한 일화들을 살펴보면 "용변을 보면서 현도
군을 환도에 비정하는" 것과 유사한 장면이 또 한 번 연출된다. 꿈속에서 깨달
아 단정하는 다음과 같은 경우이다.

"(충주 중원 고구려비 문제에 대해) 일전에 내가 이에 대해서 곰곰
이 생각하다가 잠이 들었는데 꿈에 '건흥(建興)' 두 글자가 나타났
다는 말이야. 아 눈이 번쩍 띠어 가지고 전등불을 켜고 옆에 잇는
탁본과 사진을 보니까. 그 글자가 나온다 말이에요. '흥' 자가 예서
체로 옆으로 조금 비뚤어졌습니다. 대개 보면 의심이 없어요. 의심
이 없는데 자꾸 의심을 해도 아니 되고, 또 의심할 곳에 의심을 하
지 않는 것도 안 된다고 보아요. 좌우간 건흥 두 글자는 연호인 것
이 틀림없습니다."

도대체 실증주의 역사학을 떠벌이는 역사학자가 "용변을 보면서 영감을
얻어" 한사군 중의 현도군 문제에 대한 중요한 단서를 얻었다든가, "꿈에서 비
문을 보고" 풀지 못하던 고구려비의 건립 연대를 추정하게 되었다는 일화를
우리는 어떻게 이해해야 될 것인가.

더 큰 문제는 이병도가 이러한 연구 성과에 대해 지나치게 확신하고 자
랑스러워하기까지 한다는 것이다. "나의 현도 고구려설은 이러한 명칭 상에서

---

119 임찬경, 「이병도 한사군 인식의 형성과정에 대한 비판적 검토」, 242-243쪽.

중원고구려비. 이병도는 꿈속
에서 비문의 내용을 풀었다고
주장했다.

고찰해 보더라도 조금도 불합리한 점이 없음을 확신하는 바이다." 라던가, "좌
우간 건흥 두 글자는 연호인 것이 틀림없습니다."라는 '득의에 찬' 태도는 많은
사람들을 당황시키고 있다.[120]

다) 이병도의 득의에 찬 확신은 제자들과의 관계에서도 나타난다.

> "뭐 내가 주제넘게 나설 일은 아닙니다. 내 제자인 이기백, 한우근,
> 김철준 등이 잘하고 있어요. 물론 그들 나름의 입장에서 잘하고
> 있지요. 그런데 그들은 내 학설을 좇기도 하고 안 좇기도 하는데,

---

120   임찬경, 「이병도 한사군 인식의 형성과정에 대한 비판적 검토」, 243-244쪽.

내 개인 생각에서는 내 학설을 안 좇는 데에는 좀 미흡한 점이 있다고 봅니다.

그들의 연구가 심각하게 깊이 파고들면 결국 내 소리인데 인습에 밀려 재래설(在來說)을 따라가는 데는 안 좋다고 생각합니다. 예를 들면 진한 문제인데 내가 다 밝혀 놓았는데 굳이 재래설을 들먹인다는 것은 좋지 않은 것이죠." (「실증사학과 민족사관-두계선생과 정홍준씨와의 대담」, 『역사가의 유향』, 271쪽)

위의 인용문에 나타나듯이 이병도는 이기백, 한우근, 김철중 등 자신의 제자들이 자신의 관점을 따르지 않는 것을 부정적으로 평가하고 있다. 이병도의 이러한 학술태도는 자신의 '득의에 찬' 연구 성과들에 대한 지나친 확신에서 유래한 것으로 볼 수 있다.[121]

라) 이병도의 일방통행적인 학술태도는 다음의 낙랑군 수성현의 비정을 통해서도 볼 수 있다.

"수성현 … (중략) … 자세하지 아니하나, 지금 황해도 북단에 있는 수안에 비정하고 싶다. 수안에는 승람산천조에 요동산이란 산명이 보이고, 관방조에 후대 소축의 성이지만 방원진의 동서행성의 석성(고산자는 이를 패강장성의 유지라고 하였다)이 있고, 진지(晋志)의 이 수성현조에는 - 맹랑한 설이지만 - '진(秦)'이 쌓은 장성이 시작되는 곳이라는 기록도 있다. 이 진장성설은 터무니 없는 말이지만, 아마 당시에도 '요동산'이란 명칭과 어떠한 장성지가 있어서

---

121 임찬경, 「이병도 한사군 인식의 형성과정에 대한 비판적 검토」, 245쪽.

그러한 부회가 생긴 것이 아닌가 생각된다. 그릇된 기사에도 어떠한 꼬투리가 있는 까닭이다." (이병도, 『한국고대사연구』, 148쪽)

위의 인용문에서 이병도는 도대체 "자세하지 아니하나", "수안에 비정하고 싶다"라고 했을 뿐, 구체적이고 논리적인 자료 제시는 없다. 더욱이 그 스스로 "맹랑한 설이지만", "터무니 없는 말이지만" 하면서 자신의 설을 주장하고 있다. '맹랑하거나' '터무니 없는 것'이라면 실증학자는 이것을 채용해서는 안 되는 것이다. 앞에서는 이런 논리로 자료를 비판하는 듯 하더니 결국 "그릇된 기사에도 어떠한 꼬투리가 있는 까닭이다."라면서, 결국 낙랑군 수성현이 황해도 수안에 있다고 억측하고 있는 것이다.

그런데 정말 이해하기 어려운 점은 위에서 살펴본 이병도의 비정들, 논거가 부족하여 학술적으로 받아들이기 어려울 이러한 학설이 대부분 한국 역사학계의 소위 통설로 존재한다는 것이다.[122]

다. 유적 유물에 대한 이중 논리

이병도는 한사군 낙랑설을 주장하면서 정인보의 낙랑설을 유물, 유적을 통해 비판하고 있다.

"(정인보)의 「5천년 조선의 얼」이라는 글이 《동아일보》에 연재되었을 때 나(이병도-필자주)도 읽어 보았습니다. 너무나 민족주의적 사관에 입각해서 썼기 때문에 지나치게 과장적인 해설이라는 느낌을 가졌습니다. 가령 낙랑만 해도 분명히 유물, 유적이 나왔는데도 불구하고 이것이 요동에 있었다고 주장한 것은 비록 민족주의적인데 입각했다 하더라도 너무 지나친 것이지요." (『근대 한국

---

122 임찬경, 「이병도 한사군 인식의 형성과정에 대한 비판적 검토」, 246-247쪽.

사학의 발전 - 두계선생과 이기백 교수의 대담(1), 『역사가의 유향』,
224쪽)

위의 글에서 이병도는 정인보의 한사군에 관련한 하나의 관점을 비판하
기 위해 소위 평양에서 일제의 식민사학자들이 발굴해 냈다는 유물, 유적을
논거로서 제시하고 있다. 유물과 유적으로서 평양 일대가 낙랑의 중심지라고
주장하며, 정인보의 관점을 비판하는 것이다. 그러나 다른 한편에서 이병도는
유물과 유적에 관련하여 상반된 주장을 하고 있다.

"가령 주종관계로 따진다면 사학은 문헌을 주로하고 고고학, 언어
학, 인류학은 종으로 해야 하는데 이것이 거꾸로 되는 경향이 있
어요. 고대의 유물이란 항시 굴러다니는 것이어서 꼭 그 유물이
어디에서 출토되었다는 것만 가지고, 그 사실이 역사를 지배하고
역사를 규정한다고 생각하는 것은 잘못이지"(「근대 한국사학의
발전-두계선생과 이기백 교수의 대담」, 『역사가의 유향』, 230쪽)

위의 두 인용문을 보면 이병도의 논리는 편의에 따라 각각 다른 잣대를
갖다 대고 있는 것을 볼 수 있다.
이병도의 한사군 인식은 일제시기 일제 식민사학자들에 의해 형성된 식
민사학의 영향에 의해 기반이 이루어 진 것인데, 이병도의 한사군 인식이 아
직도 소위 한국 사학계의 통설 혹은 정설로 존재한다는 것 자체가 커다란 문
제라고 할 수 있다.[123]

---

123 임찬경, 「이병도 한사군 인식의 형성과정에 대한 비판적 검토」, 249-250쪽.

6장

신석호와 조선총독부
조선사편수회

1. 신석호의 학문과 역사관 형성

조선총독부 조선사편수회 시기

치암(癡巖) 신석호(申奭鎬)는 1904년 1월 22일(양력 3월 8일) 경상북도 봉화군 봉화면 유곡리에서 신세기(申世基)의 장남으로 태어났다. 「신석호선생 연보」(이하 「연보」)에 따르면 그는 1910년부터 10년간 향리의 겸산(兼山) 홍치유(洪致裕) 선생 문하에서 전통 한문을 수학한 것으로 되어있다. 당시 어느 양반가에서나 볼 수 있는 일상적인 학문 풍토였을 것이다. 그리고 비교적 늦은 나이인 15살 때인 1918년 봉화공립보통학교에 입학하였고, 같은 해 봉화군 법전(法田) 마을의 강남희(姜男熙)와 혼인하였다.[124] 신석호는 3.1운동이 일어나던 이듬해 6월 봉화공립보통학교를 중퇴했다가 1920년 관부연락선을 타고 일본으로 향했다. 그는 17세 때 소 판돈 220원을 훔쳐 서울 가서 공부하다가 1920년 4월 돌연 일본으로 유학 갔다는데 정작 유학가서 다닌 학교는 세이소쿠(正則)영어학교였다. 1921년 3월까지 세이소쿠영어학교를 다니다가 1년 만에 귀국하여 1921년 4월에는 서울의 중동학교(中東學校) 중등과에 입학하였

---

124 다른 기록에는 13세에 결혼, 16세에 4년제 보통학교 1학년에 입학하여 신식교육을 받았다고 하는데 (치암신석호선생전집간행위원회, 『신석호전집』(하), 1996, 824쪽.), 여기에서는 「연보」의 기록에 따른다.

신석호. 이병도와 함께 식민사학을 남한의 정설로 고착화시킨 역사학자다.

다. 당시 중동학교는 졸업해도 별도로 전문학교입학자 검정시험에 합격해야 했다. 신석호는 1924년 2월에 검정시험에 합격하고, 3월에 중동학교를 졸업했다. 그 해 처음 경성제국대학 예과가 설치되었는데 중동학교 교비생으로 선정되어 대학 재학 5년간의 장학금을 받게 되었다. 예과를 2년 수료하고 경성제대 법문학부에 입학하여 사학을 전공하였다.

그는 스물여섯의 나이로 경성제대 사학과를 졸업한 1929년부터 조선총독부 조선사편수회에 들어가 8·15 해방 때까지 수사관보, 수사관을 역임하면서 16년간을 조선총독부에 충실히 봉직했다. 그는 조선사편수회를 들어간 이유에 대해서 '왜놈들이 하도 아마테라스 오미가미(천황)를 찾기에 민족의 얼을 되찾아보겠다는 생각에서 역사를 택했고, 1929년 학교를 졸업하고 조선총독부 조선사편수회에 들어갔다.'고 말하고 있다.[125] 이는 민족의 얼을 되찾아보겠다는 생각에 일본군에 자원입대했다는 것과 마찬가지 말로서 해방 후 친일파들이 '민족을 위해서 친일했다'는 궤변과 같은 맥락이다. 그가 식민사학의 산실인 경성제대에서 5년간, 그리고 1929년부터 1945년 8·15 해방 때까지 조선사편수회에서 16년 간 도합 21년간이나 일본인 스승들 밑에서 한국사를 연구했다. 경성제대와 조선사편수회는 일제강점기 식민사학의 양대축인데 신석호는 한순간의 공백기도 없이 이 양자를 모두 섭렵하며 일본인 스승들 밑에서 식민사학을 착실하게 배웠다.

식민사학의 대부이자 남한 강단사학계의 이른바 태두(泰斗)였다는 이병도는 조선사편수회의 '촉탁'이었다고 강조했다. 촉탁은 임시 근무를 뜻하는데 이병도는 정식 근무가 아니라는 사실을 강조해서 식민사학자라는 세간의 비

125 『신석호전집』(하), 830쪽.

판을 조금이라도 희석시키려 했던 것이다. 신석호도 처음에는 조선사편수회에 촉탁으로 들어갔다고 변명했다. 이들이 한국사를 바로잡으려 했다면 해방 후 '촉탁'이라는 변명으로 조선사편수회 경력을 희석시키려 할 것이 아니라 자신들의 친일행위에 대한 통절한 반성과 함께 일본인들에게 배웠던 식민사학을 해체시키는데 일조하는 길을 걸어야 했다. 그러나 이병도는 물론 신석호도 이와는 정반대의 길로 갔다.

신석호는 조선사편수회에서 봉직했을 뿐만 아니라 1930년 8월부터 이병도와 함께 '청구학회(靑丘學會)'에도 가담했다. 청구학회는 어떤 곳인가. 청구학회는 신석호가 다녔던 경성제대 법문학부 사학과 출신들과 그가 근무했던 조선총독부의 조선사편수회 출신들이 결성한 식민사학 학회였다. 조선사편수회의 수사관이나 촉탁과 경성제대 교수들은 자신들의 식민사학 논문들을 발표할 지면을 필요하게 되자 청구학회를 결성한 것이었다. 조선사편수회와 경성제국대학이 직접적인 관(官)의 주도 아래 식민사학을 생산했다면 청구학회는 민(民)의 탈을 쓰고 식민사학을 전파했다. 청구학회는 "조선과 만주를 중심으로 한 극동문화를 연구하여 일반에게 그 성과를 보급한다."는 취지를 내세웠는데, 이는 일제 군부의 만주 점령 계획에 일조하려는 의도였다. 청구학회는 1930년부터 1939년까지 학회지 『청구학총』을 간행하고 연구여행과 강연회를 주최하는 등 식민사학의 또 하나의 학문적 본산으로 군림하였다.[126] 신석호는 이러한 청구학회에서 편집위원으로 10년간 활동하면서 경성제대, 조선사편수회, 청구학회라는 세 식민사관 기구에 모두 가담하는 독보적 기록을 세웠다.

신석호는 1934년 한국인 학자들 위주의 진단학회가 발족하자 이병도와 함께 여기에도 가입했다. 여기에 참여한 학자로는 이병도·김상기·고유섭·송석하·이상백·도유호·이선근·이홍직·이인영 등이 있는데, 신석호도 발기인으로 참여하였다. 진단학회는 양면의 동전이라고 할 수 있다. 1942년 조선어학회 사건

126 조동걸, 『현대한국사학사』, 272쪽.

때 이윤재·이희승·이병기 등의 진단학회원들이 구속된 데서 알 수 있는 것처럼 국문학자들은 항일성향이 짙었다. 그러나 이병도·이선근·신석호 등 진단학회에 참여한 역사학자들은 상당수가 친일파들이었다. 그래서 8·15 해방 후 진단학회를 재건할 때 총무였던 조윤제는 이병도·신석호 등의 친일학자 제명 운동을 벌이기도 했지만 친일파가 다시 득세하고 6·25전쟁까지 발발하면서 진단학회 내 친일세력들은 다시 부활했다. 이병도는 수도가 부산에서 서울로 환도한 후 진단학회를 접수했고, 이후 학회상으로 이병도의 호를 딴 두계학술상(斗溪學術賞)을 제정해 시상하고 있다. 그런데 두계학술상은 수상자가 누구인지 공개하지 않고 있다. 이 역시 한국역사학계의 친일 카르텔을 말해주는 단면의 하나이다.

신석호의 「연보」에 따르면 신석호가 조선사편수회 재직 16년간의 업적으로 꼽는 것이 『조선사』 제4편 5,6·7·8권의 편찬과 조선사료총간 제8 『미암일기』 5책 및 제6 『난중일기·임진장초』 1책 등을 교정 간행했다는 것이다. 조선사편수회의 『조선사』는 일제 식민사학의 완결판인데, 여기 참여한 것을 자랑으로 여기고 있는 것이니 일반 국민들과 신석호 등이 느끼는 인식의 괴리는 큰 것이다.

해방 후 신석호는 조선사편수회에서 조선사를 편찬하게 된 동기를 이렇게 말했다.

> "고향에서 공부를 마치고 경성제국대학에 들어가게 되었습니다. 그 때 일본인에 대한 반발심에서 조선사를 전공할 마음을 먹었고, 마침 조선사편수회에서 『조선사』를 편찬하는 일을 거들게 되었지요. 그게 인연이 되어 나중에 조선사편수회에 들어가게 되었지요."

그가 조선사편수회에서 편찬한『조선사』가 어떤 의미인지를 모를 리는 없다. 그러나 그는 일제 식민사관의 총결산인『조선사』편찬에 가담한 것을 자랑으로 여기고 있는 것이다.

해방 후 국사편찬위원회 시기

8.15 해방이 되자마자 그해 9월 신석호는 조선사편수회를 계승한 국사관(國史館)의 관장에 취임했다. 이 시기 그는 '전가(傳家)의 보도(寶刀)'처럼 내세우는 가장 큰 치적으로 조선사편수회의 자료를 인수했다는 것을 꼽고 있다.「치암 신석호 선생 업적」에 따르면, '해방직후 일본인들이 한국침략의 비밀을 은폐하기 위하여 통감부 이래의 기밀기록을 소각할 때 8월 20일 직원인 김건태와 함께 위험을 무릅쓰고 조선사편수회에 보관되어 있는 일본공사관 기록의 사진원판 100여 상자 44,000여매를 중앙청 서고로 옮겨 파괴를 면하게 했다'고 주장하고 있다. 또한 '8월 경복궁 집경당에 국사관 설치를 추진 중, 9월 미군 진주 후 조선사편수회가 법무부에 흡수되므로 이를 문교부로 이관, 국사관 개설을 실현시키고자 문교 고문인 김성수·백낙준 등과 함께 학무국 차장 오천석과 협의하여 학무국 산하에 국사편찬의 활성화를 논의했다.'고 자랑하고 있다. 이들이 말하는 국(國)자가 과연 대한민'국(國)'을 뜻하는지 대일본제국(帝國)'을 뜻하는지는 이후 국사관 또는 국사편찬위원회가 보여준 행태가 말해줄 것이다.

1951년 4월 국사관은 그 명칭을 국사편찬위원회로 개칭하고 교육부장관이 위원장을 겸임하면서 신석호는 사무국장으로 이후 15년간 봉직했다. 즉 조선총독부 조선사편수회는 해방 후 국사관을 거쳐 국사편찬위원회로 개편되었는데, 신석호는 1929년 4월 일제의 조선사편수회 촉탁으로부터 시작하여 일제가 패망할 때까지 근무했다. 그리고 해방 이후에는 국사관을 시작으로

1965년 1월 국사편찬위원회 사무국장을 정년퇴임할 때까지 36년간을 봉직했다.

문제는 신석호에게 대한민국 국사편찬위원회는 조선총독부 조선사편수회와 같았다는 것이다. 1990년에 간행한 『국사편찬위원회사』는 신석호의 국사편찬위원회 근무기관을 1929년 4월~1965년 1월 21일로 적어놓고 있다. 해방 후의 국사편찬위원회는 조선총독부 조선사편수회의 후신이라는 것이다. 아니 후신을 넘어서 조선총독부 조선사편수회와 현재의 국사편찬위원회는 한 몸이라는 것이다. 정상적인 사고로는 도저히 이해할 수 없는 한국 역사학계의 친일행태는 바로 이 구조에서 기인한다. 이들은 대한민국 국민들의 세금으로 먹고 살지만 정신은 여전히 조선총독부 조선사편수회 시절을 살면서 일제 식민사학을 신봉하고 있는 것이다.

이병도의 그늘에 갇혀 있는 듯 하지만 신석호는 식민사학이 해방 후에도 이 나라에서 하나뿐인 정설이 되게 하는데 이병도 못지않은 역할을 했다. 이병도와 신석호는 식민사학이 해방 후에도 한국 사학계의 정설이 되게 하는데 쌍둥이로써 활약했다.

신석호의 이력 중에 문교부 중등교원양성소 강사라는 것이 있다. 신석호의 「연보」에 따르면 2년간 강사로 활동했다. 이병도, 신석호 등은 일제가 패망하자 재빨리 건국준비위원회(여운형·안재홍)를 찾아가 손잡고 9월 10일부터 19일까지 '국사강습회'를 개최하였다. 강사에는 이병도·김상기·신석호·조윤제·송석하·유홍렬·이숭녕이었다. 한편 미군 군정청과도 교섭하여 이병도·김상기 편의 『국사교본』이라는 국사교과서를 편찬했다. 나라를 해방되었지만 그 정신인 국사관은 친일파들이 설치면서 겪고 있는 중이었다. 이들은 11월과 12월에 걸쳐 '임시중등역사교원양성강습회'를 개최하였다.[127] 1946년 봄부터 임시중등교원양성소를 설치했는데, 6개월의 교육과정을 수료하면 미군정청 문교부에 신

127 조동걸, 『현대한국사학사』, 324-325쪽.

청하여 수료생에게 교원자격증을 부여하였다. 이들이 서울과 지방의 중등학교의 국어와 국사를 담당하는 교원이 되었다. 휘문고보 강당에서 임시중등교원양성소를 개설했는데 해방 후 새 조국에서 국어와 국사 교원 양성이 시급했으므로 그 자체가 나쁠 것은 없었다.

문제는 이들이 교원들에게 가르치는 국사의 내용이었다. 교과 내용이 일제 식민사관을 그대로 답습했다는 것과 이병도·신석호 등 조선사편수회 출신 식민 사학자들이 국사를 맡아 강의했던 것이다. 프랑스 같았으면 나치에 복무한 경력으로 사형당했거나 최소한 투옥되어 참회했어야 할 식민사학자들이 해방 후에도 국사교원을 양성하는 강사로 나서 조선총독부 식민사학을 그대로 가르쳤다. 일제의 식민사관에 의한 국사교육이 중등교원양성소의 교과목에 그대로 반영되었고 해방 후에도 식민사관이 그대로 유지되었다. 현재 국정, 검인정을 막론하고 식민사학이란 비판을 받는 국사교과서 문제와 아직도 학교에서 식민사학을 가르치는 한국 교육의 고질적 문제가 이때 뿌리내린 것이었다.

물론 이에 대한 반발이 없었던 것은 아니었다. 해방 후 재건된 진단학회에서 민족주의 국문학자였던 총무간사 조윤제가 친일학자 제명문제를 제기했다. 조윤제가 말한 친일학자란 두말할 것도 없이 이병도·신석호 등 조선사편수회에서 일본인들 밑에서 자국사를 왜곡한 친일파들이었다. 그러나 이때는 이미 미 군정이 친일세력을 중용하면서 거꾸로 독립운동세력을 탄압하던 역사의 역작용이 나타나던 때였다. 진단학회에서 친일학자 제명운동이 제기되자 이병도·신석호·김상기 등은 별도로 조선사연구회를 결성했다.[128] 또한 양쪽 모두 관여하지 않으려는 젊은 학자들은 역사학회를 결성하기도 하였다.[129]

---

128 진단학회 탈퇴와 조선사연구회 결성에 관한 상세한 내용은 '조선사편수회 참여자들의 활동' 편을 참조.

129 조동걸, 『현대한국사학사』, 324-325쪽.

해방 이후 역사학계의 이런 혼란은 이병도·신석호 등의 승리로 귀결지어졌다. 이들 친일역사학자들은 미 군정 및 이승만 정권과 손잡고 반대세력들을 모두 제거하거나 학회에서 축출했다. 대학과 국사편찬위원회 등의 국가기관을 장악한 친일 식민사학자들은 조금이라도 식민사관의 본질을 비판하는 논문을 제출하면 논문 통과를 막고 교수 진출을 막는 방법으로 해방 후에 식민사관을 하나뿐인 정설로 승격시켰다. 그 결과 현재에도 전 세계에서 유일하게 좌·우, 보수·진보도 없이 조선총독부 역사관만이 정설인 한국 역사학계의 기형적, 반민족적 구도가 유지되고 있는 것이다.

스승 신석호와 제자 강만길

조선사편수회에서 일제가 패망할 때까지 16년간을 촉탁에서 수사관보, 수사관을 역임하며 승승장구했던 친일 역사학자 신석호는 이병도에 비해 덜 주목받았다. 그는 이병도에 비해 저술활동을 적게 했다. 그의 「연보」에 따르면 출판된 그의 저서로는 『한국사료해설집』 한 권과 교과서류 밖에 없다고 한다.[130] 그러나 신석호는 조선총독부 식민사학이 해방 후에도 이 나라의 하나뿐인 정설이 되게 하는데 이병도 못지않은 혁혁한 공을 세웠다. 그는 그 자신이 조선총독부 조선사편수회의 후신이라고 여겼던 국사편찬위원회(국사관)을 만들고 문교부 편수국장을 맡아 해방 이후 국사 교과서를 일본인이 쓴 것인지 한국인이 쓴 것인지 모르게 만들었다.

신석호는 1937년 중등학교 교원을 시작으로 이후 30년간 연구 편찬사업과 교육자로서 활동을 겸행하였다고 한다.[131] 해방 후에는 잠시 경성대학 예과 강사와 국학대학 교수를 하다가 1946년부터 고려대학교 문과대학 교수를

---

130 「전집간행을 마무리하면서」, 『신석호전집』(하), 861쪽.
131 박성봉, 「치암선생과 나의 고대시절 회상」, 『백산학보』 제70호, 2004, 55쪽.

21년간 역임하면서 국사편찬위원회 사무국장직을 겸직했다.[132] 그 사이 1951년 10월부터는 성균관대학교 문리과대학 사학과 교수로 6년간 재직하였는데 당시만 해도 교수가 몇 개 대학에 적을 두고 강의할 수 있던 시절이었다고 한다. 1965년 국사편찬위원회 사무국장을 정년퇴임하고 이듬해인 1966년 7월 고려대학교를 퇴임한 후에는 성균관대학교 문과대학 사학과 교수와 문과대학장으로 4년간 재직하였다. 이후 영남대학교 교수로 3년, 동국대학교 대학원 교수로 2년을 봉직하면서 1981년 2월 13일 78세로 세상을 떠나기 수년 전까지도 교직에 몸 담았다.[133]

신석호는 이병도와 함께 해방 후에도 식민사학을 주류 역사학으로 만든 쌍두마차였다. 이병도·신석호는 서울대·고려대·성균관대 등의 주요 대학 사학과를 장악하는 한편 국사편찬위원회와 중등교원양성소, 국립박물관 같은 기관들을 장악해 일제 식민사관을 하나뿐인 정설로 만들었다. 또한 조선총독부 역사관으로 가득 찬 국사교과서를 만들어 초등학생부터 대학생에 이르기까지 학교 현장에서 식민사관을 배우게 만드는데 결정적인 공을 세웠다. 신석호는 문교부 중등교원양성소 강사를 비롯하여 초등학교 및 중고등학교 사회과 교수요목 제정위원, 국정교과서편찬 심의위원, 국가시정위원회 위원, 고등고시위원, 해외유학생자격고시위원, 대학입학자격검정고시위원, 학술원 회원, 애국가작사자조사위원회 위원 문교부 장학위원, 독립기념사업회 위원, 문화재

---

132 고려대학교 교수와 국사편찬위원회 사무국장을 겸하게 된 사연을 다음과 같이 술회하고 있다. "국사관은 내가 해방 후 9개월 동안 아무런 보수도 없이 일제 및 법무부와 투쟁하여서 만든 기관인 만큼 나는 책임상 이 기관을 버리고 고려대학교로 갈수 없었다. 그러므로 나는 현상윤 총장에게 만일 국사관의 일을 겸임하도록 해주신다면 고려대학교로 가겠다고 하였다. 이에 대하여 현총장은 사학과 학생을 위해서는 국사관을 겸하는 것이 더욱 좋다 하고 쾌히 승낙하므로 고려대학교로 가게 되었던 것이다." (『신석호전집』(하), 753쪽) 신석호가 일제와 싸웠다고 말하고 있는 대목이 이채롭다.

133 때문에 신석호는 각 대학을 통해 많은 제자들을 가르치게 되었고, 뿐만 아니라 제자들이나 후학들을 '국사편찬위원회'에 맞아들여 연구할 수 있게 해주어 한때 사학계의 중진들 대부분이 국사편찬위원회 출신이라 할 정도였다고 하니 대학과 국사편찬위원회를 통해 가장 많은 제자를 거느린 이른바 '신석호 군단'을 이루었음을 볼 수 있다. (차문섭, 「치암 신석호 선생님을 기리면서」, 『신석호전집』(하), 9쪽.)

보존위원회 위원, 국어심의회 위원, 중앙공무원교육원 강사, 국방연구원 강사, 고등전형위원, 사법고시위원, 문교부 학술연구조성심의회 위원, 국장(國章)제정심의위원, 유도회 총본부 고문, 문공부 문화예술상 심사위원, 애국선열 조상(조상) 건립위원회 위원, 원호처 독립운동사편찬위원회 위원, 서울특별시 가로명 제정위원회 위원, 세종대왕기념사업회 이사, 한주·면우·한계 삼선생기념사업회 부회장, 서울특별시사편찬위원회 부위원장 등 실로 백지 한 장 가지고는 그가 역임한 직함을 모두 쓸 수 없을만큼 많은 자리를 차지했다. 일제 패전으로 일본인 스승들이 일본으로 쫓겨 간 가장 큰 혜택은 이병도·신석호·이선근 같은 한국인 식민사학자들이 차지한 것이었다.

신석호는 또한 누구보다 많은 제자들을 길러낸 것으로도 유명하다. 그의 제자들로는 각 대학에서 배출한 교수들과 국사편찬위원회 등을 통해 배출한 전문 연구원들로 구성되어 있다. 특히 국사편찬위원회는 장차 교수직으로 가는 통과의례가 될 정도로 이를 통해 많은 교수 요원들이 배출되었다. 그의 제자들의 말을 빌리면 이들을 모두 합쳐 생각하면 족히 100명을 넘길 것이라고 추정하고 있다.[134]

그 중에 주목할만한 한 명이 고려대 교수 강만길이다. 이병도의 제자들이 주로 보수적인 역사관을 가지고 식민사학을 전파했다면 강만길은 상대적으로 진보적인 역사관을 가지고 신석호를 떠받듦으로써 이 나라 역사학계가 보수, 진보를 막론하고 식민사학 일색이 되게 하는데 기여했다고 볼 수 있다.

신석호에 대한 강만길의 회고는 서울대학교 출신 학자들이 이병도를 대하는 것과 판박이였다. 그보다 더욱 놀라운 것은 그가 신석호에 대한 절절한 존경심을 담은 회고록 『역사가의 시간』을 낸 것은 2018년이라는 점이다. 그간 우리 사회는 친일청산 문제를 두고 여러 차례 격렬한 진통을 겪었고, 그 자신도 노무현 정권 시절 '친일반민족행위 진상규명위원회'의 위원장을 맡아 수많

---

134 박성봉, 「치암선생과 나의 고대시절 회상」, 『백산학보』 제70호, 55쪽.

은 사람들을 친일파로 규정했지만 그의 스승 신석호와 신석호의 선배 동료 이병도는 면죄부를 받았다. 그런 면죄부의 이유가 그간 내 자서전의 신석호 대목을 보면 적나라하게 알 수 있다. 강만길은 자서전에서 자신의 학부 및 석, 박사논문에 대해서 이렇게 설명했다.

> "학부졸업논문은 조선시대 시전(市廛)문제를 썼고, 석사논문은 조선시대 공장(工匠)문제, 박사 논문은 조선왕조 후기의 상업자본문제를 택했다. 이 과정 전체를 통해 신석호 선생님이 계속 실질적 지도교수요 학위심사위원이었지만, 자신의 전공분야와 동떨어졌다해서 간섭하는 일은 전혀 없었다. 이런 지도교수를 만나지 않았다면 아마 학문생활을 하기 어려웠을 것이란 생각이다...이같은 은사님들의 교육자로서의 충정과 학자로서의 폭넓은 학문관이 뒷받침되어 역사학 연구자의 길을 걸을 수 있었다고 생각하면, 그같은 뜻높은 뒷받침에 부응할만한 결과가 되었는지 자성하지 않을 수 없다."[135]

신석호가 제자의 학위논문을 지도하지 않고 방관했던 것이 큰 은혜이고, 이런 '은사님'의 '뜻높은 뒷받침'에 부응하지 못하지 않았는지 자성한다는 고백이다. 남한 강단사학계는 좌우를 막론하고 자신이 속한 역사학 분야에만 가 닿으면 이성을 상실한다. 다른 분야의 친일문제는 격렬하게 비판하지만 역사학자들의 친일문제에 가 닿으면 꿀 먹은 벙어리가 된다.

> "군 휴가 때 서울 가서 신석호 선생님을 뵈었더니 제대하고 오면 국사편찬위원회에 근무하도록 자리를 만들어두겠다고 했다. 그러나

---

135 강만길, 『역사가의 시간』, 창비, 2018, 125~126쪽.

막상 제대하고 갔더니 먼저 제대하고 복학해서 졸업한 차문섭 선배가 채용되어 자리가 없었다. 제대가 예상보다 늦었기 때문이다. 할 수 없이 고향에 내려가 약 반년을 쉬다가, 서울로 오라는 (신석호) 선생님의 편지를 받고 급히 상경했다. 고려대학교에 '아세아문제연구소(아연)'이 생겼고, 한국사 전공 조교가 한 사람 필요해서 추천된 것이다."[136]

강만길에게 신석호는 학문과 인생의 은인이었다. 앞서 『역사가의 유향』에서 서울대 사학과 출신들이 이병도를 평생의 은인으로 여기는 찬사들이 전혀 낯설지 않다. 그만큼 구조를 장악하고 밥벌이 직장을 나누어 주는 것이 중요함을 말해주는 대목이다. 이후 강만길은 "1959년에는 신석호 선생님이 사무국장으로 계시던 국사편찬위원회의 촉탁으로 채용되었다"고 회고하고 있다.

"1960년대로 오면서 신석호 선생님과 연고가 있는, 즉 고려대학교와 성균관대학교 및 국사편찬위원회 등과 관련된 역사학 연구자 수가 많아졌다. 이들을 중심으로 새로운 역사학회를 만들고 연구 논문집을 내려는 움직임이 일어났고, 곧 신석호 선생님을 이사장으로 하는 '한국사학회'가 생겼고, 1958년부터 『사학연구』라는 학술지를 간행하게 되었다.

한국사학회의 운영과 『사학연구』지의 발간은 자연히 신석호 선생님이 주관하는 국사편찬위원회 중심이 될 수밖에 없었는데, 그것은 보기에 따라서는 일제시기 '조선사편수회'와 『청구학총』과의 관계에 비견할 만했을 것이다."[137]

---

136 강만길, 『역사가의 시간』, 창비, 2018, 136쪽.
137 강만길, 『역사가의 시간』, 창비, 2018, 164쪽.

이를 보면 강만길도 친일사학자 신석호를 중심으로 역사학자들이 일사분란하게 움직이는 행태가 일제강점기 '조선사편수회'와 '청구학회'의 관계와 비견된다는 사실은 알고 있었던 것으로 보인다. 중요한 것은 일제강점기 '조선사편수회'나 해방 후 신석호가 주관하는 '국사편찬위원회'의 역사관은 같았다는 점이다. 그러나 이런 사실에 대한 자성이나 비판은 물론 생략되었다. 친일에 대한 비판은 역사학을 제외한 다른 분야에만 가하는 문제였다.

「그러던 어느날 신석호 선생님이 국편 근처 다방에서 전화를 걸어서 좀 나오라기에 무슨 일인가 하고 급히 나갔더니, "고려대학교에 사의를 표했더니 총장이 후임을 추천하라기에 자네를 추천했으니 다음 학기 강의를 준비하라"는 것이었다. 정말 귀를 의심했다...국사편찬위원회에 적을 두고 여기저기 강사생활을 하고 있는 7회 졸업생인 내가 신석호 선생님의 후임으로, 더구나 사학과 졸업생 중 최초의 모교 전임교원으로 추천되었다니 전혀 믿을 수 없는 일이었다...지금 와서 솔직히 생각해보면 만약 고려대학교 사학과가 아닌 다른 학교에 진학했더라면, 신석호 선생님을 못 만났을 것이고 학부 졸업 후 국편에 취직하면서 대학원에 다닐 수 있는 그런 좋은 조건을 얻기 어려웠을 것이며, 따라서 학문생활을 계속하지도 못했을 것이라 생각한다.」[138]

강만길은 역사학계 이외의 다른 모든 분야에 대해서는 비판의 날이 서 있었다. 박정희·전두환 정권과도 날을 세워 이 나라의 민주화에 일조한 것은 사실이지만 유독 신석호의 친일문제에 대해서는 모르쇠로 일관했다. 하긴 그

138 강만길, 『역사가의 시간』, 창비, 2018, 179~182쪽.

고려대 총학생회는 2005년 고대 출신 이병도, 신석호를 친일반민족행위자로 규정했다.

의 자서전에서 신석호에 대해서는 시종일관 '님' 자를 붙여 존경하고 있으니 그에게 신석호에 대한 비판을 요구하는 것은 무리로 보인다.

그는 2005년 5월부터 2007년 5월까지 대통령 직속의 '친일반민족행위진상규명위원회'의 위원장이었다. 그는 자서전 『역사가의 시간』에 부록으로 「친일반민족행위 진상규명 일지」를 덧붙여놓았다. 그는 2005년 8월 30일자에 전체 직원들에게 친일반민족행위 진상규명의 역사적 의미를 두고 강연했다면서 강의 내용의 일부를 이렇게 말했다.

"셋째, 친일반민족행위 진상규명이 가지는 역사적 의의문제인데, 치욕스러운 역사도 철저히 밝혀서 가르침으로써 역사반성의 폭을 넓힐 수 있어야 한다...친일반민족행위의 진상을 철저히 규명해서 역사적 단죄를 하지 않고는 사회 정의가 서지 않는다...친일반민족행위 규명과 역사적 단죄는 평화통일의 추진과정과도 깊이 연관되어 있다."[139]

구구절절 맞는 말이다. 문제는 왜 이 치욕스러운 역사에 이병도·신석호만 제외되어야 하느냐의 문제였다. 앞서 말한 것처럼 북한은 1960년대에 이미 조선총독부가 만든 '낙랑군 평양설'과 '임나 가야설'을 모두 극복했지만 남한 강단사학계는 아직도 이 두 학설이 하나뿐인 정설이다. 북한은 1961년에 이미 낙랑군은 평양이 아니라 요동이라고 정리했고, 1963년 임나는 가야가 아니라

139　강만길, 『역사가의 시간』, 창비, 2018, 516~517쪽.

가야계가 일본 열도에 진출해서 세운 소국이라고 정리했다. 그러나 남한 학계는 근래 이른바 젊은 역사학자라는 안정준이 북한도 낙랑군이 평양에 있었다고 한다면서 거짓말까지 시키는 상황이어서 강만길이 말한 분단사학의 병폐를 적나라하게 드러내고 있다. 따라서 남북통일을 위해서도 친일역사학 청산 문제는 시급한 과제인데 유독 이 문제에 가 닿으면 모른 척하고 있는 것이다. 심지어 헌병보조원까지도 친일반민족행위자로 넣어야 하는가 말아야 하는가가 논의되었지만 조선사편수회에서 민족의 역사를 팔아먹은 이병도·신석호의 행위에 대해서는 논의조차 되지 않았다.

> 「조선총독부 중추원 부찬의를 지냄으로써 친일반민족행위자로 일
> 단 선정된 김명수의 증손 김종철씨가 전화를 걸어서 왜 이런 통지
> 서를 보내 다시 불쾌하게 하는가 하고 항의했다. 위원회로서는 법
> 적 절차상 통지하지 않을 수 없음을 말해주었다.
> 중추원 찬의를 지낸 홍승목의 증손 홍기훈씨도 같은 내용의 전
> 화를 걸어왔다. 홍승목은 소설『임꺽정』의 저자이며 해방 후 북에
> 가서 부수상을 지낸 벽초 홍명희의 조부다. 벽초의 부친은 한일합
> 방 후 자결을 했는데, 조부는 조선총독부의 중추원 찬의를 지내
> 이번 친일반민족행위 조사대상자로 선정된 것이다. 불행한 일이
> 아닐 수 없다.」[140]

강만길은 나라가 망하자 자결한 벽초 홍명희의 부친의 이름은 생략한 대신 중추원 참의였다는 조부 홍승목만 써 놓았지만 홍명희의 부친 홍범식은 금산군수로 있다가 일제가 나라를 빼앗은 당일인 1910년 8월 29일 자결했다. 홍명희는 좌우합작 민족통일전선인 신간회 부회장으로 선임되었다가 옥고를 치

140 강만길, 『역사가의 시간』, 창비, 2018, 578~579쪽.

른 독립운동가였고, 부친과 함께 월북한 그 아들 홍기문도 이두학자이자 역사가였다. 홍명희 일가는 그렇게 대를 이어 독립운동을 했지만 그 부친이 중추원 찬의를 했다는 이유로 친일반민족행위 조사대상자로 선정되어 그 증손 홍기훈 씨에게 통보한 것이었다. 강만길은 "내 개인의 생각으로는 중추원 참의의 경우 참의가 되었다는 사실만으로도 당연 케이스의 친일행위자로 규정해야 한다는 생각"이라고 말했고, 그 자신이 자서전에 특별케이스로 이름을 적어 홍명희 일가는 마치 친일파 집안인 것처럼 인식되게 되었다.

『민족문화대백과사전』은 중추원에 대해 "1910년 10월 1일 조선총독부 관제 및 동 중추원 관제에 의해 설립된 총독자문기관"이라면서 "실질적인 정책 심의·의결기능은 전무에 가까웠으나, 일제는 이를 민족운동세력의 분할과 친일세력 육성에 활용"했다고 말하고 있다. 직급은 높았지만 할 일은 없었다는 뜻이다. 강만길은 이런 중추원 찬의는 용서할 수 없는 반민족행위자였지만 중추원 산하였다가 조선총독부 직속으로 격상된 조선사편수회에서 수사관 등으로 민족의 역사를 팔아넘긴 이병도·신석호 등에게는 면죄부를 주었다. 이병도·신석호가 친일반민족행위자로 수록된 것은 대통령 직속의 친일반민족행위진상규명위원회에서 한 것이 아니라 민족문제연구소에서 간행한 『친일인명사전』에서 등재한 것이었다. 이병도·신석호는 여전히 국가에서 제정한 친일반민족행위자가 아니라 민간에서 제정한 친일반민족행위자인 것이다. 반면 조선사편수회에서 일본인 식민사학자들의 반도사에 반발해 발해를 우리 역사에 포괄시켜야 한다고 주장하고, 단군사화를 수록해야 한다고 주장했던 이능화는 친일반민족행위자로 선정되었다. 1943년 세상을 떠난 이능화에게는 불행하게도 강만길 같은 역사학자 제자가 없었기 때문이다 한국 역사학계에서 이병도·신석호의 친일문제를 제기하면 좌우를 막론하고 죽이자고 달려드는 작금의 반민족적, 반역사적 행태는 자신들의 학연을 민족정기 바로세우기 보다 우선시하는 역사의 사유화 행태에서 비롯된 것이다.

강만길은 또 박정희 정권 때 시행했던 독립유공자 표창에 대해서도 회고했다.

> "군사쿠데타로 성립된 박정희 정권은 해방 후 처음 성립된 이승만 정권도, 4·19'혁명'으로 성립된 장면정권도 하지 않은 독립유공자 표창을 하기로 했고, 그 조사실무가 국편에 주어지기도 했다...집권자 자신의 친일경력 약점을 덮기 위한 시책이라는 평이 당시에도 있었다...그런가 하면 이병도 박사가 심사위원이었다가 독립운동유공자들의 반대로 사퇴하는 상황이 벌어지기도 했다. 이박사가 이완용의 일가이기 때문에 그렇다고도 들었다. 뒷날 이완용의 후손이 그의 무덤을 파서 없앨 때, 그 명정(銘旌, 죽은 이의 관직과 성씨 등을 적은 깃발)인가를 원광대학교 박물관이 수집해서 보관했는데, 이병도 박사가 기어이 입수해서 불태웠다는 이야기도 있었다."[141]

강만길 교수는 여기에서 이병도에게만 화살을 던지고 신석호는 슬그머니 빼돌려놨다. 필자가 이때 독립유공자의 한 사람으로 공훈심사위원이 되었던 희산 김승학 증조부에게 직접 들은 이야기는 다르다. 희산 증조부는 이병도뿐만 아니라 신석호, 이선근 등의 친일파 심사위원 모두에게 "임자들이 독립운동이 뭔지 암마?"라고 꾸짖었다는 것이다.

강만길은 자신의 인생에 대해서 이렇게 설명했다.

141　강만길, 『역사가의 시간』, 창비, 2018, 158~159쪽.

"사람의 일이란 불가해한 것이어서...성낙준 선생님의 '우연한' 입학 원서 구입과 진학권유, 고려대학교 사학과 입학과 신석호 선생님 과의 만남, 국편과의 인연 및 그곳 여러 선생님들과의 만남, 신석 호 선생님의 후임으로 고려대학교 교수직을 계승한 일 등이 결국 한 인간의 평생을 결정하고 만 셈이다."[142]

강만길에게 신석호 '선생님'은 신성불가침한 '성역'이었다. 그러나 신석호는 중추원 찬의 정도는 비교도 되지 않을 정도의 친일확신범이었다. 해방 이후에 도 일본인들이 만든 식민사관을 조직적으로 전파한 산 친일파였다. 그러나 친 일반민족행위 진상규명위원장 강만길에게 국민들이 알지도 못하는 중추원 찬 의 홍승목은 용서할 수 없는 친일파였지만 일제강점기 내내 조선사편수회에 복무하면서 일본인 식민사학자들과 함께 우리 역사를 난도질하고, 해방 후에 도 일제 식민사관을 구조적 정설로 만든 신석호는 존경해마지 않는 '선생님'이 었다. 이런 선택적 정의가 아직껏 한국사가 식민사학에서 벗어나지 못하고, 역 사학자들이 좌우를 막론하고 역사학계의 친일문제에는 침묵하거나 정작 역사 학계의 친일문제를 제기하면 죽이자고 달려드는 작금의 상황을 낳은 것이다.

2. 신석호의 역사관

신석호는 "일제 치하의 대학에서 아무 희망도 없는 조선사학을 전공한 것 은 항일정신(抗日精神)에서 나온 것이며, 민족정신(民族精神)을 찾기 위한 것 이었다." 라고 강변했는데, 이런 그의 말이 맞으려면 일제강점기는 물론 해방

---

142 강만길, 『역사가의 시간』, 창비, 2018, 123쪽.

후에 조금이라도 일제 식민사관을 바로 잡기 위해서 노력했어야 할 것이다. 그가 민족적 차별에 대한 반발심으로 조선사를 전공하고 조선사편수회에 들어갔다는 이야기는 마치 '일본 군대의 전술 전략을 익혀 장차 독립운동에 요긴하게 쓰기 위해 일본 육사에 들어갔다'는 친일 장교의 변명과 다름 아닌 것이다.

앞에서도 언급한 대로 식민사학자들의 특징은 1) 반도사관에 젖은 한국사에 대한 인식, 2) 실증으로 포장된 식민사학, 3) 반성 없는 친일사학으로 정리될 수 있을 것이다. 신석호가 남긴 생생한 육성과 같은 글의 행간을 찾아 그의 역사관을 살펴보려고 한다.

신석호는 조선시대사를 전공한 학자로서 해방 후 치열한 역사논쟁을 일으킨 고대사 논쟁에서는 한 발 물러나 있다고 지적한 바 있다. 그러나 그가 남긴 논설·수상문·대담 등을 통해 식민사학로 점철(點綴)된 한국사 인식과 반성없는 친일사학의 일면을 살펴볼 수 있을 것이다. 별다른 설명이 없는 ▼ 이하의 문장은 모두 신석호의 말이다.

▼ 우선 1975년 한국고대사학회에서 제기한 단군조선 문제에 대해 신석호는 "우리나라 역사는 5천년이 되지 않은 것이며, 최대한 2천 3.4백년을 더 올라갈 수 없는 것이다."라고 단정 짓고 있다. 또한 "우리나라의 역사는 중국의 전국시대 즉 B.C 3세기 내지 5세기, 다시 말하면 2천 3.4백년을 더 올라갈 수 없다는 것이다. 그리고 이러한 나라들의 내용은 자세히 알 수 없으나 원시적 부족국가에 지나지 못하였을 것이다."[43] 라고 적시하고 있다. 물론 그의 주장에 대한 사료는 제시하지 않고 있다. 사료적 근거도 없이 우리 역사의 상한연대를 무조건 끌어내리는 것은 일제 식민사학의 주요한 특징이다.

---

143 「단군의 건국연대」, 『신석호전집』(하), 148-149쪽.

▼ 신석호는 "단군이 우리 민족의 시조로 확립된 것은 실로 근세 고종 시대에 일본 침략을 받은 이후의 일이다. 당시 역사 교과서에 기록하여 학생에게 교육하였을 뿐만 아니라, 신문·잡지와 연설로서 일반 민중에게 선전하여 민족의식과 자주독립정신을 환기시켰으며, 마침내 단군을 신봉하는 대종교가 일어나고 개천절이 제정되게 되었다 … 우리나라에서는 부여의 영고와 고구려의 동맹, 예의 무천 등 고대 제천대회를 10월에 거행하고, 현대에도 10월에 고사를 지내는 민속이 경향 각지에 널리 유행하고 있으므로 10월 3일을 택하여 개천절로 정한 것이다. 이와 같이 개천절도 정확한 근거가 있는 것이 아니요 대종교에서 정한 것…"[144]라고 말했다. 우리 국조에 대해 무조건 부인하는 것 또한 일제 식민사학이 가장 심혈을 기울였던 부분이다.

▼ "우리 민족도 기원전 3,4세기경부터 한반도와 만주에 걸쳐서 조선·부여·예맥·진번·임둔·진 등 부족국가를 무수히 많이 조직하였는데 그 중에 제일 먼저 일어나고 문화가 발달한 것은 평양에 있던 조선이다 … 요컨대 단군기사 가운데 신화적 부분이 많이 섞여 있고, 건국연대가 실제 맞지 않는다 할지라도 단군 자체까지 부인할 수는 없는 것이다. 우리 민족 최초의 국가로 고조선이 있었던 것은 엄연한 역사적 사실이나 고조선을 건국한 사람은 甲 이든 乙 이든 간에 누가 있었을 것이다. 그 사람을 우리는 옛날부터 단군이라 하고 구전해 왔으며 고려 말기의 중 일연과 문인 이승휴가 이것을 기록하였으니 어떻게 이것을 부인할 수 있단 말인가. 단국이 고조선의 건국자로서 우리 민족의 사조인 것은 틀림없는 역사적 사실이다 … 다만 단군의 건국연대는 실제보다 약 2천년 올라가 있으므로 5.16혁명 이후 단기를 폐지하고 세계 공통으로 사용하는 서기를 연호로 사용하게 된 것이다."[145]

---

144 「단군과 개천절」, 『신석호전집』(하), 204쪽.
145 「단군과 우리 민족」, 『신석호전집』(하), 731-733쪽.

이 또한 일본인 식민사학자들이 단군 조선의 건국사실을 부인하고, 단군의 개국연대를 무조건 끌어내린 것을 추종하는 것이다.

▼ "한국고대사학회의 국조 단군을 숭배하고 추모하는 애국심에 대해서는 실로 경의를 표하는 바이며, 나도 단군을 국조로 믿고 단군의 역사를 연구해 보았으나 불행히도 단군의 기록은 모두 신화로 점철되어 있고 건국 연대도 우리 민족의 실제 역사와는 거리가 너무 먼 것이었다. 단군의 기본사료인 일연의 『삼국유사』와 이승휴의 『제왕운기』는 지금으로부터 690여년 전 고려 말기 충렬왕시대에 이루어진 것으로 … 단군은 당요 25년 무진(기원전 2,333년)에 즉위하여 처음으로 조선을 개국하고 왕검성(평양)에 도읍하고 1천여 년 동안 나라를 다시리다가 주무왕 기묘(기원전 1,122년) 에 무왕이 은나라 유신 기자를 조선왕으로 봉하자 단군은 아사달(구월산)에 들어가 산신이 되었다는 것이다. 이것을 역사적 사실로 믿을 사람이 어디 있단 말인가? 삼척동자도 믿지 아니할 것이다."[146]

단군조선에 대한 신석호의 반감은 일본인 식민사학자들 이상이다. 일본인 스승들에게 잘 보여야 하는 조선인의 습성이 해방 후에도 전혀 개선되지 않은 것이다.

▼ "대학 예과시절 나는 전공과목을 무엇으로 할까, 참으로 많이 망설였다 … 그러다가 나는 역사를 택했다. 그것도 국사를, 이유는 단 한가지였다. 일본인들이 우리를 야만민족으로 취급하는 데 대한 모멸감 때문이었다 … 내가 본과 때 주로 가르침을 받았던 선생은 이마니시(今西龍) 박사라는 일본인이었다. 그는 비교적 학자적 입장에서 사실을 왜곡하지 않은 것으로 생각한다. 그러나 한일간의 민족문제에 걸리면 일본인의 우월을 주장했다 … 대학을 졸

146 「단군신화 시비」, 『신석호전집』(하), 737쪽.

업하고 나는 조선총독부가 관장하던 조선사편수회에 근무했다. 여기서는 주로 일인학자들이 주동이 되어 조선사를 편찬하고 사료 수집을 했다. 수집된 사료는 일본인이 관장했다. 나는 다만 그들의 사료수집과 정리 작업을 도울 뿐이었다."[147]

신석호의 이 말에 대해서는 군이 비판할 가치도 느끼지 못한다.

▼ "나는 1929년 제1회 경성제국대학 조선사학과를 졸업한 후부터 8.15 해방까지 17년 동안 조선사편수회에 근무하였으며, 해방 후 이것을 국사편찬위원회로 개편하여 정년퇴직할 때까지 봉직하였으니 이 기관은 나의 일생을 바친 곳이다. 내가 일제치하의 대학에서 아무런 희망도 없는 조선사를 택한 것은 우리 민족의 역사와 문화적 전통을 구명하여 조선인을 멸시하는 일본인과 학문적으로 대항하기 위함이었으나, 막상 대학을 졸업하고 나니 갈 데가 없었다. 그 때나 지금이나 마찬가지로 사학과를 졸업하고 전공을 살리자면 우선 중학교의 교원으로 가는 것이 가장 좋은 것이다. 나는 모교 중동학교의 교비생으로 대학을 다녔기 때문에 졸업 후 모교로 가기로 약속되어 있었으나, 졸업할 무렵 조선총독부의 정책이 사립학교도 조선인은 역사교원으로 인가하지 않게 되었으므로 모교로 가는 것은 단념하지 않을 수 없었다. 나와 동기의 사학과 졸업생 5명 중 일본인 3명은 모두 중학교 교원으로 가게 되었으나, 조선인 김창균 군은 총독부 학무국 촉탁으로 가고, 나는 지도교수 이마니시(今西龍) 박사의 추천으로 조선사편수회에 가게 되었는데, 이것은 나의 전공을 살리기 위해서는 오히려 다행한 일이었다."[148]

---

147 「나의 인생노트」, 『신석호전집』(하), 726-727쪽.
148 「8.15해방과 조선사편수회」, 『신석호전집』(하), 733-734쪽.

조선총독부의 조선사편수회와 대한민국의 국사편찬위원회를 같은 조직으로 생각하고 있다. 그러니 그 계기를 만들어준 이마니시 류의 추천을 행운으로 여기는 것이다.

▼ "국사관은 일제시대의 조선사편수회의 소장 사료를 가지고 설립한 것으로 해방 후 내가 일제 및 미 군정청 법무국과 투쟁하여 만든 것이다. 조선사편수회는 일제가 조선사를 편찬하고 조선 사료를 수집 간행하기 위하여 설치한 것으로『조선사』 37권과 조선사료총간 20여권을 편찬 간행하였는데, 나는 1929년 경성제국대학 사학과를 졸업한 후 곧 이 기관에 들어와 17년 동안『조선사』 편찬과 사료 모집에 종사하고, 여기서 해방을 맞이하였다.

해방 당시 조선사편수회에는 3만여 권의 희귀한 사료와 수만 점의 고문서를 소장하고 또 총독부 문서관에 사장되어 있는 구일본공사관 및 통감부 시대의 기밀 기록을 촬영한 사진 원판 4만 4천여 장과 사진첩 4백여 권이 있었다. 이것은 아직 손대지 못한 갑오경장 이후의 조선 최근세사를 편찬하기 위하여 특별히 촬영한 것이다. 처음에 한국인 사자원(寫字員)을 들여서 이것을 필사하려고 하였으나 총독부에서 한국인에게 보여서는 안 된다 하므로 일본인 사진사를 들여서 5년간에 걸쳐 4만 4천여 장을 촬영하고 계속 촬영하는 중에 해방이 되었다."[149]

한국인 사자원에게는 필사를 불허해도 일본인에게는 사진 찍는 것을 허용했다는 데서 상호모순을 쉽게 느낄 수 있다. 이 또한 신석호의 결정이 아니라 조선사편수회 간부진의 판단이었을 것인데 자신의 공으로 귀속시키고 있다.

---

149 「고대 사학과 설립당시를 회고함」, 『신석호전집』(하), 751-752쪽.

▼ "이병도씨는 나보다 8년 연상이며 선배이다. 그는 허정(許政)씨와 보전(普專) 동창이며 우리나라 역사의 개척자라고 볼 수 있다. 내가 졸업하고 1929년 조선사편수회에 들어가자 전에 그 곳에 있던 그는 그만두고 무급 촉탁으로 있었다. 그와 친하게 된 것은 그가 중심이 되어 진단학회를 만들 때부터였다. 그는『진단학보』를 만들기 위하여 사재를 털고 집까지 저당 잡혔었다.

해방 후 우리나라의 역사를 바로잡기 위해 국사교육을 위한 임시교원양성소를 할 때 주력한 사람은 이병도(고대사), 김상기(중세사), 나(근대사) 셋이었다. 그 때 양성된 120명의 교사들이 전국에 흩어져 역사교사로 활약했다. 그 뒤 이병도와 김상기씨는 서울대로 가고, 나는 조선사편수회의 일 때문에 꼼짝할 수가 없었다. 그것을 내팽개치고 학교로 갈 수는 없었다. 후에 고려대의 현상윤씨가 우리 집까지 찾아와 국사편찬위원회 일과 겸직해도 좋다는 양해를 함으로써 나는 처음으로 고려대로 갈 수 있었다.

이병도씨와는 학술원(그가 회장일 때 내가 부회장을 맡음)에서 뿐만 아니라 국사편찬위원회, 세종대왕기념사업회, 민족문화추진회, 5.16민족상 등에서도 함께 일하고 있기 때문에 자주 만나고 있다."[150]

이병도·김상기·자신이 해방 후에도 일제 식민사관을 하나뿐인 정설로 만든 구조에 대해서 스스로 자랑스레 설명하고 있다.

▼ 내가 경성제대 사학과를 졸업하고 사회에 첫발을 내디딘 곳이 조선총독부 조선사편수회였다. 내가 일제치하의 대학에서 아무 희망도 없는 조선사학을 전공한 것은 항일정신에서 나온 것이며, 또 나는 중동학교 교비생으로 대학을 다녔기 때문에 졸업한 뒤 모교의 역사교원으로 갈 예정이었다. 그러나 졸업하였을 때 중동학교에는 역사 선생이 만원일 뿐만 아니라 당시 총독부의 방침이 조선인에게는 역사교원을 인가하지 않기로 결정되었기 때문에 할 수

150 「명사교유기」, 『신석호전집』(하), 765-766쪽.

없이 조선사편수회에 취직하였던 것이다 … 나는 해방 후 고려대학교에서 20년 동안 국사 강의를 담당하고 그 후 또 성균관대학교, 영남대학교, 동국대학교 등 여러 대학에서 국사강의를 담당하여 후배양성에도 힘을 기울였으나 나의 일생 동안 가장 정력을 쏟은 것은 국사편찬위원회를 만들어 한국학연구의 자료를 출판하여 학계에 제공한 것이다.[151]

　▼ 우리가 일제의 침략을 받고 있을 때 국가와 민족을 위하여 제일 먼저 해야 할 일은 독립운동이었다. 그러므로 혹은 의병을 일으켜 일제와 싸우고, 혹은 일제의 기관을 폭파하고, 혹은 일제 요인(要人)과 친일파 민족반역자를 암살하고, 혹은 3.1운동과 같은 거대한 민족운동을 일으켜 일제와 투쟁하고, 혹은 해외로 망명하여 임시정부를 수립하고 독립운동을 전개하였다. 이들은 모두 생명을 초개같이 여기고 갖은 고난을 겪어가면서 독립운동을 하여 마침내 8.15해방을 맞게 되었으니, 이보다 더 큰 애국자는 없는 것이다.

그러나 해방 이후에는 공산주의와 싸우면서 자유민주주의와 자립경제를 건설하는 것이 가장 큰 애국이다.[152]

친일세력이 반공투사로 돌변해서 독립운동가를 때려잡은 것을 '애국'으로 포장한 논리의 완벽한 재연이다.

　▼ 세상 사람은 명예를 위하여, 벼슬을 하기 위하여, 또는 돈을 벌기 위하여 눈부신 활동을 하고 있으나 나는 대학을 졸업한 후 아무 것도 생기지 아니하는 역사편수기관에 들어가 17년 동안이나 고서(古書)와 싸우다가 거기서 해방을 맞이하였고, 해방 후에도 그 기관을 버리지 못하고 오늘날까지 지키고

---

151 「야사(野史)-나의 중심 개념」, 『신석호전집』(하), 769-773쪽.
152 「애국자」, 『신석호전집』(하), 780쪽.

있으니, 실로 무능한 바보라 하지 아니할 수 없는 것이다. 그러나 나는 이 세상에서 바보보다 더 편한 것은 없다고 생각한다.[153]

일제에 부역해 일제 강점기는 물론 해방 후에도 온갖 영화를 다 누린 사람의 말이다. 어떤 면에서는 이병도보다 더 심하다고 하지 않을 수 없다.

▼ 국사를 전공하게 된 동기를 묻는 질문에 신석호는 "대학에서 민족적 차별대우를 받았기 때문에 민족정신을 찾기 위해서 국사를 전공하게 되었다"고 답하고 있다.[154]

▼ "선생님께서 한국역사를 연구하시게 된 동기는 무엇인가?" 묻는 질문자에 대한 답변은 "일제 때 우리나라의 전통성은 하나하나 말살돼 가고 있었어. 그런 가운데도 일본사람 중에 한국역사를 공부하는 사람이 있더군. 일본인도 한국연구를 하고 이를 보전하려고 노력하는데 한국인이 한국을 몰라서야 되겠느냐는 생각을 했지."라고 대답하고 있다.[155]

▼ "말하자면 나는 국사편찬위원회에 희생된 사람입니다."
- 국사편찬위원회는 어떤 인연으로 언제부터 관여하셨습니까?
"고향에서 공부를 마치고 중동중학을 거쳐 일본에 가서 1년 일어공부를 한 뒤 그 때 막 생긴 경성제국대학에 들어가게 되었습니다. 그 때 일인에 대한 반발심에서 조선사를 전공할 것을 마음먹었고, 마침 조선사편수회에서 조선

---

153 신석호는 치암(癡菴)
이란 호를 가지고 있는데, 그 뜻은 천치·백치와 같은 무능한 바보라는 뜻으로 아호를 짓게 되었다는 것이다.
「나의 아호(雅號) 유래」, 『신석호전집』(하), 785쪽.
154 「사학가 선배님 방문기」, 『신석호전집』(하), 816쪽.
155 「만나고 싶었습니다」, 『신석호전집』(하), 832쪽.

사를 편찬하는 일을 거들게 되었지요. 그게 인연이 되어 나중에 조선사편수회에 들어가게 되었지요."

- 해방 때는 어떠했습니까?

"해방이 되니 일인들은 그들의 침략상이 기록되어 있는 사료들을 마당에 내놓고 불을 지르고 있었어요. 내가 밖에 나가고 없는 동안 그랬는데, 어찌나 분통이 터지던지요."

-그게 그토록 중요한 것이었습니까?

"그것은 주로 일본공사관 기록이었는데, 구한국 말년에서부터 한국침략에 관계된 본국 정부의 훈령 등이 적힌 것이지요. 통감부·총독부 시대의 것도 있습니다만, 이것은 총독부 문서과 창고에 보관되어 있었는데, 조선 사람은 보여서 안 된다고 사진사를 보내서 44,000장에 달하는 사진을 박아놓았지요."

- 그래서 소실되었나요?

"사진첩으로 만든 것은 태웠는데, 그들이 원판을 없애는 것을 잊어버려서 그것을 겨우 건져내었습니다. 그 뒤 인화 비용이 없어 고심하다가 미국 스탠포드대학 후버도서관에서 인화를 했습니다. 1부는 우리나라에 보관되어 있었는데, 원판은 6.26 뒤 환도해 보니 깨어진 것이 많고 지금 후버도서관에서 1부 사려니 2만불을 달라고 해요. 영어와 일어로 된 것은 있는데, 우리말로 된 것은 없으니 부끄럽기도 하고요. 예를 들면 안(중근)의사 관계기록만 해도 사진첩 10권이 되지요."[156]

▼ - 그런데 왜 국사를 택하셨죠?

"(중동학교) 졸업하던 해에 경성제국대학이 생겼는데, 검정시험을 쳤더니 합격이 됐어. 그런데 그 때 당시 일본놈들이 어떻게나 조선인을 멸시하는지 참을 수가 있어야지. 야마도다마시(大和魂) 어쩌고 하면서 기세등등했거든.

156 「내가 할 일은 한국사연구」, 『신석호전집』(하), 835쪽.

그러면서 한국인을 '조센징'이라고 깔보는데, 좋다! 그럼 나도 조센다마시(朝鮮魂)을 보여주자 … 이런 생각이 들었지.

당시 육당(六堂)이 단군얘기를 여기저기에 많이 썼고, 중동학교는 사립학교라 조선역사를 가르쳤거든, 황의돈(黃義敦) 선생한테 국사를 배웠고, 문일평 선생은 서양사를 강의했지만 을지문덕이나 우리역사 얘기를 기회있는 대로 해줬어. 우리도 일본보다 더 찬란한 역사를 갖고 있다고 강조하는 그 이야기에 우리 역사에 대한 매력이 생기더구먼. 이걸 체계있게 과학적으로 연구하고 원수 좀 갚아보자고 경성제대 법문학부의 조선사학과를 들어간 게야.”

“나는 성대(城大:경성제대)를 마치고는 중동학교 역사 선생이 소원이었는데 졸업하고 보니 만원이야 그래서 총독부의 조선사편수회에 들어갔는데, 그게 조선왕조사를 하는 데 결정적인 도움을 줬지. 조선왕조사 자료는 총독부가 다 갖고 있는데, 한국인은 나 하나뿐이었거든. 다른 사람들은 자료에 접근할 수조차 없었지. 그 바람에 해방 때 일제의 만행을 담은 자료가 불살라질 뻔했다가 내 손으로 건져지기도 했어.”

신석호는 앞에서는 “총독부의 방침이 조선인에게는 역사교원을 인가하지 않기로 결정되었기 때문에 할 수 없이 조선사편수회에 취직하였던 것”이라고 말해놓고는 여기에서는 “중동학교 역사 선생이 소원이었는데 졸업하고 보니 만원이야 그래서 총독부의 조선사편수회에 들어갔”다고 달리 말하고 있다.

『조선사』는 내가 1929년부터 1937년까지 편찬을 맡았었는데, 한국 사람으로는 아무도 볼 수 없는『조선왕조실록』이나 비밀자료들을 나만은 볼 수가 있었지. 『조선사』를 끝내고 최근세사를 편찬하려고 자료를 수집하다가 해방을 맞았지만『미암일기』등을 간행하고 의병자료들을 수집할 수 있었던 것은 큰 소득이었어. 아마 일제 때『조선사』를 편찬하지 않았더라면 해방 후 국사연구가 큰 공백기를 맞을 뻔했지."

조선사편수회가『조선사』를 편찬한 것이 큰 다행이라는 것이니 한국인으로서 가장 기초적인 비판의식조차 없는 것이다.

- 한국인으로는 조선사편수회에 혼자 계셨으니 이로운 점도 있었겠지만 고초도 많으셨겠어요.

"총독부 도서관에 최근세사 자료야 산더미처럼 쌓였으니 최근세사 연구에 안성맞춤이었지. 을사조약 후 공사관 시절부터 통감부·총독부에 이르기까지 그들의 비밀정책문서, 조선인에 대한 기록 등 지금 생각하면 최근세사에 관한한 보물창고였으니까. 이 사건기록을 최근세사 자료로 쓴다고 베끼러 했더니 한국 사람은 안 된다는 거야. 동학난·안중근사건·갑오경장·공사관교섭문서 등이 다 들어 있으니 그럴 수밖에… 그래서 그걸 사진으로 만들었어. 무려 6년이나 걸렸는데, 사진만 4만 4천장이라… 그걸 백장씩 엮어 책으로 만들었지. 아직 사진을 안 찍은 것도 많았는데, 해방이 됐지. 그러니 허겁지겁 침략자료를 꺼내다가 중앙청 서쪽 마당에서 불태우느라 이놈들이 정신이 없어. 그리고는 편수회로 달려오더니 사료며 사진첩이며 몽땅 태워버렸지. 그러나 허둥대느라고 유리로 된 원판을 잊고 갔거든. 그래 그 날로 원판을 모두 감춰 내갔지. 해방 후에 스탠포드대학의 원조로 그걸 다시 복사했는데, 그 원판을 빼앗겼더라면 침략사의 생생한 자료들이 영원히 없어질 뻔했지."

- 해방이 되었어도 사학계는 6.25 후까지 체계가 안 잡혔었죠. 제가 알기로는 6.25가 끝나고 『조선왕조실록』이 나온 후부터 국사 특히 조선시대 연구가 제대로 시작된 걸로 알고 있습니다만…

"해방이 된 뒤 오히려 더 어려워졌지. 역사를 한 사람은 이병도와 김상기씨, 그리고 나 정도였는데, 이 편수회를 맡을 사람이 있나. 미 군정청에선 예산은 고사하고 편수회가 재판소 건물 안에 있다고 법무부로 넘기려는 판이었으니까. 6.25 때는 하마터면 책들이 전부 난로 불쏘시개가 될 뻔도 했고… 그 책들을 옮기느라고 1.4후퇴 때는 내 장서는 한 권도 피난을 못 시켰는데, 나중에 돌아와 보니 한 권도 없이 싹 쓸어갔더라. 그렇게 6.25를 겪고 환도를 하니 비로소 국사편찬위원회에 예산이 나와 『왕조실록』을 내기 시작한 거지. 이 책이 나오고부터 사실상 조선시대의 연구가 시작된 거야. 이어서 『승정원일기』 『비변사등록』도 나왔고… 그러니 나는 그 때까지 근 30년 동안 조선사를 했지만 겨우 기초작업 밖에 못해 놓은 거야."[157]

신석호는 일본인들에게서 역사를 배우지 않은 학자들은 역사학자로 취급도 하지 않고 있다. 해방 공간에는 수많은 민족주의 역사학자들과 맑시스트 역사학자들이 있었지만 그는 진단학회의 친일학자 제명운동에 반발해서 진단학회를 뛰쳐나와 조선사연구회를 만들었던 이병도·김상기와 자신만이 역사를 했다고 말하고 있다. 그리고 신석호의 이런 구분은 지금도 남한 강단의 분단 사학자들에 의해 그대로 재연되고 있는 중이다.

---

157 「우리는 한길 가족」, 『신석호전집』(하), 840-844쪽.p

I

일제의 식민사학은 조선총독부의 조선통치 정책상 필요에 의해 구상되었고, 이는 역사를 편찬하는 수사(修史)사업을 통해 구체적으로 실현되었다.

조선총독부 수사사업은 근대 일본정부에서의 수사사업에서 그 근원을 찾을 수 있다. 1868년 메이지유신으로 에도의 막부정권을 무너뜨리고 천황제 국가를 수립한 메이지정부는 메이지유신 다음해인 1869년부터 본격적인 수사사업에 착수하였다.

이는 유교적 명분론에 근거하여 왕정복고와 함께 국가 통합의 과정을 기록함으로써 새로운 체제의 정통성을 확보하기 위함이었다.

1910년 국권피탈 이후 조선에서도 조선총독부를 중심으로 수사사업이 추진되었다. 그러나 사업의 목적에는 분명한 차이가 있었다. 일본정부는 정사 편찬을 통해 천황 체제의 정통성을 확보할 목적으로 일본사를 편찬했던 반면, 조선총독부는 일제의 조선 침략을 정당화하고 식민 지배를 합리화하는 논리를 생산, 유포해서 한국을 영구히 지배할 목적으로 조선사를 편찬하고자 했다.

조선총독부의 수사사업은 한국을 점령해야 한다는 정한론(征韓論)의 토대 위에서 진행되었다. 일제는 조선을 침략하기 전 한국에 대한 사전 조사사업 및 연구 활동을 활발하게 전개했다. 19세기 중후반 일본 정부는 왕정복고와 메이지유신을 거치면서 발생한 국내 무사들의 불만을 잠재우고 부국강병을 위한 정치적 경제적 기반을 마련하기 위하여 주변 국가에 대한 간섭과 침략을 노골화 하였다.

그 가운데에서도 특히 조선은 지정학적으로 상당히 중요한 위치를 지니고 있었기에 일본 조야에서는 조선을 반드시 정벌해야한다는 정한론의 목소리가 점차 높아지고 있었다. 이에 따라 일본은 일찍부터 한국에 대한 정밀한 사전조사 및 연구를 계속해 왔다.

1894년 청일전쟁을 전후하여 조선에 대한 내정간섭을 더욱 심화시키면서, 조선에 대한 일본인들의 조사활동도 본격화되었다. 이 시기에는 정부나 정, 재계 유력자들의 지원을 받는 일련의 단체들이 한국에 요원을 파견하여 정치, 경제, 군사 등 각종 정보를 수집하고 이를 기관지를 통해 공유하기도 하였다. 특히 한국연구회(1902) 같은 경우 신앙, 학문, 역사, 문학 등 한국의 문화 제반 영역에 걸친 다양한 분야에 관심을 보였다. 일제의 조선 정치, 경제, 문화에 대한 조사 및 연구는 점차 영역을 넓혀가면서 마침내 역사 분야에도 미치게 되었으며, 개인에서 집단으로 그 규모 또한 확대되기 시작하였다.

이러한 조사, 연구의 전통은 통감부와 총독부 등 일제의 식민당국이 계승하였다. 일제는 조선 병탄을 앞두고 '보호'라는 명분하에 통감정치를 실시하였고, 더불어 '구관제도조사사업(舊慣制度調査事業)'이라는 조직적인 사업을 통해 조선의 관습, 제도, 풍습 등을 조사하여 식민지배에 활용하려고 하였다.

일제의 한국사 왜곡 사업, 즉 식민사학은 1908년 남만주철도주식회사에 '만선역사지리조사실'이 설치됨으로써 본격적으로 시작되었다. 이 조사실은 만철의 지원을 받아 시라토리 구라키치(白鳥庫吉)를 중심으로 한 동경제대 교수들이 추진해갔다.

시라토리와 그를 따르던 쓰다 소우기치(津田左右吉), 센나이(箭內桓), 이케우치 히로시(池內宏), 마쓰이(松井等), 이나바 이와키치(稻葉岩吉) 등은 겉으로는 동경제대의 전통이라는 실증주의를 표방하면서 한국사를 만주의 종속적 위치에 놓는 새로운 이론을 창출하였다. 이것이 만선사관이다. 만선사관은 두 가지 목적을 동시에 지니고 있는데 하나는 만주를 중국본토에서 분리시켜 일제가 차지하기 위한 것이었다. 다른 하나는 한국은 만주와 더불어 한 체제라고 주장함으로써 한국사의 독자적인 지배영역과 역사발전을 부정하는 타율성론을 만들기 위한 것이었다. 이나바 이와키치, 이마니시 류(今西龍), 세노 우마쿠마(瀨野馬熊) 등 이 조사실에서 연구한 인물들이 후일 조선사편수회로 옮겨가 한국사의 주체성을 부정하는 만선사관이나 그와 밀접한 논리인 반도적 성격론 등에 의한 타율성론이 조선사 편찬에 깊숙이 자리하게 되었던 것이다.

국권이 피탈된 이후 조선총독부가 설치되면서 구관제도조사사업은 한층 더 본격화되었고, 더불어 역사편찬과 관련된 각종 사업도 구체화되기에 이른다. 법전조사국의 기존업무는 조선총독부 산하 취조국(取調局)으로 인계되었다.

조선총독부는 구관조사(舊貫調査)를 이전보다 양적, 질적으로 확대할 필요성을 느껴『관습조사보고서』를 정정, 보충해 발간하였고, 또한 조선정부로부터 이관 받은 도서의 정리,『대전회통』의 번역 출간,『조선어사전』,『조선도서해제』등의 편찬사업도 실행에 들어갔다.

1912년 조선총독부 관제개정에 의해 취조국은 참사관실로 개편되는데, 참사관실에서는 기존 취조국으로부터 이어받은 구관조사사업과 함께 고사자료(考事資料) 수집 등 역사편찬을 위한 선행작업이 진행되었다. 사업이 일정한 성과를 거두게 되자 1915년 5월 구관제도조사사업은 조선총독부 중추원으로 이관되었다. 그리고 조선총독부는 중추원의 가장 중요한 사무로 '역사편찬'의 임무를 부여함으로써 수사사업을 본격적으로 추진하였다.

그런데 1915년 6월 일제의 조선침략 과정을 적나라하게 폭로한 박은식의 『한국통사』가 출판되고 곧 국내에 밀반입되면서 한국인들의 민족의식과 항일의지를 고취시키자 조선총독부는 이에 대항하기 위해 『조선반도사(朝鮮半島史)』 편찬계획을 서둘러 구체화시켰다. 일제는 1916년 「조선반도사」 편찬요지를 발표하여 '반도사'가 동화정책의 일환으로 계획된 것임을 분명히 밝혔다. 일제의 사서편찬 의도는 '반도사'라는 제목과 그 시기구분에 적나라하게 나타나 있다. 한국사의 강역에서 대륙과 해양을 삭제해서 반도로 축소시켰다. 또한 한국사에서 외세 지배의 역사를 강조하면서 단군조선의 역사를 삭제했고, 한국사의 출발을 '중국의 한(漢) 영토시대(한사군)'로부터 시작되었다고 강변했다. 즉 한국사는 중국의 식민지로 시작했다는 것이다. 게다가 삼국 가라(가야)시대는 '일본의 보증(保證)시대'라는 부제까지 붙여 임나일본부의 존재를 강하게 부각시켰다. 즉 조선이라는 나라는 출발부터 북쪽은 중국의 식민지인 한사군부터 시작되었고, 남쪽은 일본의 식민지인 임나일본부부터 시작되었으니 현재 일본의 식민지가 된 것은 역사의 당연한 귀결이라는 논리였다.

1919년 3·1운동을 기점으로 하여 조선총독부의 수사사업은 일대 전환점을 맞이하였다. 일제는 3.1운동을 계기로 조선에 대한 기존의 통치방식을 크게 수정해야 했다. 새로 부임한 3대 조선총독 사이코 마코토(齋藤實)는 이른바 '문화통치'를 표방하면서 조선사 편찬의 필요성을 강조하였다. 1922년 조선총독부 훈령 64호로 총독부 중추원 내에 「조선사편찬위원회」가 설치되고, 『조선사(朝鮮史)』 편찬사업이 본격적으로 추진되었다. 특정한 역사상이 반영된 통사를 지향했던 『조선반도사』와는 달리 『조선사』는 최대한 간단하게 사건의 기본적인 정보만 제공하는 형식으로 작성하도록 규정되었다. 결국『조선반도사』는 완성을 보지 못한 채 사실상 편찬이 중단되고 사료수집과 같은 부속작업만이 진행되다가 결국『조선사』편찬사업에 흡수된 것이다.

일제는 '문화통치'를 표방하면서 식민사서의 편찬을 통해 박은식의『한국통사』같은 한국인의 민족주의사학에 정면으로 대치할 필요가 있었다.『조선사』편찬사업은 명목상으로는 '위원회'라는 형식적인 기관이 있었으나 실제로는 동경제대 교수인 구로이타 가쓰미(黑板勝美)가 편찬 계획을 주도하였고, 이나바 이와기치(稻葉岩吉)가 실무책임자로서 편찬주임과 간사를 겸임하는 등 모든 업무를 장악하였다.

그 후 1924년 조선사편찬위원회를 총독 직할의「조선사편수회」로 독립, 개편시켰다. 그 과정에서『조선사』편찬 계획은 일본에서의 수사사업과 같이 '사료집'으로 편집의 방침이 완전히 수정되었다. 조선사편찬사업이 지지부진하자 새롭게「조선사편수회」를 설치하여 조선총독 직할의 독립관청으로 개편하고, 기구도 대폭 확장한 것이다. 그러나 편찬위원회가 편수회로 개편되었다고 일제의『조선사』편찬의도가 바뀐 것은 아니다. 바뀌기는커녕 더욱 교활해졌던 것이다. 일제의 직접적 시각이 담긴『조선사』를 편찬하는 것보다 자료집 성격의『조선사』를 발간해 유통시키면 이것이 한국사 연구의 거의 유일한 자료가 될 것이 분명했다. 물론 그『조선사』에는 일제 식민통치에 유리한 자료는 대거 수록하고 불리한 자료는 삭제하는 형식으로 편찬된 것이었다.

조선사편수회에서는 중요 결의 사항은 고문이었던 구로이타와 간사였던 이나바의 의도대로 진행되었고, 여기에 신진학자군으로 일본 대학 출신이나 경성제대 사학과 출신들이 참여하게 되는데 한국인으로는 이병도, 신석호, 윤용균이 참여하였다.

결국 조선총독부가 계획했던 조선사 편찬 사업은 「조선반도사」 편찬계획, 「조선사편찬위원회」 설치, 「조선사편수회」 설치라는 여러 단계를 거치면서 한국사의 모습을 점차 기형적으로 변조시키게 된 것이다.

『조선사』 편찬 방식은 편년체로 하였는데, 그 근본적인 이유는 단군조선을 수록하지 않기 위함이었다. 일제 식민사학자들은 사료와 후대에 작정된 사설(史說)은 엄정히 구분하여야 한다는 명목을 들면서 단군조선은 건국연도가 명확하지 않다는 구실을 붙여 이를 수록하지 않은 것이다.

또한 첫권의 시기구분을 '신라통일 이전'으로 하면서 단군조선을 배제하였을 뿐만 아니라 삼국시기 조차 누락했다. 이는 과거의 시기구분이었던 '상고삼한'에서도 크게 후퇴한 것이다. 사서편찬의 하한(下限) 역시 처음에는 '1910년 병탄'까지 서술할 계획이었으나 '갑오개혁'으로 한정하여 한국인들에게 이른바 한국의 근대화는 일본에 의해 이루어졌다는 것을 강조하고, 이후 일제의 한국 침략과정을 은폐하려 했다.

이러한 『조선사』 편찬사업은 10년에 걸쳐 조선사 30권을 완성할 계획이었지만 여러 사정으로 인하여 16년에 걸쳐서 『조선사』 35권과 『조선사료총간』 20권, 『조선사료집』 3권을 간행하고 1938년 3월 사업을 종료하였다. 여기에 소요된 비용은 16년 동안 도합 90여 만엔이 지출된 것으로 보고되고 있다.

『조선사』 편찬에 주도적인 역할을 했던 인물로는 구로이타 가쓰미, 이나바 이와키치, 이마니시 류 등을 꼽을 수 있다. 이들은 모두 식민사학의 선봉에 섰던 자들로, 이는 일제가 종래 일본인들에 의한 각기 개별적으로 주장해 왔던 '일선동조론', '타율성론', '정체성론' 등의 식민사학을 『조선사』에 철저하고 종합적으로 반영하고자 하였음을 보여주는 것이다.

II

해방 후 우리 역사학계의 우선 과제는 일제가 수립한 식민사학의 잔재를 청산하는 것이었다. 그러나 식민사관의 극복문제는 1960년대에 이르러서야 본격적으로 논의되기 시작하였는데, 이러한 식민사학의 개념은 이기백, 김용섭이 문제를 제기한 이후 홍이섭, 이만열 등이 전반에 걸쳐 비판 정리하면서 그 윤곽이 잡혀갔다. 이들은 식민사관을 일한동조론, 정체성론, 당파성론 그리고 만선사관에 의한 타율성론 등으로 분석하고 각각 비판했다. 식민사관의 요체는 크게 타율성이론과 정체성이론으로 집약되는데 해방 후 남한 강단사학계는 일제 식민사학자들이 이식해 놓은 우리 역사의 타율성과 정체성 사관을 비판했다. 그러나 남한 강단 사학의 식민사관 비판은 주로 총론으로 진행되었다. 막상 각론으로 들어가면 '단군 부인설', '한사군 한반도설', '임나=가야설' 등 일제 식민사관의 반복이어서 아직까지도 한국 사회에는 식민사관 청산의 목소리가 높다.

해방은 되었으나 일제의 식민지배에 복무한 반민족 행위를 처단하고 그 잔재를 청산하려는 민족적인 요구가 좌절된데 근본적 원인이 있다. 해방 후 한국사 서술 등에서 개별적으로는 식민사학을 극복하기 위한 노력이 있었다고 해도 그것이 학계의 일반 의지는 아니었다고 보아야 할 것이다. 즉 고대사에서 단군조선을 부인하고 한사군을 시기구분의 기준으로 삼은 점, 발해를 소홀히 다룬 점, 의병투쟁 등 독립운동사를 외면한 점 등이 그러하였다.

일제강점기인 1934년 창립되어 조선어학회사건으로 자진 해산했던 진단학회는 해방과 더불어 재건되었다. 이들은 일반인을 위한 국사강습회와 임시 중등국사교사의 양성을 위해 강습회를 개최하는 등 발 빠르게 움직였다. 하지만 곧 이어 진단학회의 조윤제가 친일학자 청산문제를 제기하자 친일학자로 지목된 이병도는 신석호, 김상기 등과 함께 1945년 12월 12일 별도로 조선사연구회를 결성하여 나가게 되었다. 친일학자들이 조선사연구회를 결성하자 염은현 홍이섭 등 젊은 소장학자들도 진단학회를 탈퇴하여 1945년 12월 25일 새롭게 역사학회를 결성하면서 진단학회는 쇠퇴의 길을 걸었다. 이후 친일파 문제는 흐지부지 되고 말았다.

또한 해방 후 역사학계는 좌우익 인사가 모두 함께 참가하다가 점차 사상 대립이 심하게 되면서 별도의 모임을 가지고 학회를 유지하게 되었다. 이후 남북에서 각각의 정부가 수립되면서 사회주의계열 학자들은 북한으로 넘어가게 되었다.

해방 후 우리 역사학계의 중심적인 인물로 떠오른 역사학자가 바로 이병도이다. 그런데 우리 역사학계에서 이병도 만큼 극단의 평가를 받는 인물도 드물다. 그는 민족연구소가 편찬한 『친일인명사전』에도 수록되어 있는 대표적인 친일 역사학자이다. 하지만 그의 주장은 현재 중고등학교 국사교과서 안에 부동의 이론으로 단단히 박혀있을 뿐만 아니라 국사편찬위원회와 동북아역사재단 등 국가기관의 공식기관 편찬물에도 충실히 반영되어 있다. 그는 '식민사학의 대부'와 '국사학계의 태두'라는 전혀 상반된 두 가지 평가를 갖고 있는 인물이다.

이 글에서 이병도와 신석호를 조선사편수회 출신들 가운데 대표격으로 설정한 것은 해방 이후에도 이 두 학자가 일제 식민사학을 한국 강단사학계의 주류 이론으로 만들었기 때문이다. 먼저 이병도에 대해서 살펴보자.

1946년 8월 서울대학교가 창립되고 진단학회 회원들이 사학과로 대거 진출함에 따라 이병도는 진단학회에 재가입한 후 서울대 사학과 창설을 주도한 것은 물론 본격적인 사학계의 중심인물이자 원로로 등장하였다. 이후 그는 서울대학교 대학원장, 진단학회 이사장, 대한민국학술원 종신회원 등으로 활동하다가, 4.19혁명 후에는 과도정부의 문교부 장관으로 임명되기도 하였다. 1961년 서울대학교를 정년퇴임한 이후에도 진단학회 평의회 의장, 민족문화추진회 이사장을 맡았으며, 1980년부터 전두환 정부에서 8년간 국정자문위원을 맡기도 하였다.

'두계사학'으로 표현되는 이병도사학의 위상은 한국 역사학계에 두드러졌다. 그의 제자들이 칭송한 찬사만 보아도 '한국 사학계의 태두(泰斗)'를 비롯하여 '사학계의 큰 별', '한국학의 태양', '한국 사학계의 빛', '사학계의 거목' 등등 일일이 열거하기 어렵다.

한영우는 이병도의 사학사적 위치에 대해 '근대 역사학의 아버지로 불리는 독일역사가 랑케가 역사를 위한 역사와 있는 사실 그대로의 역사를 표방하면서 역사를 철학으로부터 독립시켜 놓은 것처럼, 우리나라 사학사에서 역사를 완전히 독립된 학문으로 정착시킨 이를 꼽는다면 아마 이병도를 첫째로 들어야 할 것이다. 그는 우리나라의 랑케와 같은 존재였다.'라고 극찬하고 있다. 당시 학계에서 이병도의 위상이 어떠한지를 보여주는 대표적인 사례라 할 수 있겠다.

이병도의 제자들은 그의 추모문집 『역사가의 유향』 서문에서 '우리 현대사학의 개척자요, 일세의 석학이요, 만인의 사장(師丈)이던 두계선생'이라 평하고 있다. 문제는 이들이 일제강점기 때 조선사편수회에서 일본인 식민사학자들의 지시를 받아 한국사를 왜곡했던 친일행위까지 칭송한다는 점이다. 이들은 '두계선생이 주지하는 바와 같이 일제암흑기에 어려운 여건 아래 한국사의 연구에 뜻을 두어 커다란 업적을 내시는 한편 … 이러한 선생의 발자취와 학문적 성과는 격동 속게 전개된 우리 현대사의 한 장면인 동시에 학술사의 귀중한 장을 이루는 것이라고 말할 수 있다.'라고 칭송하고 있다.

반면 이병도의 일제강점기 처신과 관련하여 '지식인의 양심과 학자로서의 전문성이 동시에 요구되었던 일제 강점기와 해방 후의 특수한 시대상황 속에서 학자로서의 전문성에만 치중해 왔던 그의 인생관과 시국관은 자연히 그의 학문이 국민 속에 살아 숨쉬는 생기있는 역사의식을 고취하지 못했다.'라는 비난을 동시에 받기도 한다.

이병도의 역사관, 특히 그의 고대사관이 식민사관이냐 실증사관이냐를 두고 많은 논란이 있었던 것은 사실이나, 주류학계에서 공식적으로 비판한 것은 근래에 일어난 일이다. 이도학과 임찬경의 논문이 그것인데, 이도학은 '한국 실증사학의 비조로 일컬어지고 있는 이병도 사학의 중심적인 논고를 검토해 보니 이병도가 제기한 역사지리 비정의 많은 부분은 후학의 호응을 얻지 못했다.'라면서, 특히 '이병도 사학 중 역사지리 분야에 대한 평가를 의뢰받고 집중적인 분석을 시도한 후 고심 끝에 내린 결론은 이병도 사학에는 '실증이 없다'라는 결론을 내렸다. 실증학자의 대표적 인물인 이병도에게 실증이 없다는 결론은 분명 충격적이었다.

문정창은 일찍이 이병도의 고대사관이 함축되어 있는『이병도 저 한국고대사연구평』(백문당, 1976)이라는 비평서를 간행하였다. 물론 이러한 비평서는 세상에 별로 알려져 있지 않다. 문정창은 주류사학계가 말하는 이른바 재야사학자로서 이병도를 비판한 이 저서는 남한 강단사학계의 철저한 외면을 받았기 때문이다. 문정창은 이병도의 저술에 대해서 구체적인 항목을 조목조목 들어가면서 주요 논점을 비판하였다. 특히 고조선 문제, 한사군과 삼한 문제에 있어 중국의 고대 사료를 들어가며 반박했다. 일제 식민사관의 요체는 고대사에 대한 역사왜곡이며, 그것은 고조선 문제와 한사군문제 그리고『삼국사기』초기 기록 불신론이 대표적 논제인데, 문정창은 이에 대해 이병도가 일본 식민사학을 그대로 추종했다고 조목조목 비판하고 있는 것이다.

"이병도는 한국고대사의 서장을 '단군설화'로 시작하면서 그 실존을 부인하고 하나의 설화로 격하하였다. 민족의 기원을 흐리게 하는 이러한 역사기술은 일제 식민사학자 이마니시 류의 논리를 그대로 답습한 것이라 할 수 있다.'

'또한 기자의 성을 한씨라 하고 그 소위 '기자조선'을 '한씨조선'이라 잘못인식 하였다.' 낙랑군의 위치에 대한 이병도의 대동강변 토성리설에 대하여도 '이병 도의 이 설은 1913년 일제 식민사학자 세키노 다다시가 꾸며낸 억측에 이병도 자신이 말을 보태어 만들어낸 부회요 위작이다. 이병도는 세키노 다다시가 게 머리 나루터에 위치한 망명 부로한인(俘虜漢人)들의 수용소로 보이는 토성을 … ' 등등 이병도의 고조선과 한사군 한반도설을 부정하고 있다.

이도학은 이병도의 사학 중 역사지리 분야에 대하여 평가하면서 '실증성' 이 없다는 결론을 내렸다. 위만의 족원(族元) 문제, 부여와 동명 문제, 삼한의 위치, 고구려 지명의 위치 비정에 대해 반론을 제기하고 있는 것이다.

임찬경은 이병도의 한사군 인식이 남한 사학계의 통설 혹은 정설이라고 한다고 전제하고, 그런데 이를 통설로 만든 이병도의 후학 그 누구도 이병도 의 한사군 인식에 대해 학술적으로 심층적인 검증을 해보지 않았다고 비판하 였다. 임찬경의 경우 특히 이병도의 초기 저작인『조선사개강』(1923)의 한사군 서술에 대해 검토하면서, 이병도의 한사군 인식이 형성되는 과정 자체를 추적 하고 있다. 그는 "이러한 검토 결과 이병도의 한사군 인식은 지극히 학술적이 지 못한 그의 추론에 불과하다는 사실을 파악해 냈다. 또한 이병도의 한사군 인식은 그의 태생적인 한계, 즉 일제 식민사학과 동류 혹은 그의 영향력 아래 형성된 식민지 체질을 벗어나지 못한 아류적인 것임을 파악하였다. 그럼에도 불구하고 이병도의 한사군 인식은 그의 후학 및 동류 집단에 의해 아직도 한 국사회의 통설 혹은 정설인 것처럼 만들어져 유지되고 있는 기이한 우리 사회 의 한 학술적 단면임을 확인할 수 있었다.' 라고 밝히고 있다.

이병도는『한국고대사연구』의 서문에서 이미 자신의 역사인식에 대한 비 판과 그 수용 가능성을 인정하였다. 물론 이는 수사적인 표현에 불과하다. 현 실에서는 이병도 사학을 비판하면 학위논문 통과가 되지 않는 것은 물론 대학

교수 자리를 차지하는 것은 꿈도 꿀 수 없는 현실이었다. 이병도 추모문집인 『역사가의 유향』을 보면 이 나라 국사편찬위원회나 국립박물관, 그리고 전국 각 대학의 사학과 교수 자리는 모두 이병도가 낙점하는 자리라는 사실을 다름 아닌 그 제자들의 고백으로 알 수 있다.

이제 실증이 없는 실증사학인 '두계사학' 즉 이병도 사학은 대한민국이 미래로 나아가기 위해서는 가장 기초적인 과제가 되었다. 아니 대한민국이 독자적 역사관을 가진 정상적인 국가로 나아가기 위해서 반드시 필요한 과업이 되었다.

신석호도 마찬가지다. 신석호는 그간 이병도의 우산 속에서 비판의 과녁에서 상대적으로 비켜 있었던 것이 사실이다. 그러나 1929년 촉탁으로 조선사편수회에 들어가서 수사관보, 수사관 등 정통 일제 관학자로 승승장구하면서 16년간 조선총독부에 재직한 신석호는 친일 식민사학에서 자유로울 수 없다.

신석호는 이병도와 함께 일제 식민사학을 해방 후에도 하나뿐인 정설로 고착화시킨 인물이라는 점에서 그는 이병도 못지 않은 검증을 받아야 하는 대상에 불과하다. 신석호는 조선시대사를 전공한 학자로서 해방 후 치열한 역사논쟁을 일으킨 고대사 논쟁에서는 한 발 물러나 있었지만 그의 한국사에 대한 역사인식은 이병도와 크게 다르지 않다. 실증으로 포장된 식민사학, 반성 없는 친일사학의 행태는 식민사학자들의 공통된 모습이라 할 수 있다.

이병도와 신석호의 공통적인 문제점은 자신들이 재직하는 대학 사학과와 국사편찬위원회, 국립박물관 등을 장악한 후 일본인 식민사학자들에게 배운 식민사관을 구조화, 정설화시켰다는 점이다.

이병도의 제자들이 주로 보수적인 입장에서 식민사관을 신봉했다면 신석호의 제자들 중 일부는 진보적인 역사학과 식민사학을 일체화시켜다. 신석호의 제자 강만길이 대표적이다. 강만길에게 신석호는 신성불가침의 성역인 '선생님'이었고 그 결과 강만길이 노무현 정권 때의 친일반민족행위 진상규명위원장으로 있으면서 이병도·신석호에게는 면죄부를 주었다. 해방 후에도 일제 식민사관을 고착화시킨 친일 확신범들은 면죄부를 준 반면 이능화처럼 조선사편수회 내에서 일본인들의 식민사관과 싸웠던 학자들은 친일반민족행위자로 선정했다. 민족정기를 세우는 역사적 과업에서 자신의 사적 인연을 앞세워 선택적 정의를 실현했던 것이다.

그 결과 한국 역사학계는 전 세계에서 유일무이하게 제국주의 침략사관이 해방 75주년이 되는 지금까지도 하나뿐인 정설이다. 그래서 이제 이런 반민족적, 반역사적 상황에 대한 국민적 비판의 목소리가 거세지고 있다. 그에 비례해서 우리 사회 각계에 자리잡은 친일세력들의 저항과 조직적 탄압도 더욱 거세지고 있다. 해방 직후처럼 이 나라는 새로운 시험대에 올라있는 것이다.

참고문헌

1. 저서

강동진, 『일제의 한국침략정책사』, 한길사, 1980

강만길, 『역사가의 시간』, 창비, 2018

국사편찬위원회, 『국사편찬위원회사』, 1990

김운태, 『일본제국주의의 한국통치』, 박영사, 1986

김윤정, 『조선총독부 중추원 연구』, 경인문화사, 2011

박걸순, 『식민지시기의 역사학과 역사인식』, 경인문화사, 2004.

박은경, 『일제한 조선인관료 연구』, 학민글밭, 1999..

박은식/ 이장희 역, 『한국통사』, 박영사. 1974.

반민족문제연구소 엮음, 『실록 친일파』, 돌베개, 1991.

백산학회, 『백산학보』 제70호, (신석호박사 탄생100주년기념 한국사학논총)
          2004,

손진태, 『한국민족사개론』, 을유문화사, 1988.

신주백, 『한국 역사학의 기원』, 휴머니스트, 2016.

원유한, 『홍이섭의 삶과 역사학』, 혜안, 1995

이기백, 『한국사학사론』, 일조각, 2011.

이도상, 『일제의 역사침략 120년』, 경인문화사, 2003.

이만열, 『한국근대역사학의 이해』, 문학과지성사, 1981.

이병도, 『신수 국사대관』, 보문각, 1954.

       , 『한국사』(고대편), 을유문화사, 1959.

, 『두실여적』, 박영사, 1975

, 『한국고대사연구』, 박영사, 1977.

, 『성기집』, 정화출판문화사, 1983.

이우성 강만길 편, 『한국의 역사인식』하, 창작과비평사, 1993.

이현희, 『정한론의 배경과 영향』, 대왕사, 1986.

임종국, 『일제침략과 친일파』, 청사, 1982.

진단학회편, 『역사가의 유향』, 일조각, 1991.

조동걸, 『현대한국사학사』, 나남출판, 1998.

조동걸 한영우 박찬승 엮음, 『한국의 역사가와 역사학』(상, 하) 창작과비평사,
        1994.

조동걸, 『한국민족주의의 발전과 독립운동사연구』, 지식산업사, 1994.

조항래, 『일제의 대한침략정책사연구』, 현음사, 1994.

조희승, 『북한학자 조희승의 임나일본부 해부』, 말, 2019.

진단학회, 『진단학회 60년지』, 1994

치암신석호박사고희기념논집간행위원회, 『치암 신석호박사 고희기념논총』,
        1973.

치암신석호선생전집간행위원회, 『신석호전집』(상·중·하), 1996, 824쪽

친일문제연구회, 『조선총독 10인』, 가람기획, 1996.

편집부, 『조선사편수회사업개요』, 시인사, 1985.

편집부, 『한국사 시민강좌』 제1집(식민주의사관 비판 특집), 일조각, 1987.

편집부, 『한국사 시민강좌』 제20집(한국사학, 무엇이 문제인가), 일조각, 1997

한영우, 『한국민족주의역사학』, 일조각, 1994.

2. 논문

강만길, 「일제시대의 반식민사론」, 『한국사학사의 연구』, 일조각, 1985.

강진철, 「정체성이론 비판」, 『한국사 시민강좌』1, 1987.

김삼웅, 「이병도의 행적과 그의 역사관」, 『역사와 융합』, 2017.

김성민, 「조선사편수회의 조직과 운용」국민대대학원 석사학위논문, 1987.

김성민, 「조선사편수회의 조직과 운용」, 『한국민족운동사연구』3, 한국민족운동사학회, 1989.

김용섭, 「일본 한국에 있어서의 한국사서술」, 『역사학보』31, 1966

　　　, 「일제 관학자들의 한국사관」, 『한국사의 반성』, 신구문화사, 1983.

민현구, 「두계 이병도의 수학과정과 초기 학술활동」, 『진단학보』116, 진단학회, 2012.

박걸순, 「일제하 일인의 조선사연구 학회와 역사왜곡」, 『한국독립운동사연구』6, 한국독립운동사연구소, 1992.

박영재, 「근대 일본의 침략주의적 대외론과 한국론」, 『한국사 시민강좌』19, 1996.

박현주, 「조선총독부중추원의 사회, 문화조사활동」, 『한국문화인류학』제12집, 1980.

이규수, 「일본의 근대학문과 국사편찬」, 『역사문화연구』50, 한국외국어대학교 역사문화 연구소, 2014.

이기동, 「이병도 선생의 한국 고대 역사지리 연구와 그 학술사적 위치」, 『진단사학』116, 진단학회, 2012.

이기백, 「일제시대 한국사관 비판」, 『문학과지성』1971년 봄호

　　　, 「신민족주의사관과 식민주의사관」, 『문학과지성』1973년 가을호

　　　, 「반도적 성격론 비판」, 『한국사 시민강좌』1, 1987.

이기용, 「정한론 비판」, 『한일관계사연구』, 8, 1998.

이도학, 「이병도 한국고대사 연구의 '실증성' 검증」, 『백산학보』98, 백산학회, 2014.

이만열, 「일제 관학자들의 한국사 서술」, 『한국사론』 6, 1976

이명화, 「일제총독부 간행 역사교과서와 식민사관」, 『역사비평』 1991년 겨울호

이장우, 「실증사학의 반성과 전망」, 『한국사 시민강좌』20, 1997.

임찬경, 「이병도 한사군 인식의 형성과정에 대한 비판적 검토」, 『국학연구』18, 국학연구소, 2014.

장신, 「조선총독부의 조선반도사 편찬사업 연구」, 『동북아역사논총』23, 동북아역사재단, 2009.

정상우, 「조선총독부의 《조선사》편찬 사업」, 서울대학교 국사학과 박사논문, 2011.

  , 「식민지에서의 제국 일본의 역사편찬사업」, 『한국사연구』160, 한국사연구회, 2013.

조동걸, 「식민사학의 성립과정과 근대사서술」, 『역사교육논총』13-14합집, 1990

  , 「민족사학의 발전」, 『한민족독립운동사』9, 국사편찬위원회, 1991

천관우, 「한국사연구의 회고와 전망」, 『역사학보』20, 1963

하지연, 「오다 쇼고(小田省吾)의 한국근대사 연구와 식민사학」, 『한국근현대사연구』63, 한국근현대사학회, 2012.

현명철, 「일본 막부말기의 대마도와 정한론에 대하여」, 『한일관계사연구』2, 1994.

홍승기, 「실증사학론」, 『현대한국사학과 사관』, 일조각, 1991